柴辻俊六
翻刻 校訂 小川 雄
山中さゆり
校注 解題 丸島和洋

校注 本藩名士小伝
真田昌幸・信之の家臣録

高志書院刊

目次

巻之三

凡例

一、本書の底本は、河原綱徳自筆の『本藩名士小伝』原本によった。

二、翻刻に際しては、原則原本の用字どおりとしたが、旧字は正字に改め、変体仮名は平仮名に改めた。異体漢字については、ほぼ本文どおりに記し、傍注に〔　〕で正字を補った。

三、翻刻に際しては、本文の行替えどおりとはせず、送り組とした。また本文中で敬意を現す闕字については、一部を除いて一字空きとした。

四、本文中の割書については、本文どおりにポイントを落として割書にした。

五、本文を読みやすくするため、適宜改行し、読点と並列点を補記したほか、難訓語と説明注については、（　）で傍注した。

六、内容に関して、地名・人名ほか注釈が必要な用語については、文中に圏点を付し、その説明を注に示した。

七、翻刻は巻之一を小川雄、巻之二を柴辻俊六、巻之三を山中さゆりが担当し、注・解題は丸島和洋が担当した。

八、注・解題執筆にあたっては、生没年を中心に、適宜年月日を書き記した。

九、改名した人物については、基本的に最後に用いた実名で統一した。

一〇、真田氏歴代当主の略歴や、注の執筆にあたって参照した史料の解説は、煩雑になるため、解題に一括してまとめた。

校注 本藩名士小伝
真田昌幸・信之の家臣録

河原綱徳自筆の『本藩名士小伝』（真田宝物館所蔵）

（表紙）

「本藩名士小伝巻之　一」［注89頁参照］

（「河原家図書」朱印）

予竊《ひそかに》に
命を奉して、
先公の御事蹟を纂輯せし時、引用の書三百十五部を得たり、其中に藩士の事蹟も亦少なからす、公の御事蹟にあつかりたるハ、御伝中に記し、御事蹟にあつからぬをは省きぬ、然るに是を後に伝へさらんも、流石に惜むへけれは、見出し時々其人々の事跡御伝中に記したるも、省きたるも、余さすもらさす、おの〳〵別に一伝に記し置たるが、いつしか数冊になりぬ、今年嘉永己酉（二年）の春、公務のいとま取出し、鎌原貫忠翁に校正を乞て、三冊子となしぬ、是しかしなから
先公御余光の及ふ所といはむも宜ならむかし、

河原綱徳自序

例　言

一此書の順次、録〔禄〕の高下に拘らず、功の浅深にもなづまず、事跡の多少にもよらず、先に見出て記し置たるを甲となし、次に見出て記し置たるを乙とす、其他これにひとし、

一初め功ありても、後に不義あり、或ハ初め不義ありて、後功ある類の者ハ、伝をたてず、海野能登守（輝幸）・金子美濃守（泰清）の類なり、

一大坂御陣御供、或ハ討死或ハ手負或ハ首取たる者も、別に事跡なきハ記さす、但たま〳〵因有て記したるもあり、名のミ聞えて、事蹟なき者ハしるさす、

引用書目

滋野世記　　滋野世記附録
真武内伝　　真武内伝附録
真田武功記　　御家事留書三部
上田軍記三部　　沼田記
異本沼田記　　古今沼田記
沼田雑記　　仰応貴録

幸村君伝記
大坂首帳
甲陽軍鑑
武徳編年集成
信長記
翁物記
畸人伝
落合保考漫録
得替記
両羽明神石燈籠銘
望月系図
高野系図
祢津家記
横谷家記
成沢家記
綱徳家記

羽尾記
大坂御陣覚書
戸石合戦記
武林雑話
北国太平記
諸家大秘録
取捨録
昼寝夢
京都矢数帳
蓮花定院旧記
海野系図
玉川家記
小川家記
森家記
和田家記
甲斐国志

春原若狭
木村土佐守
出浦対馬守
望月主水
北能登守
松沢五左衛門
高梨内記
青柳青庵
成沢長左衛門
長野舎人
水出大蔵

春原惣左衛門
木村縫殿
池田長門守
日置五右衛門尉
白倉武兵衛
堀田久兵衛
高梨采女
来福寺
成沢勘左ヱ門
田口又左ヱ門

目次

本藩名士小伝巻之一

河原綱徳編輯

矢沢薩摩守［注90頁参照］

矢沢薩摩守〔頼綱・綱頼〕頼幸《よりゆき》或云、頼綱 信濃守（海野）公御諱棟綱の御二男にて 一徳斎《いっとくさい》公御諱幸隆の御弟なり、幼名真田源之助、後源十郎一説ニ、右馬介 又改て薩摩守と云、武田晴信の指揮にて門葉矢沢右馬介の養子となり、本州小縣郡《ちいさがた》矢沢の城主たり、

　滋野世記ニ曰、頼綱、晴信の指揮を以て矢沢の家跡を継云々、非也、矢沢村良泉寺旧記ニ曰、頼幸〔綱〕の養父矢沢右馬介頼昌《よりまさ》、法名真田道端云々と見えたり、

四郎勝頼より諱《いみな》の字を給ふ、幼年の時、出家になし給はんとて、山城国鞍馬山に登山なさしめ給ひしに、只管《ひたすら》武術を好ミ、勤学疎《おろそ》かなりしかバ、師の坊怒て寺を追出す、仍《よっ》て古郷に帰り来りし折節、地取合の最中なりしかバ、白小袖を着たるまゝにて駈出し、大長刀《おおなぎなた》を打振て、敵勢に渡り合功名し、尚散々に追ちらしけるとぞ、

天正八年庚辰、上野国沼田の城代海野《うんの》能登守（輝幸）・同中務（幸貞）薩摩守聟異心あるにより、房州公（真田昌幸）御誅伐有て後、頼幸〔綱〕を沼田城代となし給ふ、然るに沼田の旧領主沼田平八郎景義、東上州へ没落の後、頻《しきり》ニ兵を集め、沼田城を取返さんと数回沼田へ押寄《おしよせ》、戦ふといへども、頼幸〔綱〕能《よく》防ぎ戦て、一度も不覚を取事《とること》なく、景義終《つい》に此年に滅亡す、其のち小田原の北条家より屡《しばしば》乱妨を加ふといへども、是また能防ぎ戦て、沼田領聊《いささか》も侵掠せらるゝ事なし滋野世記の内の沼田記に、小川新牧合戦の事あり、しかれ共、取難き説ゆえ、爰に記さず

天正十三年乙酉、小県郡上田合戦の時、頼幸〔綱〕沼田籠城の将として、湯本・鎌原《かんばら》・横谷・西久保、并沼田七騎等を従へ、北条氏直の大軍と戦ひ、数度敵軍を破り、堅固に城を守れり、

慶長二年丁酉、行年《ぎょうねん》六十七歳にして卒す、法名劒光院《けんこういん》と云、矢沢村良泉寺・上野国我妻〔吾〕郡伊勢町村林正寺開基なり、林正寺にては、林正院と云 頼幸〔綱〕寄附の除地、今に相伝す、

　按《あんず》るに、矢沢ハ諏訪家の分流なりと云伝《いいつた》ひ、紋に鳥居梶《とりいかじ》の葉を用ゆ、又本国伊奈郡ハヒロの住林宗賢《じゅうりんそうけん》

と云者の蔵本、得替記《とくがえき》と云書ニ曰、小縣郡矢沢は新田義貞に属す、観応《かんおう》・貞治《じょうじ》の比《ころ》、矢沢八郎住す、海野の分流なり、矢沢右馬介教満《のりみつ》、永享《えいきょう》年中結城合戦に出陣す、小縣郡の内百六十貫を領す云々、両説いつれか是《ぜ》なるを知らず、但《ただし》佐久郡下之城村両羽明神《もろはみょうじん》の社地、石燈籠銘文ニ曰、

元祖神前ヱ軍中之祈念成就
海野 望月 両家氏敬白
時正慶二癸酉三月廿八日
矢沢氏 根津氏 兵米二石 進而
祈念申大宮神守

此を以て見れバ、矢沢ハ旧家なるを知るへし、

矢沢但馬守〔注92頁参照〕

矢沢但馬守頼康《よりやす》〔頼幸〕或云頼貞、薩摩守頼幸〔綱〕の嫡男也、若名三十郎と云、房州公(真田昌幸) 武靖神公(真田信之)に仕奉る、騎士五人、或ハ七人、足軽四拾人迄御預、一手の軍役を勤め、且日置五右衛門と共に上州我妻郡の仕置を預け給ふ、後年老職をつとむ、
天正十三年乙酉、神川合戦の前、佐久郡小諸の城主松平源十郎康国《やすくに》、遠州方(徳川方)にて 房州公上田御籠城ありと聞て、千五百人を引率し、小諸城より打て出、矢沢口へ相働く、頼康〔幸〕八百余の士卒を引て出向ひ、合戦に及ふ、康国不叶《かなわず》して引退く、
神川合戦の時、遠州勢退口に頼康〔幸〕右の手に大長刀の石突《いしづき》を握り、打なぐり〳〵片手綱にて追欠行《おいかけゆき》、遠州勢の内、大久保甚右衛門(忠直)後殿《しんがり》して静に引退けるを目懸、烈火の如く追ける故、甚右衛門這々《ほうほう》遁れさりけるとなり、
後年御静謐の後、大久保殿 神公(信之)へ御面会の時、過し神川合戦の節、大長刀の石突を取、片手打にズハリ〳〵と打なぐり、某を目懸、はげしく追かけたるハ、慥《たしか》ニ貴所と覚たり、我等が馬も日比はさしも早かりしが、其時ハ一ツ所を躍る様ニ覚て、冷たき汗を流し候ひしと申さる、神公の御答に、夫は我等が家来矢沢但馬と申者也と仰らる、大久保殿いや〳〵折々跡を見返り候ひしが、慥ニ貴殿にて有しと申さる、神公いや夫ハ但馬にて候なり、我等ハ元来逃《のが》る者を追ふ事ハ下手にて候ひしと御挨拶有しと也、
同時に越後国春日山の城主上杉喜平次景勝へ 房州公より

加勢を乞給ひしかば、出勢有しゆえを以て、御次男信繁《のぶしげ》君源次郎、後に左衛門佐幸村を春日山へ出仕せしめ給ふ、御若年たるをもつて、頼康《幸》御軍代たり、

天正十四年丙戌、景勝の臣同国新発田《しばた》の城主新発田因幡守《重家》、傍輩井地峯道寿斎《五十公野信宗》と心を合せ、叛逆を企、新発田城に栖籠る、征伐として景勝出馬也、先手ハ藤田能登守信吉、此合備《あいぞなえ》信繁君の軍代頼康《幸》、丸子《まりこ》三右衛門と共に上田勢を引率す、先赤谷城を攻落す、これハ因幡守が頼ミにて、奥州会津の芦名盛隆《もりたか》が加勢の籠りたる城也、夫《それ》より新発田へ発向ありしか共、寒気甚敷《はなはだしく》、士卒大ニくるしミける故、一先《ひとまず》帰陣あらんとて、藤田能登守を後殿《しんがり》となし、引返さる、然るに新発田勢跡を慕ひくひとめんとしける故、景勝大返しに反して追払ふ、時に夏目軍八《定房》と云大剛の者、敵の馬武者二人・歩兵一人と以上三人を相手に鎗組したる所へ、頼康《幸》一文字に駈付て相働きける故に、景勝大ニ勝利を得られける

此時父薩摩守方へ、景勝よりの書簡有

慶長五年庚子　房州公信繁君と共ニ大坂《豊臣方》へ御味方あり、神公《信之》と御引分れ、上田御籠城なり、時に　神公より関東方へ人質として僅御五才なりし御二男　圓陽公内記信政を江府《江戸》へ差出さる、頼康《幸》御供たり、東照宮《家康》　神公の御誠忠を　御感ありて、直ニ　御目見仰付らる、頼康《幸》幼君を抱き奉り　御前へ出る時に、吉光の御短刀御拝領なり、

慶長十九年甲寅、大坂冬御陣の時、神公　御名代として天桂公河内守信吉　圓陽公《信政》御出陣也、此時頼康《幸》・鎌原石見守重宗と共に　圓陽公の御後見たり、

沼田記ニ曰、矢沢但馬守上田侍の将、祢津主水《幸豊》沼田侍の将云々、

元和元年乙卯五月七日、頼康《幸》敵軍崩れて引退くべき方を見極め、侍懸て相働き、既に落城に及んとせし時、城中へ乗込ける所に、何方より銃丸来りて兜の真向に中《あた》りけれ共、流れ玉なる故、兜に通らす、然れ共眼くらミける故、前輪に取付、馬に任せて乗込けるに、一丁計にて正気付けるが、向ふニ力士と覚しき者二十人計、棒を持て扣《ひかえ》けるまゝ、遁れ難しと思按《しあん》し、采配打振、大音揚、味方打すな、うろたへたるか、敵と組て討死セよと呼ハり捨駈通る、彼者ども城中の大将本丸へ急を告に参るかと心得て通しけるとぞ、一手へ首七ツ討取、家来苗木久五郎・関根清助・西入八左衛門・吉沢新右衛門・瀬木根源右衛門・上原金平・無藤弥

蔵・中村茂左衛門等能働き、疵を蒙りたるも有けり、
御帰陣の後、夫々に御褒美のしらへありける時、若侍一人名ハ伝ハらす、私武辺ハ如何被仰上被下候やと申、頼康〔幸〕申ハ、其許《そこもと》事ハ首帳ニ見えずと、彼者首帳にハ無之筈ニ候、私首を取、貴所様御馬前へ参り懸御目候処、手柄の程神妙ニ候、急成場ニ候間、首を捨、尚挊《かせ》き候へと御指揮にて候、士大将たる者へ御直ニ懸御目候手柄を御潰し被成候は、御情なき由申、
頼康〔幸〕更ニ覚なき故、夫ハ心得がたき事に候、乍去《さりながら》世話しき場所故、自然忘れ候も難計《はかりがたく》候、自分が馬脇にハ何某と申者、始終付添居候、渠《かれ》に尋可申、此者不存《ぞんぜず》と申候へは、其許如何ニ被申《もうされ》候共、不及是非《ぜひにおよばず》候と答、早々何某を呼出し、再三尋けれ共、右の若侍の首を取、懸御目《おめにかけ》候て御挨拶有し事、更に不存旨《ぞんぜずむね》申ニ付、功名潰れ、偽を申たる次第ニなり、面目を失ひ、御家を立退けると也、
此事を御家中若者共批判し候けるハ、彼若侍常々気甲斐ある者にて、日比《ひごろ》正敷《ただしき》性質なれバ、首を不取して取たる抔《など》と、偽を以て功とする者にてハなし、又但馬殿もいかに世話しき場にても、夫程に挨拶致されし事を、不見しらす抔と被申候様の人物にてハなし、察るに、此若侍功名したるを悦のあまり、但馬殿に似たる鎧着たる人を但馬殿と見違ひ、首を見せけるを、彼人ハいまた手ニ合す、見違られしを能幸《よきさいわい》と、則《すなわち》但馬殿となり、手柄見届たり、急成場ニ候間、首を捨、尚挊き候様ニと致挨拶、首を捨させ、夫を拾て、己の功にしたるならん、扨々《さてさて》をしき功を無にしたる事哉と申けるとぞ、
御静謐の後、大坂落城の時、御旗の手少しく滞りたる事有し由を以て御疑ひかゝり、
一説に御城内へ一番に御乗付有しニ付、御疑かゝりしとも云、此事ハ木村土佐守か伝に出す、何れか是なるをしらす、
酒井雅楽頭（忠世）殿宅へ老中御寄合、御列座にて頼康〔幸〕を御呼出しあり、頼康〔幸〕兼て覚悟せし事なる故、罷出るや否、雅楽頭殿へ久々にて御目見申上、難有《ありがたく》奉存候段申、雅楽頭殿其方ニ終ニ逢候事無之と御申の時、但馬申ハ、於大坂伊豆守（真田信之）旗の手滞り候ニ付、此旨御馬の口にすがり候て御届申上候、其節御目見申上候段申、雅楽頭殿然らバ左様の事も候ハんか、

取込の時節故、覚不申候、最早御用無之候、罷帰候へと御申ニ付引取ける、此方より先を越し申出し候ニ付、何の御不審もなく済けるよし、此頃但馬ハ器量者なりと諸人誉けるとなり、

寛永三年丙寅卒す、法名武明院《ぶみょういん》といふ、矢沢村良泉寺に葬る、

春原若狭［注95頁参照］

春原若狭（小草野隆吉）ハ御一門海野何某の老にて、滋野の枝流なり、武田信玄の次男龍宝の老となし、百貫文の知行を千貫文となし、小草の氏をあたへ、小草若狭と改む、一説に奥座共、

春原惣左衛門［注95頁参照］

春原惣左衛門ハ若狭か弟なり、

天文年中、本州更級郡坂木・葛尾今埴科郡に従ふの城主村上左京大夫義清家老、楽岩〔厳〕寺駿河守光氏一説に額岩寺と君臣不和なるよしを、一徳斎公弾正忠幸隆密に聞召て、謀を行給はん事を甲府へ仰遣ハさる、信玄承知有て、武略せられよと御許容あるにより、一徳斎公歓給ひ、若狭・惣左衛門を密に招寄給ひ、謀の次第仰含められ、甲府へ指越給ふ、

此春原は元御一門海野何某の家臣にて、海野家断絶の後、公（幸隆）に従ひ奉れども、底意にハ、海野家再興の志願ある事を密に察知し給ふにより、態《わざ》と此二人を撰出し用ひ給ふとなり、

信玄対面あり、謀の次第逐一聞届、感心ありて起請文を書せ、此謀成就するに於てハ、立身望に任せんとなり、兄弟申けるハ、成敗ハ天運の至る所ニ候、心の及ん程ハ謀り可申なれ共、以の外の大儀にて候へは、運拙き時ハ、兄弟共に命を失ひ候半《わん》、爰に一ツの願御座候、何卒海野の家跡御取立被下候へと、無余儀申出ける、信玄承諾ありて、堅く誓約せられける、

其後　一徳斎公の御蔵米を村上領へ多くうら（売）せ給ふ、此頃の習ひにて、米売買ハ何方とても禁制也、況《いわん》や敵地へ売事、若《もし》や甲州へもれ聞えなば、唯事にハあるまじと、一徳斎公を初、家老の面々安き心なく、隠密する躰にて日を送りたまふ、

春原か聟鳥居何某《なにがし》といふ者、義清の近習を勤め、葛尾城内にあり、兄弟日名村に行て、鳥居を呼出し申けるハ、今度

我等忍来る事、別義にあらす、真田家の納米を代官何某といふもの、私欲にて義清公の御領内へ売渡したる事、内々露顕し、法度破りたる科にて、刑罰を加られべき事を察し、逐雷して候なり、定て此御領内に忍居べき間、尋出し候へと申付られ参りて候、夫ニ付てハ、買主をも聞出し、其者に親しミ寄、代官の行衛《ゆくえ》をも尋申べき也、我等ハ貴殿と縁者たれハ、対面と号し逗留し、謀をめくらし穿鑿《せんさく》し候へ迚《とて》、差越れて候、弾正《幸綱》殿も甲府へ言訳又奉公ぶりにも致さるゝニて候、ケ様の密事、いかに聟舅の中なればとて、敵方へもらし候ハ、恥敷事《はずかしきこと》ニ候得ども、我々事ハ兼て貴殿承知の通り、今真田に随ふ事も、実ハ本意なく存ながらも、時を得されハ、無拠《よんどころなく》膝をかゞめ、黙止居候、しかるに幸ひ、今度当地へ参りたるも、天の与へ也、可然ハ義清公の御前取成給はり候へ、もし御許容あらバ、御威勢を借奉りて、我々謀略をめくらし、真田一家を悉く討亡し、其後願奉りて亡君海野の苗字を取立られ、会稽《かいけい》の恥辱を雪《そそ》ぎ中度念願、骨髄に徹し候故、心底不残打明し候と、無余儀体《よぎなきてい》に申ければ、鳥居歓び、扨《さて》ハ左様候か、御憤の程ハ兼て我等も推量致し候也、先君海野殿の事を斯迄《かくまで》思召候御忠節感じ入候、此旨主君へ相達候ハゝ、御志願子細あるまじといふ、春原歓び、しからバ起請文をもつて可申上やと、鳥居夫迄《それまで》ニも及ふまじとて、直ニ義清の前へ出、春原が申旨を落なく申達ける、

義清元来浅智の将、運ノ傾く時節にや、深く悦び、近臣と談じて、寵臣等の内をもつて春原兄弟に対面なさしめ、謀の次第聞届させ、是にましたる幸あらじと、義清心を決し、兄弟を召出しける、

兄弟起請文を認め、其後申出けるハ、某等罷帰、謀つて弾正《幸綱》へ可申様ハ納米買取たる者共に逢候ひしが、米ハ早散して候、代官何某も義清の領内にハ不罷在候、然れ共此度の御奉公に専要の才覚致して候、子細ハ村上領の兵粮米を数百石買取候、兼て存候と違、法令猥《みだ》りにて、いか様の謀計もなし易く候半と見極て候、され共米を取入候事、白昼にハ成難く候間、夜中に二の丸の蔵へ入させ候べしと申候ハゝ、弾正必定歓びて、其意に任《まかせ》候半か、然らバ我々奉行たるべく候、此二の丸と申ハ、兵粮蔵、材木蔵或ハ薪、或ハ捨土等、方々に有て、人家ハ無之候へバ、人数を可隠置隅々所々に多く候間、能《よき》武士共を御撰ミ、中

間の様に出たゝせ、夜中に御越候ハヽ、一組々々所々に隠し置可申候、若咎《もしとがめ》る人あらは、春原が指図を以て、兵粮米を持来る人夫なりと断置、時刻をはかりて、本丸へ切て入、所々火を懸、焼立〱攻立候ハヽ、片時の間に城を乗取可申候、万一異変の事も候ハヽ、鳥居が許迄《もとまで》割符《わりふ》を以て申越候半と、事もなげに申ける、

義清横手を打、大に悦び、所望相違有べからすと、黒印に添て脇差一腰、外に様々の品共与へける、兄弟黒印を頂戴し申けるハ、御黒印・御脇差ハ頂戴可仕候、其他の品ハ、人の疑念も難計《はかりがたく》候へバ、本意の後に可給候と、暇を乞て立出、

四五日過て時節をはからひ、相図の使を差越ければ、義清兼て撰置《えらびおき》し究竟《くきょう》の兵三百人甲陽軍鑑にハ五百人とありを潜かに出し遣しける、此時迄も謀士楽巌寺に隠密にて有けるが、是程の大事を渠《かれ》にしらせざらんも如何なりとて、光氏を招き寄、事云々と相談あるに、光氏是ハ不審なる事を承る事ニ候、代官の身として家老に告ず、私に兵粮を費す事、有べき事とも思はれず、され共夫ハ他所の事、論じて益なき事ニ候が、何ハともあれ誰人か今夜出し給ふ兵に差続き、迎備《むかいそなえ》と成て罷越候や、其御評義もなく猥《みだ》りに兵を出し給はゞ、譬《たとえ》勝利を得候共、無法の御勝利と申ものニ候得バ、得《とく》と御思按〔案〕あられ候へ、夫共《それとも》是非々々御勢を出さるべくハ、不肖なからも某二の身と成、途中迄罷出候半と、言を尽して申けれ共、此頃君臣不和の最中なれバ、更に聞入なく、人数を出しけると也義清後年越後へ浪人の後も、光氏が此時の諫言を度々云出して落涙せられけるとなり

扨《さて》も三百人の兵共ハ、人夫の体に出立て、各俵へ米を入るも有、太刀・刀・短き鉄炮抔《など》入るも有て、我も〱と岩尾真田武功記にハ松尾とあり、非なりの城に持行て、一二の丸へ入にける、春原能程々に指図して隠し置けれバ、何れも相図遅しと待居ける、一徳斎（幸綱）公ハ兼て外廓の兵共ハ潜かに城を出し、詰り〱の便能所《べんよきところ》に伏置せ給ひ、時分は能とて、夜廻りの兵十四人に、物馴たる足軽を三十人計撰ミ、挑灯《ちょうちん》数多燈させて出し給ひ、今夜ハ常よりも御用心被成候子細候間、あやしき者あらば、吟味穿鑿候へと御意ニ候と詳々に呼ハらせ廻らせ給ふ、

とある物陰に忍ひ居たる兵を見付出し、是ハいかにと詮義する、これハ春原殿御下知にて、兵粮を持運び参り候者ニて候と申ける、いやく〱心得難き物の言様なるぞ、先々《まずまず》捕

て吟味せよと一々搦捕《からめとり》にけり、夫より爰《ここ》かしこ打廻り、又見出して、爰にも居候と云、いや苦しからぬ者にて候、春原殿と申合せ、村上領より密《ひそか》に米を買求め、運ひ入たる者共に候、御不審もあらば、春原殿へ御引合せ御覧候へと、あらゝかに答けれハ、然らば其米を出し候へ、見んと云、夫杜《それこそ》とて米俵出し、見せけれバ、扨ハ苦しからぬ者共なりと云て通り過ぬ、

暫く時刻過て、春原兄弟周章《あわて》ふためき出来りて、謀計既に破れたり、各早々立退給へ、我々も遁れ難く立退候也、此道筋より足早に走り給へと呼はり捨て、門の扉を押開き、第一番に出奔したる躰也、三百人の兵共、是を見て肝を冷し、我先々々と彼門より走り出けるを、兼て詰り〱しに伏置たる城兵共、駈出々々討取ける程に、三百人の者共残り少に討なされ、僅《わずか》に死を遁れたる者、這々《ほうほう》の躰にて葛尾城に迯《にげ》帰りて、ケ様々々候と申けれハ、義清大ニ驚きて、春原兄弟ハいかゝ成しや、是ハ案内者なれバ、定て迯《にげ》負ふせたるらん、鳥居が宅を尋見よと人を遣し見せけるに、いつの間にか鳥居夫婦も逐電しけり、此時はじめて渠等《かれら》に謀られしと知て、後悔すれ共、詮なかりしとぞ、

此功に依て、信玄の次男龍宝盲人なりを海野の家跡となし、若狭を小草と改めさせ、百貫文の知行を千貫文となし、龍宝が八十騎の兵を預け、家老に申付らる、弟惣左衛門三十貫文の知行を三百貫文になし、甘利が同心に附属せらる、

甲陽軍鑑ニ曰、天文十五年十一月三日、真田弾正《幸綱》所へ板垣《信方》・飯富《虎昌》・小山田《虎満》備中寄合、真田申けるハ、某事晴信公の御為大切に奉存候儀、乍恐《おそれながら》旁三人に劣り申間敷と覚悟仕候得共、似合しき御奉公をも不致、又飯富殿ハ内山、小山田殿ハ小室〔諸〕に御在城なれハ、折々申談、我等心中大形御存知可有候、板垣殿ハ今度碓氷峠の合戦御利運ニ付、霜月中ハ御逗留の由、我等に於て悦入候、御屋形の御前御取成、三人の方ニ奉頼とて、後弾正申ハ、飯富殿・備中殿へハ、内々私語候、

越後為景《ためかげ》子息景虎《かげとら》当年十七歳、弓矢取て才発成事、晴信公の御行義に少しも違ハぬと承及候、是へ村上無事の事ふつくり候得とも、越後の内二郡程も義清《よしきよ》取て持候を景虎へ返す事如何と、無事不調候、村上欲を離れ候ハヽ、唯今にも無事可罷成と聞え候、左

候ハヽ、村上強くなり、伊奈・松本・木曽抔《など》も強はり、晴信公御手廣かる事成兼《なりかね》、信州にての取合計に日をくらし、我等式迄辛労仕候ても、大身に成候ハねば、無詮《せんなき》事ニ候、仍て我等分別したる儀可申哉と云、板垣信形是を聞、何事に於ても悪敷儀可被仰や、急度承度と申、其時弾正、武田の御家老荻原常陸殿大剛名誉の武略故、信虎公二千の御人数を以て一万余の敵を五千程討取給ふと承及て候と申せば、飯富曰、其常陸ハ我等伯母聟にて候か、武辺人に勝れ、英雄共是を杜《こそ》申さめと、見る人毎に沙汰仕候、手柄の程ハ申に及ばず、才覚有之、弁舌明らかに、武略、智略、計策の工夫、思按〔案〕、分別者にて候ひつるとあれば、真田申ハ、常陸殿程こそなく共、一行《てだて》致し見んとて、信州侍元来海野家老筋也春原若狭・同惣左衛門兄弟、武辺に勝れ、智恵・才覚ありて、弓矢行のすべを能存知たる武士を義清か元へ越て、真田か城を取てまゐらせん、能武士をすぐつて越給へとて、村上旗本・家老の騎馬迄覚ある侍五百人撰、いかにも隠密して、取あわてぬ様にと申、春原兄弟に引合せ、彼兄弟にハ、馬鞍・太刀・刀、知行の朱印を添て出す、両人の者、刀・脇差をは取、よの物をば返し、頓《やが》て又参り、重て頂戴可申とて、村上好《このみ》の如き按〔案〕文にて、熊野牛王に起請を書、能侍《よき》を真田か館へ連て行、二の郭《くるわ》迄引込、跡先の門を打、本城と三の郭よりさし挟ミ、五百人の村上衆を一人も不残成敗するに、味方に手負死人なく、忠節を申上る、

真田工夫故、翌年上田原の合戦に晴信打勝給ひ、義清終に越後へ走り入、取て持たる越後の内を景虎へ進上して、信州へ帰参を頼むに依て、景虎・晴信弓矢を取ハ此故也、

扨又右兄弟にハ、小草をめし給ひ、此頃ハ小草若狭と改、海野か八十騎の人数を廻させ、百貫の本知行なれとも、千貫下され、龍宝信玄の二男、盲目なれ共、海野か名跡ニ成給ふの老に成、弟惣左衛門三十貫の本領を三百貫に被成、甘利か同心ニ成、忠節故也、

按《あんず》るに、甲陽軍鑑に海野八十騎とミえたり、此海野家断絶の事蹟伝ハらず、龍宝ハ後に徳川家に被召出、今高家武田左京（信之）大夫祖なり、春原惣左衛門御家へ仕奉りしハ、甲州

没落の後の事なるべし、

木村土佐守［注99頁参照］

木村土佐守綱圓〔茂〕、初五兵衛と云一説ニ五右衛門、或ハ縫殿とも、駿州の大守今川氏真の臣なり、氏真没落の時、十二才にて　信綱《のぶつな》公源太左衛門尉信綱御手へ生捕給ひ後、児小姓に召仕《めしつか》ハる、公長篠の役ニ御戦没の後、房州公（昌幸）に仕奉る、

一説に、天正十八年甲寅小田原落城前に　武靖神公（信之）御陣へ敵方より童形の者一人、書翰添頼奉りたる事あり、是則土佐也とあり、非也、天正十年壬午の後、室賀御成敗の条に名あるをもつて知るべし、

武靖神公御代に老職を勤む、十六歳の時、成敗の者あり、房州公密ニ何某へ討手仰付られけるを側に聞居て、討手の者より先に立出、馬に打乗馳行、彼科人《とがにん》の許に至り、唯今遺恨ある人を討捨、迯〔逃〕参り候、御かくまひ被下候へと頼ける、あるじ心得候とて、閑室に伴ひける、油断を見済《みすま》し、只一討に切殺し、首を取て走り出、繋ける馬に打乗て、上田の方へハ返らずして、脇道へ馳行ける、彼の家人等驚き騒ぎ、我も／＼と上田の方へ追懸行ける、其隙《すき》に走り違て異儀なく上田へ引取けるとなり、元此家ハ千曲川の西なる故、上田の方へ帰りてハ、追詰られん事を怖れ、斯《かく》謀りて上田へ引取ける、若年の知恵深きを衆人感しけると也、

一説に別心したる者ハ荒木肥後なりと云、然れとも、天正十三年乙酉神川合戦の時、肥後の名ミえたり、別人なるべし、

天正年中、上野国中山の砦　房州公御乗取の時、田口又左衛門と敵を相討の功あり、

天正十年壬午に武田四郎勝頼滅亡して後、室賀兵部少輔（正武）室賀ハ村上家の一族、義清越後へ没落の後、武田家に属し、此頃独立して勢ありと　房州公としバ／＼合戦有けるが、室賀か叔父室賀文左衛門が扱にて和睦調しか共、室賀やゝもすれバ、野心をさし挟ミ、上田を襲取《おそいとら》んとの企ある由、密に　房州公聞し召、謀を以て兵部を上田へ招寄給ひ、供人をば家中の縁者、或朋友の方へ皆呼入させ、種々馳走なさしめ、扨《さて》兵部への御饗応とて、神公（信之）と板〔坂〕巻夕庵と縁側にて将棊《しょうぎ》をさして見せ給ふ、室賀敷居を隔て見物す、

房州公兼て被仰付候ハヽ、室賀が供人必働くべし、玄関をば矢沢但馬（頼幸）、台所の方ハ根津〔祢〕介右衛門（幸直）、城外ハ大熊五郎左衛（常光）

門囲むべし、兵部を討時、初太刀ハ北能登仕れ、たとへ討損じても、一太刀討てさへあるならば、直に馳通り、奥の方の口を踏塞ぐべし、二の太刀ハ木村五兵衛・白倉武兵衛・長野舎人討べし、此事根〔祢〕津伊予（信秀）にハ知らすへからず、室賀にハ正しく甥なるぞ、根〔祢〕津長右衛門（利直）にハ、そとしらすべしと也、

扨《さて》、北能登物陰より脇差を抜走り懸りて一太刀討、室賀ハ片手を突、将棊〔棋〕を見物して居たりしか、心得たりと云より早く後へ開ける故、太刀先少し胸に当りたる計也、能登討損じけれ共、打捨て奥の口を固めたり、白倉武兵衛二の太刀を丁と討、兵部弓手にて刀を押とり、鞘ながらひしと受留、素手にてさつとぬく、五兵衛・舎人急に切て懸るを、兵部三人を相手に切結ひ、数ヶ所手疵を負、朱に成て猶ひるまず、神公をねらひ奉り、獅子の怒りをなし飛かゝる、綱圓〔茂〕斯ては危ふしと思ひ、脇差をからりと捨て引組、上を下へと返す所を、武兵衛・舎人押へて兵部を差殺す、神公ハ少しも騒ぎ給はず、将棊〔棋〕を差給ふ、夕庵も更に不動、王手々々とたはむれて差納めて、房州公ハ奥の間に長刀を引そばめ、室賀もし切て入ならば、討捨給はんと待給ふ、

扨《さて》、綱圓〔茂〕が働抜群たるを御賞美ありて、品かづけ物有、殊に兵部が帯せし小脇差青江吉次をも給りけり、天正十三年乙酉神川合戦の時も働あり、

慶長十九年甲寅大坂の役　神公（信之）御名代として、天桂公（信吉）・圓陽公（信政）御出陣、綱圓〔茂〕此頃土佐と改む、羽田筑後と共に　天桂公御後見たるべき仰を蒙り、御次へ下りけるが、綱圓〔茂〕少し伺残したる事ありとて、尚又一人御前へ出申上けるハ、此度の御合戦、御二方様の内御一人御討死遊ばされ、天下に御名を被上候程の御働有之候様に可仕哉、又ハ不出不入《でずいらず》の御働にて、御二方様共御健にて御帰陳〔陣〕あられ候様に可仕哉と伺ふ、神公暫《しばら》く御思按〔案〕有て、当家の武功ハ天下に隠れなき事なれば、此度ハ思ふ旨もあれば、不出不入の働にて、両人共に帰陣候程の事ハなく候が、自然家の瑕瑾《かきん》にも成候様の事も候ハヽ、両人共に戦死候共、少しも不苦と　御意に付、奉畏候と御請申上退出しける、此故に不出不入の御働にて、御二方様共御機嫌能、両御陳〔陣〕御勤被成けると云伝ふ、

同二十年改元元和五月七日、大坂落城の時、綱圓〔茂〕手へ首一ッ討取、家来小林浅右衛門、同心原口善之丞・市場久大夫手疵を負けり、

元和二年丙辰、馬場主水と云者不埒《ふらち》有て、御成敗にもなし給ふべき処出奔し、公儀へ訴人し、御老中へ目安を上ける趣ハ、一昨年大坂御陣に伊豆守（信之）方より弟左衛門佐（信繁）へ加勢を遣し、其上昨年夏御陣にハ、左衛門佐へ内通して、大坂大手へ河内守（信吉）兄弟一番に乗付、旗を上候事、某《それがし》供仕、萬事談合相手にて悉《ことごと》く存罷在候と訴ける、

よつて公儀より御不審あり、上使として中山勘ヶ由（照守）・朝倉筑後守（宣正）両人を以、神公（信之）へ御尋あり、神公聞召せられ、別段に陳謝可仕《ちんしゃつかまつるべき》儀無御座候、御検使被下候ハヽ、速に切腹可仕と仰上らる、勘ヶ由申さるゝハ、貴殿逆心必定たるに於てハ、切腹尤之事ニ候、申訳有之儀ニ候ハヽ、幾度も御申披《もうしひらき》可然と也、時に　神公仰らるゝハ、某儀逆心可仕者と思召入られ、此度　上使被下候ニ於てハ、申披仕候に不及候、

其子細ハ、先年関ヶ原御陣の時、上田に於て父弟御敵を仕候砌《みぎり》、某　御当家へ対し、御恨申上べき儀有之候ハヽ、父安房守（昌幸）へ一味仕、御敵可仕事ニ候得共、只管《ひたすら》　御当家を大切に奉存、父弟を捨候て、無二の御味方仕、上田をも無別条利運に仕候程の某、父相果候後、弟左衛門佐無分別を企、大坂へ一味して籠城仕候迚《とて》、夫を便りに　御当家を捨、何しに逆心可仕哉、

然るに御敵可申上者と御疑を受候段にハ、只今迄の誠忠水の泡と消果候間、申訳仕候に不及、速に切腹仕、赤心奉入御覧《ごらんにいれたてまつり》候外、致方無御座候と被仰けれバ、勘ケ由感じ入、流石《さすが》は真田殿也、申訳至極せりと直ニ立帰りて、逐一言上有しかば、台廟（徳川秀忠）聞し召訳られけり、

然れ共馬場主水訴人たる事故、去年河内守（信吉）兄弟に付て差登せたる四人の家老共を差出せとなり（矢沢但馬守・鎌原石見守・木村土佐守・羽田筑後守）則四人罷出る、老中列座にて、主水と対決に及ばせられ、双方の理非を決断せらる、

綱圓（茂）申けるハ、馬場主水儀、伊豆守家中ニてハ、いか様の者と申上候哉と相伺ふ、老中仰に、彼者儀ハ万事弓矢の相談相手にて、冬夏共大坂陣中にて内證の相談を能存たりと申と有けれバ、綱圓（茂）扨ハ左様に申上候哉、主水義ハ甚小身者にて、知行僅《わずか》ニ百五拾石遣し、其上外様の者にて、伊豆守目通りへ罷出候事も稀成儀ニ御座候、其上彼者ハ大盗人ニて、士道を弁《わきまえ》たる者ニハ無御座候、いかでか如此者に万事弓矢の相談可仕哉、然るを万事相談相手抔《など》と申上候義、

大なる偽にて候と申けれバ、御批判の衆被仰けるハ、伊豆守殿ニハ夫程大盗人と被存ながら、何故に召抱置れたるやと御尋也、

綱圓〔茂〕申ハ、されバ候、日比〔頃〕盗人と存ながら、忍びの達人の由申候ニ付、大坂御陣に召連、忍の役を申付候半《わん》と召抱置申候、先冬御陣に召連罷越、大坂塀の手の様子を探らん為に差遣候処、堀へ入菱《いりひし》を踏たると申、罷帰候、何れの所にてか竹杭にても踏候事や、證拠無御座候、甚痛ミ強く候由ニて、冬御陣一向用立不申候ニ付、不覚者と存、夏御陣にハ召連不申、信州に指置申候、然るに万事談合仕、大坂大手へ兄弟一番に乗付、相図の旗を上たる抔と申上候事、其場も不存候て、いかで存可申哉、爰をもつて彼者偽申上候処、御推察可被下と申、

御批判の衆より又御尋有けるハ、左衛門佐（信繁）所へ伊豆守（信之）より加勢を遣したると云ハ、いかゞやと綱圓〔茂〕答て、御不審御尤之儀ニ御座候、先年安房守・左衛門佐、御当家へ御敵対仕候以来、伊豆守と左衛門佐と不和ニ罷成、左衛門佐上田住居中召仕候者共、伊豆守へ奉公仕度と申候へとも、一人も許容不仕候ニ付、彼者共無拠《よんどころなく》在々所々に身を潜め、百姓仕、露命をつなぎ罷在候者ども、信州を忍び出、左衛門佐方へ罷越、籠城仕候よし、跡々にて追々承知仕候、聊《いささか》も伊豆守存候義ニ者無御座候、

先年親安房守（昌幸）逆心仕候砌こそ一味も可仕候に、其時さへ一筋に御味方申上候伊豆守に候へバ、何迚《とて》逆心可仕哉、然るを馬場主水偽の訴人仕候条、心外至極の儀に御座候、同人儀、左衛門佐方へ罷越、籠城仕候悪者共を暫く宅に隠し置候事露顕致し、成敗可申付と評議仕候儀を密に承り出奔仕、身の置処なきまゝに、伊豆守を恨ミ、訴人仕候義ニ可有御座候、右の罪悪御座候故、大盗人と申上候儀ニ御座候段申披きける、

仍而《よって》御批判の衆尤也《もっともなり》と有て、主水を糺明《きゅうめい》あるに、主水陳ずる事能《あた》はず、真田家を逐電し、妻子と共に身の置所なきまゝに、遺恨止事《やむこと》なく、偽の訴人仕たる段、白状に及ふ、仍而公事相済、四人申勝て運を披《ひら》きける、綱圓〔茂〕此頃知行千石余を領すと云、

元和四年戌六月五日卒す、小縣郡下之条村全正院今常福寺と云に葬る、法名東光院といふ、

真武内伝附録ニ曰、菅沼九兵衛　信之公御小姓に被

召仕、大坂御陣の翌年、窃盗の者馬場主水、子細有て牢人したりしが、公儀へ訴出ける趣ハ、真田家大坂へ内通して金銀玉薬を送りしと申、依之《これにより》段々御詮義初り、主水へ御役人衆御尋にハ、真田大坂へ内通の證拠慥成事《たしかなること》ありやと、主水申ハ、私事忍の者ニて候へバ、用向外、人と一同被申付候事ハ無御座候得は、證拠に可申立程の儀も無御座候へ共、或時大坂よりの返札持参仕候節、菅沼何某と申小姓一人、伊豆守側に罷在候と申ニ付、九兵衛評定所へ御呼出にて、主水と対決に及ぶ、

九兵衛未夕半元服にて、十七八才なりしが、随分さはやかに陳防しけれ共、證拠なき事故、更に勝負なく、何事も云訳ヶましく聞へ、九兵衛妻手口になりし、主水申ハ、大坂よりの返札持参したる時、汝一人伊豆守殿の側に居たりし、寝所にての事也、伊豆守殿其返札を読終り給ひ、押丸めて前なる簀垣《すがき》の際へ投捨られ候へしと云、其時九兵衛主水にハ取合ずして、御役人方へ向ひ申上ける様ハ、伊豆守儀小身ニは候得共、御厚恩を以て信州上田・上州沼田知行仕罷在候得は、外の所ハともかくも、寝所なとの囲ひを簀垣にて可仕様御座候半や、此段乍恐御検使被遣候ハヽ、分明に相しれ可申事ニ御座候、又常体の書状ニてさへむさと捨不申候ハ、世の人の習ひに御座候に、夫程《それほど》大切成《なる》返札を焼捨も不仕、簀垣抔の際へ捨申候程の不覚者と思召被下候や、此事を以て千言万語皆偽と思召可被下と云、仍て申訳相立、九兵衛無事に罷帰る、公にも心元なく思召て、段々道へ人を付置せられ、御関〔玄脱カ〕迄御出被為侍しと也、其後御詮義有之候得は、宮下藤左〔右〕衛門大坂へ内通致したる由ニ付、江戸へ被召呼、御成敗仰付られし也、

按るに、馬場主水と対決の事、土佐か九兵衛か、両説何れ是なるをしらす、故に九兵衛事を爰に附録し、後の考をまつ、

木村縫殿〔注102頁参照〕

木村縫殿茂利《しげとし》〔綱茂〕、土佐が嫡男也、老職を勤む、鈴木右近が元より一封の書簡を預りける鈴木右近殉死の事、右近伝記に記す故、爰に略すして、江戸勤番しけるが、大病にて医療手を尽すといへど

も、其験更になし、嫡子渡右衛門後縫殿右衛門老職を勤む〔案〕松城《松代城》に在て父の大病を聞、大に驚き昼夜寝食を忘れ、按思煩ふといへ共、日比の父の気性なれバ、猥《みだ》りに出府して看病なすべき様もなし、唯飛脚を遣して容躰を問ふのミ也、
然るに茂利自ら末期《まつご》を付たるをしりて、渡右衛門出府せよと申遣ける、渡右衛門扨こそと追取刀《おっとりがたな》にて直に走出ける、続きて家来共我も〳〵と追懸ける、数丁にして追付もあり、其中に常々側近く召仕ける近習両人馬に打乗追懸、二人ながら飛下り、渡右衛門をのせ、一疋ハ乗替に迚率《とてひか》せけり、其跡より道具・具足櫃等追々に走付ける、
不日に江戸へ着、別に病もなしと聞て、少しく安堵し、急ぎ対面しけるに、縫殿申ハ、我等末期近付たり、兼て鈴木右近より一封の書簡を預り置し、戻し度《たく》思ひとも、人伝《ひとづて》に渡すへき物ならねバ、其方を呼よせたり、急ぎ罷帰、宿所へ入ずして、直に右近方へ行、相戻すべし、此外にハ用事もなし、申置事聊《いささか》もなし、平常申諭せし事を忘るべからず、早罷帰れと云、
渡右衛門申ハ、仰の如く、御病体殊の外重く見受奉り候、日比御教訓の通、仕官の身の上ハ、父母の末期、妻子の身の果、見届可申覚悟にハ無御座候へ共、たま〳〵召呼れ出府致し、一日の御看病をも不申、御大病を見捨罷帰候事、不孝の罪遁れ難く、人口も如何ニ候へハ、責て暫く御看病申上度候と云、
茂利頭を左右に打振、我等ハ文盲不才にて、物の道理を弁へず、汝にハ経書の一巻も読習はせて、御用にも可立人となさんと修行させし也、古語にも其志を見、其行を見るを孝行とすと有しと聞、然るを我志に背くやと苦々敷云放《にがにがしくいいはな》せば、渡右衛門力なく涙ながらに其翌日江戸を立て帰着し、直に右近が宅へ行対面し、父の志を演て封物を戻しける、
茂利明暦《めいれき》二年丙申十一廿六日卒、法名松高院と云、大英寺に葬る、

出浦対馬守〔注103頁参照〕

出浦対馬守幸久〔昌相〕ハ初主水佐《もんどのすけ》、又改上総守按るに、介の誤りなるへきかと思ひしが、其後数通の證状を得たり、戦国の折から、是等の儀もなかりしか、後に対馬守と云、更級郡葛尾の村上左衛門大夫義清の一門、十将の其一員にして、同郡上平の城主なり、
天文年中、義清、武田晴信と上田原に戦ひ、敗軍して越後

国へ没落の後、幸久《昌相》武田家ニ属し、スツパを預り、他国の城へスツパを入けるに、其者より先に城中へ忍び入、様子具《つぶさ》に見届帰りける、スツパハ行ずして、偽て行たるよしを云ける時、幸久《昌相》スツパの偽れるを叱り、其身行たる證拠を顕はし、見せけるとぞ、手柄の程を人々感しけるとなり、天正十年壬午、武田勝頼滅亡して、川中島一円織田領となり、信長より森武蔵守長一を海津の城主たらしむ故、暫く長一《可》か幕賓たり、同年信長、明地《智》日向守光秀《みつひで》が為に京都本能寺に於て生害有し事、信州に聞えける故、長一《可》京都へ登らんとするに、川中島の地士・百姓に至る迄、悉《ことごと》く心替りし、一揆を企けるにより、上洛叶はず、時に幸久《昌相》一人武蔵守《森長可》を扶け、苧績《麻》宿迄送りけれバ、長一《可》深く賞美し、自ら差たる脇差を授ける此脇差後年小川家の祖に与ふ、今の邦人家也、当時ハ窪田慎六重久相伝す

天正十一年癸未　房州公《昌幸》の御徳を慕ひ奉り、居城上平を去て、上田に至り仕奉る、時に小縣郡武石に於て三十貫文の所領を給ふ、後に　武靖神公《信之》へ付させられ、沼田にて老職を勤む、御諱《いみな》の字を下し給ふ、

天正十八年庚寅小田原の役、　房州公御父子北国の郷導《案内者》として御出馬、幸久《昌相》御供たり、武蔵国忍城攻の時、前日大雨降、夥敷《おびただしき》洪水にて、諸手多分用意なかりしに、幸久《昌相》夜半より御本陣へ相詰けり、既に他陣より城へ乗込よしを　房州公聞し召、誰か有とて召けれども、洪水に油断して一人も不参、幸久《昌相》一人相詰しを聞せられ、鉄炮の者百人召連、先へ参り候へとて、被差越ける処、最早浅野弾正少弼《長政》人数を出し、仕寄を付て押詰、既に人数労れける故、幸久《昌相》人数を入替攻かゝる、然るに城中より弓鉄炮をきびしく発しける故、漸《ようやく》仕寄を付、其所を持固めけるとぞ、

慶長五年庚子、関ヶ原合戦の前、下野国小山御陣より　房州公　幸村君にハ上田御籠城、神公《信之》ハ関東御味方にて、御忠節ありけるに、御代静謐の後公儀へ訴人の者有て、房州公小山より上田へ御通りの時、上州沼田城に御一宿あり、剰《あまつさえ》　神公御指揮にて翌日鉄炮を以て上信の境鳥居峠迄送らせ給ふ旨申により、御不審有て、家来差出し申披《もうしひらき》有へしと御老中より指揮あり、

仍而《よって》矢沢但馬守《頼幸》・木村土佐守《綱茂》・大熊五郎左衛門《常光》等罷出る、幸久《昌相》も老職也なれ共、他の御用有て罷出ず、御老中御列座にて、対馬《昌相》ハ如何致し不罷出候哉と、本多佐渡守《正信》殿御尋也是ハ幸久《昌相》常々佐渡守殿へ出入せし故なり　病気ニ罷在不罷出候段、各申上ける処、

大切の御用、駕籠にて成とも早々罷出候様にと御申ニ付、
早々申遣、則幸久〔昌相〕罷出ける、
時に佐渡守殿右訴人有ける由仰聞られ、御不審有之、幸久〔昌相〕申けるハ、何者訴出候事哉、成程鳥居峠迄送らせ申候事無相違無之旨、御答に及ふ、是を聞て、但馬・土佐・五郎左衛門各色を失ふと云、佐渡守殿然らバ弥《いよいよ》実正ニ候哉と、根〔念〕を押御尋ありける、
時に幸久〔昌相〕謹而申けるハ、鉄炮を以て送らせ候ハ実正ニ候得共、安房守（昌幸）沼田城へ立寄、一宿致し候事と、伊豆守指図にて鉄炮を以て送り候と申事ハ偽に御座候、沼田城にハ、伊豆守室家罷在、舅にもせよ、御敵たる安房守殿無下にハ通すまじ迚《とて》、長刀の鞘を外し侍れ候程の事にて、中々立寄申候儀ハ不相成候、私儀同国我妻郡に罷在候ニ付、私宅へ立寄申候間、一宿為致候、其上鳥居峠迄十三里の間、鉄炮を打せ送り候事にて、伊豆守儀ハ曽て不存、私の了簡を以仕候事、実正に御座候と申、
佐渡守殿又御申にハ、夫ハ以の外の事、何故御敵たる者を其方了簡にて介抱致し候哉と、幸久〔昌相〕申けるハ、恐入候儀ニ候得共、一旦主人と仕候者、散々の為躰《ていたらく》にて引退き、私門前を通り候を、後の御咎怖敷《おとがめおそろしき》候とて、不知顔に仕候てハ、武士の本意に無御座候、仍而左様之振舞仕候、乍憚《はばかりながら》此段御賢察可被成下候、右ニ付、御咎被仰付被成下候事ニ候ハヽ、私儀如何様にも御仕置被　仰付可被下候様奉願候、聊《いささか》も御恨ハ無御座候と申、
佐渡守殿委細聞届られ、御列座へ御向ひ、彼者申披、家来の身にてハ尤の事ニ候、伊豆守差図と訴けるにより、御詮義も有し事なり、然るに伊豆守不存、対馬〔昌相〕一存にて致し候事ニ候ハヾ、御構無《おかまえなく》之可然と有て、事済けり、
元和九年癸亥八月十八日、七十八才にて卒、法名圓光院《えんこういん》と云、大林寺に葬る、対馬子半平幸吉、神公〔信之〕御代老職をつとむ、
按るに、対馬守上州我妻郡〔吾〕屋敷ハ原町也、今も対馬屋敷跡と唱ふ、此所にありて、我妻郡の御仕置を預り奉りたる事と見えたり、

池田長門守〔注106頁参照〕

池田長門守綱重《つなしげ》、信綱公より房州公（昌幸）に仕奉り、老職をつとむ、小縣郡塩田組の内、東松本といふ所に居住す東松本、

今奈良尾村・町屋村二村となる、

天正十三年乙酉、神川合戦の前、籠城評定有ける時に、綱重申ハ鍛冶・番匠・桶結等の類、雑人原《ぞうにんばら》取入る事、兵粮の費《ついえ》、足手まどひなれば無益《むえき》なりと、房州公聞し召、いや〳〵我等が城下に住なれし者を、此時に当つて何方へ遣すべきや、其上雑人とハ申せども、上方・中国の侍に劣あるべからず、妻子引つれ心安く籠城さすべしと命じ給ふ、去程に寄手大勢にて攻入ければ、常田口の要害既に危ふくミえたるに、彼職人共、得物〳〵を引提出て、身命を惜まず防戦しける程に、寄手数多討れけり、

此口ハ綱重大将にて堅めたりしかば、彼雑人原手毎《てごと》に首を引提持来り、長門殿《綱重》桶結が手並斯杜《かくこそ》候へ、大工か鉋《かんな》め御覧候へ、鍛冶がきたひ《期待》ハいかに候と、首打付てハ又走出し、討死するも有、深手を負うて引退も有しとかや、後に 房州公も 武靖神公《信之》も、過し神川合戦の時、職人共の働、侍もをさ〳〵及ひ難かりしと、度々仰出されけると也、是実ハ綱重か一時の詭道《きどう》ニて、兵粮の費、足手まどひ也と云しハ、渠《かれ》等を励さん為の事なりと、後々人々感しけると也、

慶長五年庚子、関ヶ原乱の時、房州公 幸村君と共に上田御籠城なり、此時城内狭きとて、願行寺口を砦に構られ、綱重を差置れ、両公一同に北の門より城外御巡見として出給ふ、御見分終り、綱重か持口より入給はんとし給ふ、折から敵将牧野右馬允貞成《康成》か軍兵、御父子と見ければ、急に突てかゝる、御供の面々立留りて、既に合戦に及ばんとす、房州公ハ悠々として、信繁君に先門内へ入候へと仰あり、信繁君いかでか領掌し給ふべき、先父君御先へ入らせられ候へと有て、御父子の御辞義に遅々し給ひける所へ、牧野右馬允馬をどらせ馳来る、

此口の将綱重駈出て、詮なき御父子の御辞義にて候もの哉、早々御入あられ候へとて、 公《昌幸》の御馬の口を取て門内へ率入奉りけるにより、信繁君も続きて引入給ふ、其内に敵早押寄来りければ、門の閂《かんぬき》をさし兼る程急なりし、綱重厳敷下知して防きけるに、敵大勢門に付、扉を押ける故、綱重を初、諸士一同に突出て敵を突崩し、堅固に砦を持抱けり、関ヶ原合戦果て後、房州公 信繁君共に 神公の御嘆訴により、御助命有て、紀州高野山の麓九度山村に御蟄居也、此時綱重御供十六人の第一たり、慶長十六年辛亥 公《昌幸》御逝去の後、帰国して勤仕せり、

元和元年乙卯、大坂夏御陣の時、手負・高名の中に、長門内花岡善次の名見えたり、但、綱重出陣の事ハ見えず、寛永四丁卯七月十五日卒す、法名脱叟孤心と云、葬地不詳、長国寺にては頴錐院と云、小縣郡奈良尾村大圓寺開基なり、

望月主水〔注108頁参照〕

望月主水重則《しげのり》〔図脱〕望月系ニ曰、主水正、後右衛門佐、又改対馬守ハ、海野の御門葉なり、天正十三年乙酉、神川合戦の時、籠城しけるが、味方の軍勢勝に乗て神川を越て追行所《おいゆきところ》に、浜松（徳川方）勢の大将大久保七郎右ヱ門忠世《ただよ》、新手を入替て打てかゝる、上田勢ハ初より手痛く働きて、労れたる上なれバ、此勢に駈破られ、半引退き、既に敗軍に及んとしける所に、重則大音揚て申けるハ、云甲斐なき者共かな、今引揚て、此泥の中へ踏こまれ、討死して名を汚さんとよりハ、兎角に死すべき命なれバ、返し合せていさぎ能《よく》敵と引組、討死せよと、真先かけて引返しけれバ、何れも此詞に励まされ、一同に取て返し突て懸り、又浜松勢を追崩し、首級数多取たりける、此時の一言を　武靖（信之）神公深く御感賞あり、神川合戦の時、主水（重則）か勇剛の一言ハ、勇士の能手本也と、後々迄も度々被仰出けると也、

望月系に曰〔図脱〕、主水後の上田合戦の時も籠城し、房州公紀州九度山村へ御配流の時御供し、大坂御陣にハ幸村君に属し、夏御陣の時、岡山に於て戦死す、法名圓斎院と云々、

日置五右衛門尉〔注108頁参照〕

日置五右衛門尉俊経《としつね》ハ父を日置豊後守則隆《のりたか》と云、武田家に仕ふ、天正十年壬午武田勝頼滅亡の後、織田右府信長に属し、瀧川左近将監一益《かずます》の旗下にて、富田喜太郎・牧野伝蔵等と共に戦功あり、信長生害、一益上洛の後、房州公に仕奉り、同年九月遠州徳川家より　公（昌幸）御味方の事を謀らせられ、俊経へ様々御頼有て、遂に御味方有たるを以、俊経か才覚を御賞美あり、大久保新十郎（忠世）奉りにて、東照宮（家康）より御朱印を給ふ、

此御朱印、寛文年中松城伊勢町の住町年寄を務し小川仁左衛門と云者相伝なりが、今ハ本州小諸の藩士大田彦右衛門相伝す、日置が一類の内なるにや、

天正十三年乙酉、遠州と御手切ありて、神川合戦の時、城

兵勝にのるといへ共、敵将大久保七郎右衛門忠世、勇気不撓《ふとう》相対す、俊経遠軍《徳川軍》の前を通らんとす、大久保平助《忠教》是を見て、夫《それ》こそ敵ぞ、三ツ巻を付ざるぞと呼ハりけれバ、俊経味方と思ひ誤り、日置五右衛門と名乗て通る所を、足立善一郎政定或云大河内鎗を以て俊経が鞍の前輪を突、俊経か従士鎗を取直し、善一郎を少し突て、並ひ居たる平助又俊経を突けるを、俊経か郎等共、鎗四五本にて向ひ、内三本にて平助か鎗をからミ捨る、其隙に俊経乗抜て気多甚六郎か前を馳通る、平助又是を突べき由云けれバ、甚六郎も突けるに、追ふ様にて有し故、股の端脇腰に当つて身を迯《[逃]》れたり、其時俊経振返り、川中島よりの援兵かと思ひ誤り、危ふかりしと詈《ののし》りて城内に引入ける、

古今沼田記に曰、遠州方大田源蔵只一人殿《しんがり》して退けるを、上田方日置五右衛門、其身ハ馬上にて歩行十四五人連、鎗を持追懸《おいかけ》たり、源蔵田の畔を通て引けるが、大石の有けるを後に当、待懸たり、日置追懸て突落さんとせし処を、源蔵心利《こころきき》たる早業にて飛下り、五右衛門か膝をしたゝか突けれバ、馬の足立あしき所にて、流石《さすが》の五右衛門も馬より下り兼たる隙に、源蔵馬引よせ、打乗て本陣に引取ける、日置か部下の者、弓手妻手共深田なれバ、先へ進ミ得ず、畔を廻りて追けれ共、源蔵ハ馬上なれバ、事共せず、駈通けり、此時大田日置を討んとせば、歩行立の者、畔を廻りて先を遮《さえぎ》らバ、大田うたるべかりしに、物馴たる士故、日置が馬より下り兼たる間に退きたるを、敵味方共に感じける、

市川庄左衛門と云者逆心年暦不詳の時、河原右京亮綱家と共に召捕の功あり、慶長年中矢沢但馬守《頼幸》と共に上州我妻郡の仕置、且小縣郡塩田の郷十八ヶ村の仕置を預け給ふ、知行二百六十八貫七百六拾文を領せし也、

寛永十七年丙辰九月六日卒す、法名迎接院と云、大英寺に葬る、嫡子を一郎兵衛と云、天桂公《信吉》へ附させらる、

北能登守［注11頁参照］

北能登守ハ上州先方の士にて、初小田原の北条家に仕ひしが、後叛きて　房州公《昌幸》に仕奉る、室賀兵部少輔御成敗の時、仰を受て初太刀を打、奥口を固む、

天正十三年乙酉、神川合戦の時も、其名聞えたり、後にハ

沼田にて召仕ハる、天桂公《信吉》より上州我妻郡修験金蔵院へ被下の　御朱印、同郡八幡山番帳と云書にも、　御朱印能登守奉とあり、

白倉武兵衛［注111頁参照］

白倉武兵衛、武田家に仕ふ、勝頼滅亡の後、房州公に仕奉る、室賀御成敗の時、木村五兵衛・長野舎人と共に二の太刀を討し也、神川合戦の時も、其名見えたり、

松沢五左衛門［注112頁参照］

松沢五左衛門、初室賀兵部少輔《正武》の家臣也、武田家滅亡の後、房州公御父子既に信州小縣郡を大凡切なびけ給ひけるに、独《ひとり》室賀兵部少輔而已《のみ》従ひ奉らず、仍て彼城へ押寄給ひ、高き地に御馬を立られ、御遠見あり、士卒ハ馬を引付、鎗を膝に載て並居たる所に、城方より六尺計の大男、朱具足に星兜を着て、唯一人五丁計出て物見をなし、田の畔を伝ひて乗帰る処を、大熊五郎左衛門が足軽一人、刀を抜てうちかたげ、走り行ける、程近く成て遁《のが》さじといへバ、彼武者振返り見なから、静々と退ける、房州公あれハ何者ぞと御尋あるに、あれこそ聞ゆる松沢五郎左衛門にて候と申、五郎左衛門が足軽三十計の内にて終に追付、拝ミ打に丁《ちょう》と切、五左衛門手を指《さし》のべ、足軽が髻《もとどり》を摑んで引伏、足に踏て首掻落《かきおとし》申し、田の中へ捨て、事なき体にて退ければ、味方の諸士是を見て、各鎗を追取、馬に打乗んとす、房州公采配を以て是を静め、室賀ハ小身者なれバ、追付押潰して、あの五左衛門を我手に付べし、惜き武士也と制し給ふ、

室賀御成敗の後、則《すなわち》御家臣に列せり、沼田にて召仕れし頃、出頭とミえて、天桂公《信吉》所々へ被下の　御朱印に、木村帯刀と五左衛門奉、数通ミえたり、

堀田久兵衛［注112頁参照］

堀田久兵衛も室賀か家臣にて、〔室賀〕兵部少輔御成敗の時供したり、其時兵部か供の者共、台所口より切入けるを、番兵防き戦て、城下へ追出す、猶も退口に上田の町を焼んとせしを、大熊五郎左衛門手強く防けれハ、焼事あたはす、久兵衛後殿して退く処を、五郎左衛門大勢にて追詰けるを、久兵衛切払〳〵静かに引取を、五郎左衛門追懸太刀打せしが、

馬上の達人、太刀打の手利故、難なく引取けり、此後被召抱、沼田にて被召仕ける、

高梨内記［注113頁参照］

高梨内記ハ父を高梨摂津守と号し、本国高井郡高梨の城主にて、村上義清の一門十将の一員たり、信綱寺公御内室花翁妙栄大姉ハ摂津守の娘にて、内記の姉也と云、義清越後へ没落の後、房州公に仕奉り戦功あり、神川合戦の時も名ミえたり、慶長五年庚子、房州公紀州高野山へ御配流の時、御供十六人の一人なり、

高梨采女［注113頁参照］

高梨采女ハ内記か嫡男にて、信繁君の御姆《うば》也、父と共に高野山御配流の御供し、慶長十九年甲寅、信繁君大坂入城の時従奉り、翌元和元年乙卯、大坂合戦の時、君と共に戦死す、

高野山蓮華定院旧記ニ曰、采女信繁君御嫡大助幸昌君御家老とミえたり、

青柳春庵［注114頁参照］

青柳春庵ハ高野山御配流の時御供し、高梨采女と縁者たる故を以て、信繁君大坂御入城の時従ひ奉り、君と共に戦死す、

高野山蓮華定院旧記に青柳千弥とミえたり、

来福寺［注114頁参照］

来福寺ハ武田家の軍配者なり、勝頼滅亡の後、房州公（昌幸）に従ひ奉り、天正十三年乙酉神川合戦の時、公祢津長右衛門と碁を囲ミ給ひける時、見物して居たりしが、敵押寄来たりしかバ、時分ハよしと云て突崩しけると云、

慶長五年庚子、関ヶ原乱の時、房州公上田御籠城あるにより、台徳廟（徳川秀忠）其勢四万の着倒〔到〕にて本国小諸に着せ給ひ、暫御休息有、祢津の原に陣とらせ給ひ、夫より染屋馬場に押出し給ふ、御先手ハはや上田城へ押寄る、上田にてハ房州公・信繁君采配をとらせられ、軍法御相談ハ来福寺也、外廓の門迄、関東勢の内より七人進ミ来つて迫合《せりあい》あり、是を関東御旗本七本鎗と云、其後惣勢城門の際迄押寄る、敵

既に乗入んとすると注進あるを聞て、来福寺時分ハよしと城門を押開き、房州公御父子鑓ぶすまを作りて突出給ひ、染屋馬場まで突崩し給ふ、仍て　台徳廟布引《ぬのびき》迄引退給ひしと云、

御武功記に曰、来福寺ハ台家《天台宗》の僧なるか、又ハ俗人なるか不分明、或軍配の書の奥に甲州来福寺原仁兵衛とあり云々、翁物語に曰、来福寺ハ甲州にて原と云し士にて軍理功者なり、上州我妻郡原町岩櫃山天正年中武靖神公御在城の搦手《からめて》郷原村修験潜龍院が庭に、来福寺左京物見の岩と云大岩あり、俗称原仁兵衛、或左京共云しとミえたり、

成沢長左衛門［注115頁参照］

成沢長左衛門ハ矢沢但馬守頼康《頼幸》が組下の士なり、天正十三年乙酉、神川合戦の時、討て出敵に捕れ、案内者となりて行けるが、敵を欺《あざむ》き、ふけ田《深》へ乗落させ、跡に続きたる歩行武者を突倒し、其首を取、東上田の台に　武靖神公《信之》御巡見として御座有ける処へ持来りて、御実検に入奉り、御感賞を蒙りしと云、

成沢勘左衛門［注115頁参照］

成沢勘左衛門ハ、慶長十九年甲寅大坂冬御陣に、天桂公《信吉》円陽公《信政》御出陣の御供し、翌年夏御陣ニも御供して、旗奉行をつとむ、既に合戦最中となり、勘左衛門旗差二人を左右に引付て進む処に、御相備本多出雲守討死有て、人数混乱に及ふといへ共、御兄弟左右を顧ミ給はず、城へ乗付給ふ、其時勘左衛門纏《まとい》を押巻、我等にとり付、押落なかると、旗差に下知して、大勢の中を分行けり、続きて御人数押円《おしま》ハし、大手へ押付し時、勘左衛門纏を解て大手の内へ乗入て差上たり、時に関東御使番衆是を見て、城にハ火かゝり落城なるに、真田家人に勝れて、城へ乗入、旗を上たるハ、心替りの印かと　将軍家へ申上らる、

無程大坂落去し、　東照宮《家康》御父子京都へ上らせらる、仍て諸勢京都へ供奉あり、洛中洛外に宿陣を配り渡しけるに、御当家へハ渡されず、甚御難義有けれ共、本多雲州討死有て混乱の時、御当家御備乱れす、一番に大坂大手へ押進て、旗を上給ひたる事仰訳られ立て、御宿陣渡りける時に首帳首一つ、成沢勘左衛門と有、

沼田記ニ曰、成沢五左衛門諸手より真先に大坂城へ纏を押立たり、旗持人に先をせられじと、旗を一番に塀の内へ投入、其身ハ跡より乗越て入たり、此時いまだ他の旗一本も入事なし、家康公ハ兼て城中に御叔父幸村君御籠城なる故、河州公《信吉》を気遣思召処に、御旗一番に立たるを御覧あり、河内守逆心して城内へ入たりと被仰けるを、井伊掃部頭直孝《なおたか》、河内守ハ左様の心底の者にてハ無御座候と申上しにより、無子細相済ける、按るに、勘左衛門・五左衛門とも申せしか、又云、成沢系図に長左衛門の名ミえず、別家なるべし、

長野舎人［注116頁参照］

長野舎人ハ上州先方長野信濃守《業正》か一類にて、海野能登守《輝幸》か家来也、天正八年庚辰、能登守を沼田城代として差置れけるが、逆心あるにより、討手として隠岐守信尹《のぶただ》君、検使田口又左衛門を指添らる、既に合戦はじまりて、城兵或ハ堀へ落、或ハ臥倒れ、上を下へとひしめきける、其中に長野舎人生年十七才と名乗、真先に進ミ戦しが、誰が打太刀共しらね共、十余ヶ所疵を受、朱に成て臥にけり、能登守是を見て、日比面魂《つらだましい》心だて有べき者と思ひしに少しも違ハず、天晴の働、惜き士也と誉けれバ、能登守嫡子中務《幸貞》聞て、不便なり、物おもはせんより、止めを差せよと云ければ、能登守いやあれ程に成て、何止めに及ふべき、若生るば、武士の手本にせよとて打過ける、

戦終て後、房州公《昌幸》に召出され、天正十年壬午武田家滅亡の後、室賀兵部少輔御成敗の時、木村五兵衛兵部と組し所を、舎人・白倉武兵衛と共に兵部を差殺す、

天正十八年庚寅、秀吉公小田原征伐の時、房州公御父子北国の郷導《案内者》として御先手たり、此時舎人故ありて御勘気の身なりしが、忍ひて御供しけり、既に上野国中の城々落去し、武蔵国忍の城に攻かゝる時に、武靖神公《信之》頻りに出丸を乗取べしと仰有けるを　房州公制させ給ひしか共、御承引なく若侍二三十人召連られ、容易く乗取給ふ、此時敵より横に打し鉄炮にて、味方も多く討死しけり、舎人三度敵と迫合、首三つ討取来り、木村土佐《綱茂》を頼ミ、御勘気赦免を願ふ、

房州公聞し召て、比丘尼抔《びくになど》が首を取たらバ、珎《めず》らしき事な

らんと仰有けれバ、舎人涙をはら〳〵と流し、又馳行て塀際にて討れけり、

田口又左衛門［注117頁参照］

田口又左衛門ハ、天正年中上州中山の砦迫合の時、木村五兵衛と相討の功あり、同八年海野能登守《（輝幸）》・同中務《（幸貞）》御誅伐の時、信尹《のぶただ》君の検使に差添らる、既に能登守討れたる、七八丁此方にて嫡子中務大勢に取まかれたる中にも、又左衛門真先に進ミけるを、中務思ふ敵よと馬馳寄、唯一討に切て落さる、

水出大蔵［注117頁参照］

水出大蔵馬役をつとむ、天正十三年乙酉、神川合戦の時、小縣郡塩田辺の者心替りし、遠州《（徳川方）》へ心を通し、杉原四郎兵衛と云者を将として一揆を発し、近辺を掠《かす》め、烏帽子形の古城を取立楯篭る、

房州公是を討給はん為に、武靖神公《（信之）》に人数を副られ差向らる、則 神公御出馬、彼筋御巡見有しに、大蔵御前へ出て申けるハ、此城の体、前ハ嶮岨《けんそ》にして、後ハなるく候也、鉄炮の者共、後へ廻し打たて申なば、城中怺《こら》え難く候半《わん》と、神公尤と思し召、鉄炮の者を後へ廻し給ひ、山の峯より打立させ、神公ハ山下にある堂の内に入給ひ、鬨《とき》の声を揚させ、堂の板をたゝきて、鬨を合さしめ給ひければ、按の如く、一揆の兵共、一度も支ずして悉く敗北し、落行を追討し給ひ、数多討取、杉原四郎兵衛を初、生捕も多かりけり、房州公杉原を見給ひて、此者ハ由緒有者なり、用にも立べけれバ、免すべしと有て、神公の御家人に列せしめ給ふ、

此城の即時に落たりしを 神公後々迄御物語有けるハ、大蔵が一言、誰もしりたる事なれ共、時に当つて心付ぬもの也、厩別当《うまやべっとう》の推参がましき事なれ共、渠《かれ》は土地の案内しりたる故也、大蔵が謀を用て、勝利を得たるハ、新らしき事なれ共、戦場にてハ、其人によらず、道理に従ひ、宜に任すべし、軽き者也とて侮りて、大蔵が申事を聞入れずハ、此城一時に落去すまじき也と、御褒賞ありしと也、堂の内にて鬨《とき》を上しも、水出が謀にて、多勢ニ響《ひび》かけんが為也しとぞ、

按るに、水出の地名ハ洗馬村の枝郷にて、烏帽子形

に近き所也、大蔵此所より出し者とミえたり、

本藩名士小伝巻之一終

（表紙）「本藩名士小伝巻之　二」

本藩名士小伝巻之二

目次

（横谷惣右エ門
湯本三左エ門
高野車之助
樋口角兵衛
水科　新介
（斎藤左太夫
依田　兵部
山本清右エ門
小屋右衛門七
森五左エ門
舟越五平次

本藩名士小伝巻之二

河原綱徳編輯

鎌原石見守〔注118頁参照〕

鎌原石見守重宗《しげむね》ハ父を宮内少輔重春《しげはる》と云、滋野の御門葉にて代々上州我妻郡三〔五〕原の庄鎌原の郷を領す、故に氏を鎌原と称す、母ハ　房州公（昌幸）御養女実ハ御舎弟　隠岐守信尹《のぶただ》君の女也、重春、武田家に従ひ　房刕〔州〕公御旗下たり、天正十年壬午、武田家滅亡　房州公御家族上州へ退給ふ時、湯本・横谷・西窪が輩と共に途中に迎奉り、是より　公に従ひ奉り、高野山御配流の時より　武靖神公（信之）に仕奉る、慶長十九年甲寅、大坂冬御陣、同二十年乙卯改元元和夏御陣共ニ　天桂公（信吉）　円陽公（信政）　武靖神公御名代として御出馬時に、重宗矢沢但馬守（頼幸）と共に　円陽公御後見たり、五月七日合戦の時、自身働首を取、手疵を負、家来曾野介と云者も手負たりと云、

寛永十五年戊寅卒す、鎌原郷古城地へ葬る、法名白翁浄清と云、

一説に自身働、首一ツ家来二ツ都合首三ツ討取、家来三人討死すと云々、

或留書に曰、重宗若年の比〔頃〕、野に遊ひたりしに、蛇出て召連たる小姓を呑たり、重宗怒りて谷川を追行、遂に其蛇を打殺す、大胆不敵の大力也云々、

落合保考漫録に曰、春原忠右衛門物語に、父鎌原石見、或時いはなと云魚を釣に山沢へ行けり、近き所なれバ家来もつれず庭抔《など》へ出る時、召連る十二三計《ばかり》の童計にはけ篭器の事を上州にてはけごといふ持せて出けり、魚のかゝりぬれバ拾ひてはけ篭に入、魚のかゝらざる間にハ、川の上下駈行居ける、石見ハ脇目もせず釣に心を入て居る処に、彼童ひつと泣声のしけれバ、其方を見るに早居ざりけれバ、

其所へ走り行て見しに、水の中に足少ひらりとミえて水底へ引入る様なれバ、扨《さて》ハ蛇の取たるやと思ひて、小袖をぬぎ下帯に脇差さして潜り入て見けれバ、最早呑仕舞《のんでしまつ》て腹を臼などの様にしてはたらきもならぬ体也、

其侭《まま》本ト首を踏、のどのあたりかき切て、頓《やが》て岸の上へ引上、腹を掻裂て童を取出しぬ、もはや息も絶ぬれ共程経ぬ故に兎や角しけれハ、息出て元の如く成し、いか様に有しと尋しに、呑るゝ時ハ覚もなかりし痛ミもせず、息の詰ると思ふ事もなかりし、真くらにて有しが暫く過て煮湯の様なるあつきものたらく〳〵とあたまへかゝりて候ひしと語りけると也、長生して後にハ沼田抔へも行しを見たると云者の物語をも聞しに右の如くなり、知たる者ハ此者を見て、あれ〳〵蛇のわけよと云しとぞ、髪の毛ハ一筋もなかりし、少の間にてもうるほひのぬけたるにや、又ハ煮湯の様成物《ようなるもの》懸りたりし故にや十二三才の児を造作もなく呑程の蛇なれバ大きさはしられたりき、

大熊備前守［注120頁参照］

大熊備前守朝秀《ともひで》ハ越後国春日山の城主上杉弾正大弼［少］輝虎入道謙信の旗下に属し、同国箕冠山の城主にて三万石程の地を領し士大将たりしが、子細有て越後を立退、甲州に来奔し武田信玄に属し、山県三郎兵衛昌景《まさかげ》が組下と成、数度誉あり、

信玄上野国へ出張あり、箕輪城攻の時、能《よき》武士と組討しける処へ、又敵来りて差物を奪取けり、朝秀悠々と組敷たる敵の首を取、指物を奪取たる敵を追懸、速に討取て差物を取返しける、信玄是を一覧有て大に感じ、受領の上旗本足軽大将に申付、騎士三十人、足軽七十五人を預け領地を増与へ、本国小県郡曲尾村千小屋の城主に申付られ、其上寵愛の侍女小宰相と云を妻に与らる、信玄卒去の後勝頼に仕、天正十年壬午三月十九日卒す、甲府妙遠寺に葬る、法名徳温院と云、

大熊家相伝信玄感状に、箕輪合戦之節兜首取候内、
敵方へ差物被奪取之処、直に敵陣へ駈入差物取返し、
於一場両度之働無比類、其方以走廻、勝於諸軍至神妙、

仍而《よって》騎馬三十足軽七十五人預置候、弥可抽忠臣者也〔信〕
と見えたり、甲斐国志に小宰相は小幡山城守（虎盛）妹と見えたり、墓妙遠寺にあり、法名妙寿と云、

大熊五郎左衛門〔注121頁参照〕

大熊五郎左衛門常光《つねみつ》ハ備前守が嫡男也、天正十年壬午武田家滅亡の後　房州公に仕奉り、室賀兵部少輔（正武）御成敗の時城外を固めけるが、室賀方堀田久兵衛後殿《しんがり》して上田の町を焼んとしけれ共、常光手強く防きて追詰けるにより焼事能はず、同十三年乙酉神川合戦の時も功あり、

同十八年庚辰、関白殿下（豊臣秀吉）小田原征伐の時　房州公御父子北国の郷導（案内者）として先陣に進ミ給ふ、上野国の城々落去し、武蔵国忍の城に取詰らる、城主成田下総守（氏長）ハ小田原にあり、家老坂巻靭負佐と云大剛の者篭城し堅固に防戦しける、御父子の攻口ハ険阻を頼みたるか敵兵少し、武靖神公（信之）能々《よくよく》察知し給ひ、此出丸ハ容易乗取べしと仰らる、房州公止め給へ老臣等も一同諫め奉りけれ共用給はず、御手廻りの兵弐三十人計にて出丸へ乗懸らせ給ふ時に常光跡より駈付、若殿原に先をせられてハ口惜かるべしと云て、春原権助と両人先に進みて、出丸の木戸を押破りけるに　神公御軍慮の如く果敢《はかばか》〳〵敷人数あらざる故、容易乗取給ふ、時に権助ハ討死し常光ハ功名す、

又いづれの対陣の時成しか、常光常に人喰馬を飼置て乗けるが、取放し味方の陣中を駈廻り上を下へと騒動し、踏倒され押倒さるゝ者多かりけるに、常光立向ひ大手を広げ待ける処へ、彼馬猛つて喰かゝる所を我腕を馬の口へ押込、難なく捕へけり、しかれ共腕をしたゝかに噛破られ、血汐夥敷《おびただしく》流れ出けるを事共せず、塩を取寄すり付て何気なき体にて其陣を勤めけるとぞ、

関ケ原乱の時より　神公（信之）に従ひ奉り、御静謐の後、槍の者同心四十人預け給へ、三百拾壱貫五百六十文の所領を給はり老職をつとむ、卒去年月不詳、法名常光寺と云、曲尾村千小屋城に葬る、同所常光寺開基なり、

大熊勘右衛門〔注122頁参照〕

大熊勘右衛門一説に六蔵共ミえたりハ備前守が次男也、天正十三年乙酉神川合戦の時、名ミえたり、同十八年庚辰小田原征伐の時、上野国碓氷峠盤根石に於て迫合あり時に　信繁君自身働給

ふ、武靖神公御下知有て、人数を坂上へ引揚給ふ、
然るに敵ひしと喰付登《くいつきのぼ》る、右の後殿《しんがり》ハ勘右衛門、左ハ水科新助也、御父子坂上より御覧有、両人共に今に討るべし、救よ者共と御下知ある、勘右衛門が兄五郎左衛門御側に有けるが、いや何事も候まじと申、頓《やが》て五郎左衛門申せし如く、両人共に恙《つつが》なく引取けると也、

鈴木主水［注123頁参照］

鈴木主水ハ源九郎判官義経の家臣鈴木三郎の後胤なりと云、越後の長尾家後に上杉に属し足軽大将たりしが、子細有て越後を立退、房州公（昌幸）に仕奉る、天正年中上野国利根我妻〔吾〕の二郡過半御手に属し、主水誉ある士なるを以て、沼田の要害たる名胡桃の砦を守らせらる、
同十七年己丑、関白殿下（豊臣秀吉）の御扱にて、上州の御領地三分二沼田城共に北条氏康〔直〕へ御渡し有けるが、沼田に近き小川・名胡桃ハ　御祖考の御廟地たるを以て其侭御領たるべしと殿下の御指揮なり、実ハ天正の初頃より追々に上刕〔州〕御手に属し、小川・名胡桃ニ御祖考の御廟地なし、然るを斯《これ》ねじて二ケ所を残し置れしハ、殿下の謀より出し事也と云、

爰に主水が姉聟に中山九兵衛といふ者あり、中山右衛門尉が弟也、右衛門尉中山の砦を守りけるが、先年津久田迫合の時戦死しけるにより、九兵衛則《すなわち》中山を守りけるに、中山の地士共九兵衛に背き勢衰ける故、主水が方に食客と成て有けるが、内々野心を企けれ共時を得ず、
然るに今度沼田城北条家へ渡り、城代として猪俣能登守（邦憲）を小田原より遣し、万事の仕置改りたる事を、主水より　房州公へ申上ん為に、九兵衛へ申含信州へ遣しけるを、能時節《よきじせつ》也と忽《たちまち》逆心を企、猪俣へ内通し、信州へハ行ずして何方にか身を潜め日数過て帰りし体にて、主水方へ使者を以申遣しけるハ、此度信州へ罷越候処、貴所先年北条沼田を攻し時、我妻の地士等を語らひ後詰有し事、其上今他領の境堅固に守らるゝ段御感悦不浅、夫ニ付御密談被成度事《なされたきこと》あり、急に上田へ御越候へとの　御意也、某《それがし》風邪に冒され歩行難成ニ付、途中より使者を以て申入候と云せけれバ、主水心得難き事哉、今何事有て我を召給ふぞと不審ニ思ひ猶予しけるが、重て使者を以て早々御越無之ハ　公（昌幸）の御機嫌よろしかる間敷、我等も如何か難計抔《はかりがたきなど》と云せける、

縁者といひ朋友といひよも僞りハ有まじ、左迄《さまで》に疑ふべきにもあらずと心を決し、留主《〔守〕》の事細々と頼遣し、郎従十四人召つれ信州へと打立道を急きけるに、途中迄追々注進したりけるハ、出立の後沼田より猪俣能登守人数を入替、弓鉄砲手配りしけると也、

主水大に驚き兼て不審に思ひけれ共、縁にひかれて心を免し安々と謀られけるこそ口惜けれ、公《（昌幸）》の聞し召れん程も本意なしと歯噛《はがみ》をなし、九兵衛を恨ミ詈《ののし》りけれ共詮方なけれバ、右の段々委細に上田へ注進し、責《せめ》て此上ハ九兵衛を討取、身の続かん程働きて切死すべしと取て皈《かえ》しけるに、九兵衛ハ砦へ取籠りて飛道具にて討取んとの構ひなれハ、押寄戦んにハ無勢也、

其上士卒の一命を無下に失はんも不便なれバ、今ハ是迄と覚悟して、名胡桃を余所に見て沼田を差してすご〳〵と急きける、鍛治町を通り正覚寺へ入門ニ而下馬し、使者を以て御寺の庭貸給へと云せつゝ少しも臆せず進ミ入、いさぎよく立ながら腹掻切て死にける、是則天正十七年己丑十月廿日也、

扨《さて》も上田にてハ注進の様子を　房州公聞せられ、北条が表裏約に違ひしを深く憤り給ひ、早打を以て　殿下《（秀吉）》へ御訴有しに、思ふ旨あれバ暫《しばらく》堪忍候へと御挨拶也、翌天正十八年庚辰、殿下小田原征伐、御父子北国の郷導として御出馬あり、北条一家悉く滅亡したりしハ此謂を以てなり、主水葬地不詳、法名通庵常円と云、

鈴木右近〔注124頁参照〕

鈴木右近忠重《ただしげ》ハ晩年閑斎《かんさい》と云、六才の時父主水忠死しけるにより　房州公　武靖神公共に深く憐ミ給ひ厚き御養育を蒙り成長す、廉直《れんちょく》の士にして能《よく》下を憐ミ、物毎《ものごと》念入軽率なく、しかも節倹を旨としけるを以て　天桂公《（信吉）》沼田城主と定らせ給ひける時、御附の老として被遣ける、

公御生質温順にあらせられしか共、忠重存慮《ぞんりょ》に応せさる事ハ度々強諫《きょうかん》を奉り、御勘気を蒙りたる事も多かりけれ共、神公《（信之）》より仰入らるゝ旨あり、忽《たちまち》御免有て元の如く召仕給ふ、

然るに猶又強く諫《いさめ》奉り御不興を受、沼田を立退浪人し江戸へ出、常に紙衣《かみぎぬ》を着し黒米飯を無菜にて食し、一僕を抱借宅して暮しける、然るに酒井宮内少輔《（忠勝）》殿忠重が器量有事を

兼て聞届られ、千石の知行にて召抱らるべき取沙汰なり、神公此事を聞し召、右近ハ如才にし難き筋目ある者也、他にて遣さんと云程の知行可遣、帰参候へと被仰遣、但　天桂公御疱瘡にて御逝去の後也、忠重畏《かしこま》り直に御請申上、其夜所々に忍はせ置たる家来共を招き寄、馬鞍諸道具立派に千石程の供連にて帰参しける、則八百石の知行御朱印を給ふ、暫の間職方法度の事を勤させ給ふ、

此頃は仮初《かりそめ》の捕者討者《とりものうちもの》にも多くハ侍を被遣ける、忠重其侍に対面し召捕べき手段手筈を能々《よくよく》念入示し遣ける、心早き者ハ早々に座を立行を、又呼戻し初の如く申諭、時刻を費しける故、其内にハ罪人逐電する事も有りしと也、手ぬるきにハあらず、情深き故なりとぞ、住宅ハ竹山町也、郭外にて並ならぬ大構にて、表へハ塀を懸渡し裏の方麁朶垣《そだがき》を結廻し、毎年二度つゝ是を結直させける、

家長一場太兵衛と云者上州沼田在、鳥屋村と云所より出、鈴木三郎が枝流にて忠重家へも由緒有故召仕ふと也、此者指揮して知行所の百姓に申付る也、忠重登城前退出後必見分す、百姓共も兼て忠重が性質を能しりたる故、結め《むすび》〱の間を指にて寸を取、念入る様成体して見すれバ、殊に悦ひ渠《かれ》ハ貞実《ていじつ》者也、宿遠くハ早く休息させよと太兵衛へ申付る、又旦那の見分なれバ、骨折挊《かせ》ぎて見せ参らせんと、手早に急き走り廻り抔《など》すれバ、此者ハ麁忽《そこつ》成男也、若《もし》軽家にてもせバ耕作もなるまじ、地頭の事をかく麁末《そまつ》にする様にてハ己が事ハ弥《いよいよ》麁略《そりゃく》なるべし、異見せよと太兵衛へ申付、以の外不興也、

或時、垣の結様存念に不応、召連たる草履取に結め《むすび》をきらせ、百姓を呼て切たる縄屑を器へ入れさせたり、是ハ費を厭《いと》ひての事なり、扨《さて》草履取に結直させけるに、結様をしらず出来兼たるを見て、百姓堪《たえ》兼て其縄ハ如斯《かくのごとく》なして結物也と教けるを、忠重つく〱聞居り百姓を殊の外褒、人に物を教ふる程苦労成事ハなし、又習得たる程歓ばしき物ハなし、能せし褒美とらせんと、前巾着より銭一文取出しとらせけると也、

中間八助と云者心に叶たる者也けるか、或時呼出し汝ハ律義者也、加増とらせんと云けるが、極月廿八日に又呼出し、加増也とて鳥目《ちょうもく》百文遣し少分也と思ふべからず、殿様ハ十三万石の御身代なれ共、侍中へ加増十石・二十石・三十石位の事也、我等八百石の身代にて百文ハ夥敷事也と云聞

せけるとぞ、

翌年正月二十五日、例年の出代りなるに、八助申様、私儀今年も相勤め可申候、旧冬御加増頂き候甲斐もなく、人並に御暇ハ願ハれず候迚《とて》重年しけり、奇特者なりとて四月半頃麻布一反とらせ、早々仕立着用せよと申付ける、其翌日八助宿より戻りて、御厚恩にて帷子《かたびら》の主と成、難有候とて太兵衛を以受を申ける、

其後用事有て八助を呼出しけるが、彼帷子御覧に入んと着用し出けるが、思ひしより丈短かなれバ、此麻布ハ我等自身丈巾を選ミとらせ候ひしに、如斯短きハ心得ぬ事と尋けれバ、八助面拭《つらぬぐい》を一ツ切取候と一尺四方程の手拭を出し見せける、

忠重尚不審はれず、夫計《そればかり》の物を切たる迚《とて》、斯短く成べき筈なし、外にも何にかしたらんと根〔念〕を押て尋けれバ、八助赤面して外にも切取候得共申上兼候と云、いや不苦申せよと云バ、八助平伏して恐多く候得共申上候、褌《ふんどし》を一筋切取候にて御座候と云、忠重横手を打扨《さて》も汝ハつましき心底也、汝が如き者ハ日本に二人とハ有まじと、流石《さすが》の忠重も此八助が質素にハ及ばさりしとミえたり、

又常に餅を嫌ひにて是程費《これほどついえ》なる物ハなしとて、正月の餅より外に搗することなかりしとぞ、妻女正月の餅の尽たる比、内々太兵衛へ申付ける、太兵衛心得て夜の八ツ過より搗せける、忠重毎朝七ツ半にハ必起出て持仏堂にて看経《かんぎょう》し、六ツ時にハ食餌《しょくじ》終り其日の諸用申付、五ツ時にハ登城する事一日も違ふ事なし、太兵衛も毎朝七ツ時にハ必相詰けるが、忠重餅搗音を聞て太兵衛を呼、何の物音ぞと問、太兵衛小割の真木を焚尽《たきつく》し、御目覚前に割せ候半と御中間《ちゅうげん》共に申付候と云、夫ハ能手廻しなり、晩にハ酒呑せよと申付る、其夕部、御夜詰登城前に中間共を目通りへ呼出し、下戸《げこ》か上戸《じょうご》かと問、太兵衛下々にハ下戸ハなきものにて候といへバ、酔過て喧嘩抔《など》仕出さぬ様にせよとて中蛤《はまぐり》貝程の盃にて三ツ四ツ呑せ、必外へ出すべからす、早く休息させよと申付て登城す、跡にてハ茶碗抔にて呑ける、

太兵衛が台所日記に酒何升何月何日御中間に被下候と記し出すを、一通り一覧するのミにて尋る事更になし、下人ハ若党八人・中間十人・道具持四人・挟箱四人・沓籠二人・草履取二人以上、三十人也、下女三人如斯例年召抱る作法也、然るに下女不足也とて、食餌の時仕ふ女二人、使の女

二人、小用達の小女三人、以上十人也、朝夕の飯ハ中間共に炊せける、
忠重、生涯台所を見たる事なく、出入の時も左右見向たる事なし、毎年霜月二日知行の物成納辻《おさめつじ》の帳面を太兵衛差出すに、家内人数何十人、此扶持方何十俵、客扶持何俵、大小豆・大麦・小麦何俵、寺社へ合力何俵抔と書立、相残町相場にて払、右金子を忠重手元へ納む、受取て懸硯《かけすずり》へ入、錠をおろし、鍵を前巾着に納る故、其金出す事なし、下女等両度の仕着せハ手作の木綿にて事足りとぞ、日々城より退出の後、必昼寝する事也、其時妻女巾着より鍵を出し懸硯を開き、金子を出し衣服調度を初、用向を弁ずる故、年の暮に至りてハ掛硯の金子残り少になるといへ共、尋咎《とがめ》る事更になかりしとぞ、
武靖《信之》神公御老体の後、或時御城内二の丸の築山に上り給ふ、忠重御手を曳奉る時に、御たはむれに年老ぬれバ少しの上りも迷惑也、是にてハ死出の山ハ心元なきと仰られしとぞ、此時に殉死して御供せんと云、志を発し老職木村縫殿が元へ封書を持参し、開封し見せ又封印して渡しけり、如何成事という事知人なし、
後に縫殿末期に及し時、嫡子渡右衛門を江戸へ招き、鈴木右近へ此一封を戻し候へと渡しける渡右衛門出府の事ハ、木村縫殿が伝に記す、渡右衛門帰着し直に忠重が宅へ行、父の志を語り封書を戻しける、忠重受取開封して書面を渡右衛門に見せ又封印し、唯今懸御目候通りの念願に候故、縫殿殿へ預置候、然るに御大病にて御返却被下候、此侭貴殿御預り被下候へとて渡右衛門へ預け、我等存念にハ縫殿殿若く御成候と存、満足致し候と申けるとなり、
其後　公へ願て名を閑斎と改む、月代《さかやき》ハ俗人の如くにて勤め居たりし也、此頃若者共がたはむれに閑斎と云俗あり、治左衛門と云法師ありと笑けると也治左衛門ハ和田治左衛門なり、伝記末に出す、閑斎常に差料《さしりょう》の合口九寸計有紙布の袋へ、入口を折返し小紐にて結ひ帯しける、
万治元年戊戌十月十七日　公逝させ給ふ、翌十八日に殉死せんと云しが延引しける、嫡子治部右衛門ハ江戸勤番也、次男弥左衛門殉死を止めんと種々思ひ煩けれ共、一度云出したる事を変替せぬ生質なれハ異見すべき様なく、心を苦しめけるのミ也、十八日終日反古《ほご》を取出し焼捨、夜九ツ時に菩提所西条村法泉寺へ引移る、

隣家長谷川善兵衛（善兵衛ハ下野国佐野浪人にて、召抱られ沼田ニ而召仕、れたる長谷川左馬介か次男也、文才有、律義成人也）竹内新兵衛法泉寺へ尋行けれバ、対面し夜中遠方御入来致満足候、乍《ながら》失礼火葬場御見分し給り候へ、知行所百姓共に同心を添遣置候間無心元候と云、両人心得候とて行て見るに、寺の裏山の麓に地所片岨《かたそ》なる故地形悪し、仍而人足を呼、爰かしこ直させ、其段忠重へ告けれバ、殊の外怡《よろこび》厚く礼を述、弥左衛門ハ何迚《なにとて》遅参候や無心元候とて相待けり、弥左衛門桶を持せ来りたるを見、其桶を取寄念入たるやと廻りより底迄得と改め、是ニて能候、其外用迄如何哉と尋る処、木村渡右衛門・羽田六右衛門を同道して来る、早十九日明六ツ時也、

互に式台終り忠重申ハ、年寄候甲斐もなく恥敷事ニ候へ共、ケ様の事見聞したる事なく候間、如何致し宥《ゆるし》候半やと、渡右衛門仰の通りケ様の事ハ世間稀なる儀にて承及候事無之候、但近藤平之丞に承り候へバ、御仏前にて御位牌を後ニ被成候て被遊候ものと申聞候なりと答ふ、

忠重又申ハ御壮年の御方能《よき》こそ左様の事迄御心付御聞繕被下歓入候、爰《ここ》に一ツ望御座候、世に立腹と云事御座候と承り候、苦かるまじくやと、此望ハ先祖鈴木三郎奥州高館にて立腹を切、父の主水ハ上州名胡桃の砦をとられし時、沼田正覚寺に於て立腹を切たる事を常々心に思ひ居望ミし事なるべしと也、

渡右衛門答て古より有し事と兼々承伝候へ共、夫にてハ御霊前へ対し如何候半か、其上御老後と申異様成儀宜かるまじく候、世の常の御生害こそ可然候半と申せハ、忠重心得候、仰にしたがひ可申と、頓《やが》て時分よしと　御霊前へ出御位牌を後になし切腹しけるに、切口を　御覧ニ入奉らんとや思ひけん、押立廻しなから　御位牌の方へ向ける故、介錯《かいしゃく》の羽田六右衛門目付違ひて肩骨へ切込ける、切られて反返り側に居たる渡右衛門が上に倒れ懸りける故、二の太刀を討べき様なし、渡右衛門手早く膝の上に引付、其侭《まま》首掻落しける、渡右衛門時に廿五歳也、忠重切腹の際迄も死すると云事少しも知りたる様にハミえざりしとぞ、則火葬して此寺に葬る、法名脱相空心と云、

瀬下若狭［注126頁参照］

瀬下若狭ハ初甲州武田信玄に仕、天正十年壬午、勝頼滅亡の後、房州公《昌幸》に仕奉る、永禄年中信玄と上杉謙信と川中

島合戦の時、謙信陣の瀬を渡して引退く処を、後より二刀
切たるよし云伝ふ、神川合戦の時も功あり、

小幡将監［注127頁参照］

小幡将監重信《しげのぶ》ハ武田信玄の幕下上野国国峯の城主小幡上総（信真）介が次男也、
御家中系図小幡譜伝に曰、将監重信ハ小幡上総介弟、小幡左衛門（信秀）尉次男也云々、
武田勝頼、甲州天目山に於て生涯の後、相州小田原に来奔し北条氏直に従ひ、天正十八年庚辰、太閤小田原征伐の時小田原城に楯籠る、宅にハ留守居として甥何某を差置ける、此者野心を発し重信が母を焼殺し逐電す、其上小田原城も落城に及ひける故浪人しけるが、伏見に於ゐて　東照宮に御目見し召仕ハれんと有しか共御受に不及、信州上田に来り　房州公に従ひ奉る、
子細ハ重信が祖母上総介母ハ上州箕輪城主長野信濃（業正）守か女也故、一徳斎公（幸綱）信濃守が許に暫く御座有し時よりの御因《ちな》ミもあり、其上甲州にてハ真田小幡とて両輪の如く成し故、旁の御馴染深き故を以て徳川家を辞して　公に仕奉りける也、
上総介か嫡子孫市将監が兄　東照宮へ召出され御旗本と成、

板垣修理亮［注128頁参照］

坂〔板〕垣修理亮ハ武田信玄の老たりし板垣駿河守信形〔方〕の男なり、甲州滅亡の後　房州公に従ひ奉る、天正十三年乙酉神川合戦の時　房州公の御謀にて上田の町中に千鳥懸を結置、武靖（信之）神公・信繁君に人数三百程添られ、三十丁計も出張して敵を思ふ図に引入候へと御指揮あり、房州公ハ城内に控給ふ、則　神公と信繁君と共に御出馬あり、黒坪村と云所にて迫合《せりあい》有、敵数多討取給ふ、御兄弟勝に乗て御進ミある処へ　房州公の御下知として修理亮城内より来りて、兼ての御謀を忘れ給ふかとて、御馬の口にすがりて引入奉る、此他所々に名ミえたり、

内藤五郎左衛門［注128頁参照］

内藤五郎左衛門ハ武田家の内藤修理亮か嫡男なり、勝頼滅亡の後　房州公に仕奉る、武靖神公松城へ御所替の節も御供し来りしが後浪人す、何故たるやしらす、

小泉源五郎

小泉源五郎ハ信州の地士にて武田家に仕へ、鉄砲三十挺つゝ持せたる大身にて覚ある士なり、勝頼滅亡の後　房州公に仕奉り後浪人す、何故たるやしらず、

坂巻夕庵［注129頁参照］

坂巻夕庵貞元《さだもと》ハ初平次、後脱髪して夕庵《せきあん》といふ、木曽馬込〔籠〕峠合戦の時働ありて　東照宮より御感状を給ふと云、其他数度覚あり、

按《あんず》るに馬込峠合戦所見なし、もしくハ武田家滅亡の比なるにや、此御感状坂巻家に相伝なし、

天正年中、室賀兵部少輔（正武）御誅伐の時　武靖神公（信之）の将某〔棋〕御相手也木村土佐守か、伝記ニ委し

慶長五年庚子七月、上杉中納言景勝御退治として　台徳廟（徳川秀忠）江戸を御進発にて、下野国宇都宮へ御着陣也、房州公御父子御三人も御供にて小山御着陣ありける処、石田治部少輔三成より飛脚到来し、西国諸大名と牒《しめ》し合せ旗を上るよしを告、御父子秀頼（豊臣）へ御味方ある様に二大老・五奉行より連署来る、

房刕〔州〕公・信繁君ハ兼て上方へ御志を通せられけるにより御内談も有しが　神公にハ生得御篤実の御気象なる故、御父子の御間柄ながらも、今迄御志をなし給はず、飛脚到来の後、初て御相談有、連署を御覧に入らる、神公仰に父命重しと申せども、これ迄　徳川家の恩を蒙り給ふ事ハなく共、此所迄御随身有し上ハ、俄《にわか》に上方へ登り給ふハ御不義に候ハずやと御諫言あり、

房州公仰に申さるゝ処一理あり、乍去武士たらん者ハ又左様に頑なる事計のものにてもなし、関東大坂両家の恩を深く受たる当家にはなけれ共、ケ様成節に望ミ家をも起し大望をも遂んと思ふ也とて御承引なし、神公右〔左〕様の思召に候ハゝ詮方無御座候、我等ハ　徳川家の懇切を蒙り本多が縁にも引れ候事に候へバ、終身　徳川家に従ひ候半《わん》と被仰切、其座を退き給ふ、

仍而《よって》　房州公夕庵を召出され、御異見申上よと有て、夕庵へ御秘蔵の御脇差を下し給ふ、夕庵謹て申けるハ、御脇差頂戴ハ忝候へ共　豆州様（信之）の御志ハ金鉄に等しく候へバ、中々以拙者体御異見申上候事存も寄不申候迚《とて》、御脇差を返

進致しけり、房州公つら〳〵御思按〔案〕あり、ケ様の時に父子引分れ候も家の為に又能事もあるべしと、則 信繁君を御同道にて上田御籠城也、

御静謐の後、夕庵御夜詰に出、或時申上けるハ、御大名様ハ常々御家来計御相手に被遊、御楽ミ無之事に候、拙者共ハ御夜詰より罷帰り候へバ懇意の者打寄候て、或ハ囲碁或ハ将棋或酒盛抔《など》いたし楽ミ申候と申上る、神公夫《それ》が楽ミかとあり、夕庵 御意の通り楽ミにて候、殿様にハ御徒然のミにてケ様の楽ミ御存不被遊候と繰返し申上ける、公笑はせられ此方の楽ミといふハ如斯《かくのごとき》御治世となり、其方共が其如く打寄楽ミ候が上なき楽ミと思ふ也、夫《それ》をしらずやとの 御意に、夕庵感涙を流し御仁心に奉恐入けると也、又或時、御家中の者男子持候へバ殊の外御機嫌にあらせられ候、此思召を奉伺けるに、何ぞの時役に立故の事と 御意也、尚申上るハ大身ハ格別小身共ハ次三男養兼、奉願候て他所へ差出候も多く候、是等ハ御用に立まじくと、又御意にハ我等大身に候ハゝ、不残扶持為取為養度候得ども、心の侭《まま》に不成候、され共何ぞの時ハ親の許へ子ハ集るものぞ、其時我等の用に立事也との仰也しとぞ、夕庵知行六百石迄給はりし也、

御政務にも参りしか、矢沢但馬守（頼幸）・大熊五郎左衛門に連名の 御書数通あり、晩年に夕庵法印と云、医をもつて業とせしにや、房州公御逝去の後 神公より被下の御書に房州様御一代御薬差上云々ミえたり、寛永十三年酉六月卒す、墓法泉寺ニ有、

御家中系図坂巻家譜に曰、平次ハ武州忍城主成田下総守か組下坂巻靫負佐か子也と記せり、誤なるべし、

木内八右衛門
山遠賀与左衛門〔注130頁参照〕

木内八右衛門・山遠賀与左エ門共に 房州公に仕奉る、海野能登守（輝幸）父子御誅罰の時、討手に加ハれり、能登守沼田を出、迦葉山をさして落行、岡野谷村の阿難《アナ》坂のこなたにて馬より下り、古塚に腰打、懸隔りたる子息（幸貞）中務か来るを待居たる処へ、木内八右衛門つと馳寄て、余すまじと打てかゝる、能登守吃度《きつと》見て能杜来《よくこそ》りたれ、我と太刀打せん者ハ汝ならでハ有ましと思ひしに神妙也、我太刀の焼刃を試ミよと開きて丁度打ければ、八右衛門心得たりと相討に打

こんだり、され共木内が太刀ハ二尺五寸、能登守が太刀ハ三尺三寸なりけれバ、八右衛門が股を寸と切て落し、乗かゝり止めをさし、是にハよもまさじ面白の今のけしきやと謡ふ処へ、山遠賀与左衛門走り懸りて、能登守を鑓にて突伏けり、行年《ぎょうねん》七十三歳とかや、

吉田政助 富沢主水［注131頁参照］

吉田政助・富沢主水共に　房州公に仕奉る、天正十八年庚辰、豊臣殿下小田原征伐の時　房州公御父子御三人北国の郷導《案内者》として御出馬あり、信上の境碓氷峠を越、松枝の城に取かゝらせ給ふ、城主大道寺駿河守人数を出し迫合ける時に、信州侍に与良与左衛門と云者あり、元甲府に仕しが武田家滅亡の後北条家に仕、今度松枝へ加勢として来り、此城に居けるが、只一騎馬上にて十文字の鎗を引さけ、坂本の町外れ右の方辻堂のある処迄来り、静に物見しける処に、吉田政助駈合て名乗懸暫く迫合ける、透間を見済し富沢主水坂の上より鉄砲をもつて桑の木を踏台にして与左衛門を打落す、

窪田荘助［注132頁参照］

窪田荘助ハ　房州公に仕奉る、慶長五年庚午、関ケ原一戦終りて後　房州公・信繁君御助命有て、紀州高野山の梺九《ふもと》度山村へ御配流の時、御供を願けるに御免なし、尚強て願けるに　公の仰にハ此度の儀ハ其方を第一と存て残し置也、願はくハ左衛門佐にても残し置度と思ひ共、其儀不叶詮方なし、其方残りて能々《よくよく》心得城渡しの時疎略なき様に計らひ候へ、是何よりの忠節と有けれバ、荘助しぶ〳〵御受し熟攷《考》するに　公ハ高野山へ入らせらるゝといへ共、実ハ途中にて害し奉るもの成べし、我等に御跡を仕舞候へとの御意ハ、御用に立まじき者と思召れての事なるべし、御先途見届奉らざるハ残念なる次第、生て甲斐なき命なりとて、城をバ依田何某に渡し、大手地幅の前にて切腹す、傍輩共様々止めたりけれ共、聞入ざりしとぞ、後に弟角右衛門へ荘助が本領を下し給はりし也、

山名信濃守［注132頁参照］

山名信濃守　房州公に仕奉る、天正年中、沼田の要害下河

田の砦をあづけ差置れける、或時利根川水増ける折節、北条方の持城白井の砦より多勢討て出、下河田を取巻水落なば沼田より必定後詰すべし、只一息に攻落せと散々に攻戦ける、信濃守事共せず防ぎ戦ける、矢叫ひ鉄砲の音手に取如く沼田へ聞えける故、矢沢薩摩守下知し城中早鐘をならし人数を集め、川端迄討て出けれ共、水高くして渡るべき様なかりしに、塚本肥前守・高野車之助等大勢川を渡しける故、敵兵是に驚き囲ミを解て引揚けり、

信濃守気を得て木戸を開き討て出、追立〳〵敵数多討取、味方をはなれて進ミける、敵続く勢なきを見すまし大返しに返し合せ、信濃守を中に取込戦ける故、秘術を尽して戦けれ共、手勢残り少に討なされ、続く味方なき故に終に乱軍の中に討死す、

原郷左衛門［注133頁参照］

原郷左衛門昌賢《まさかた》、初名久三郎と云、海野中務《幸貞》が嫡男にて母ハ矢沢薩摩守《頼綱》女なり、中務御成敗の後、姉聟原監物が元に養育せられ、成長の後、薩摩守が孫たるを以武靖神公召出され、海野の氏ハ憚《はばかり》あるを以て監物が氏を称号とす驍勇《ぎょうゆう》の士也、中務が気象を受継て、其行跡荒々しかりければ神公《信之》天桂公《信吉》共に常にハ御詞をも懸給ハざりし程にて、親族他人に疎れける、

元和二年乙卯、大坂夏御陣の節　天桂公に供奉し五月七日合戦に、昌賢先手より乗返し馬上のまゝ申様ハ、御備殊の外もめ申候、少々被仰付候へと大音に言上す、　天桂公聞し召其方抔下知せずハ誰か参るべき、早く行申付よと仰有ければ、昌賢馬より飛下り　公の御側近くに御きせる煙草入を持居たる徒の者の側近く寄、其御煙草被下候へと云、徒の者これハ　殿の御煙草にて候とさもあらかに答けるを公聞給ひ何か苦しかるべき、早く遣せよと有ければ、昌賢へ渡しける、

昌賢御きせるを三度いたゞき半服程吸いて鎧の袖にて吸口を拭、謹で又いたゞき、徒の者へ返し、眼に涙をうかめ、残り惜気に立上り　御目先にて馬に打乗一さんに馳出けり、是ハ昌賢兼て討死と覚悟したる故、御暇乞申上ん為の心な《る脱》べしと也、

扨《さて》乱軍となり矢沢但馬守《頼幸》・祢津主水《幸豊》・昌賢共に家来を数多討せ無念に思ひ馳進む処に、但馬守馬を扣《ひかえ》良《やや》暫く敵色

を打詠め、左の方へ馬を乗下しなから、主水・郷左衛門も某か馬のなりに乗て来られよと申けれハ、昌賢目に角を立、但馬殿にはをかしき事を申さるゝ物哉、座敷にてこそ御家老といひ叔父といひ、大身なれハ跡に付ても廻るへし、戦場にてハ無益の差図聞度《ききたく》もなしと言捨て、真一文字に乗入て討死す、

柴田刑部［注133頁参照］

柴田刑部ハ上田にて召出さる、元和二年乙卯　天桂公（信吉）円陽公（信政）大坂御出陣に供奉し、五月七日乱軍の中にて飯島一之丞が下人を見しらずして、味方討し面目なく思ひてや、御陣中より出奔し行方しれす、

塚本肥前守［注134頁参照］

塚本肥前守ハ初名与左エ門と云、房州公（昌幸）に仕奉る、天正年中、山名信濃守を居置れたる沼田の要害下河田の砦を小田原方より攻ける時、沼田より後詰として来りしが、折節利根川水増ける故渡り兼、惣軍川端に立て扣《ひかえ》けるを、肥前守川へ颯と乗入渡しけるを見て、惣軍続きて押渡り難なく寄手を追退けけり、

天正十二年の頃より同十七年の頃迄しば〳〵軍功あり、房州公　武靖神公より度々御感状を給ふ、嫡子を舎人佐と云、沼田御家断絶の時　公儀より切腹仰付られし塚本舎人ハ此家筋なり、

塚本治右衛門［注134頁参照］

塚本治右エ門後に長左エ門と改む、覚ある士なり、或人等癩病《らいびょう》を煩たるを見て、ケ様成忌々敷体《かようなるいまいましきてい》にてハ自殺したるが増《まし》ならんと申ける、然るに治右エ門不慮に癩病を煩出しけるが、兼て申ける詞を恥、自ら座敷牢を囲ひ、其内へ短刀と細引《ほそびき》とを持て入、内より錠をさし堅め、此病平癒せずハ決て出るまじと、妻子暇乞し相応の食物を持入、扨《さて》囲の中にて顔手足ハ云に及す、見苦しく腫《はれ》上たる所へハ細引を巻、彼短刀にて突破り血をしぼり、跡へハひたもの塩をぬり付置ける、右の通りする事七年にして癩病本復しけり、然れ共顔も手足も簾《すだれ》の如く成しと云、

或書に治右衛門ハ肥前守が次男也とあり、

春原権助［注134頁参照］

春原《すのはら》権助ハ天正十八年庚辰小田原攻の時、武州忍の出丸を武靖（信之）神公乗とらせ給ひし時、大熊五郎左衛門若殿原に先をせられてハ口惜かるべしと、権助と共に進ミて出丸の木戸を押破りけれハ、神公御軍慮の如く果敢〱《はかばかしく》敷、人数もあらざりしとぞ、時に権助討死す、

御家事留書に曰、春原監物忍にて討死すとミえたり、

按るに権助ハ初名にて、後に監物と改めしなるべし、

又按るに権助春原六左エ門か一門の内なるへし

横谷左近［注135頁参照］

横谷左近幸重《ゆきしげ》ハ父を与惣左衛門尉と云、其先滋野の御門葉にて、上州先方我妻郡横谷の城主たり、武田家に従ひ一徳斎（幸綱）公の時より御幕下に属し、勝頼滅亡の後　房州（昌幸）公に仕奉る、

慶長五年庚子上方蜂起の時　（昌幸）公信繁君と共に大坂御味方有て、野州小山より　武靖神公と御離別、沼田城へ入給はんと仰こされしに　神公御内室大蓮院殿御承引なきにより沼田を打立給ひ、（吾）我妻郡に至り幸重が許に御止宿の折柄、信繁君風邪に冒され給ひ、御旅行成難きを以て　御父子三日御逗留、上田御籠城の事を告させられ、加勢の事を約し給へ、松尾・林両村の内にて九十貫文の知行を増加へらるべき御墨付を給ふ此御朱印駿州田中侯の、藩士横谷某相伝すと云、此故を以て次男荘八郎を上田へ遣し籠城の列たり、

横谷家記に曰、荘八郎高野山へ御配流の時も御供し、信繁君大坂御入城の時も従ひ奉り、五月七日合戦に討死すとあり、然るや否外に所見なし、

横谷惣右衛門
湯本三左衛門［注135頁参照］

横谷惣右衛門幸秀《ゆきひで》ハ左近が弟也、慶長乱の時より武靖（信之）神公に仕奉る、湯本三左衛門ハ父を三郎左衛門尉と云、其先滋野の御門葉にて、代々上州我妻郡草津を領す、此地温泉の名所也故に氏を湯本と云、武田家に従ひ　一徳斎公の時より御幕下に属し、勝頼滅亡の後　房州公に仕奉り後武靖公に仕奉る、

元和元年乙卯五月七日、大坂の役既に合戦始らんとする前

に、諸士座備し鎗を膝に載て、兜の綴をかたむけ居ける時、城中より打出す鉄砲の音百千の雷一度に落かゝる如し、時に三左衛門頭を振上城をにらミ、左右の味方を見廻し大音祥《ママ》に申けるハ、何れも定めて我も〳〵功名せんと思はるべし、乍去《さりながら》此三左衛門に於てハ恐らくハ秀頼の首を取べしと存候へども、夫ハ無覚束候が、大方ハ一番に功名致し候べしと詈《ののし》る、傍に居たる横谷惣右衛門が母方の叔父なりけるが、いかに三左衛門是に歴々の御座あるに、いまた嘴《くちばし》も青き汝杯《なんじなど》が扨々《さてさて》慮外の事を申もの哉と叱りけるを、三左衛門聞て惣右衛門殿何を被申候哉、軍ハ今始り可申と云、頓《やが》て軍始りて戦ふ、惣右衛門蓦《マッシグラ》に乗込、鎗を合せ太刀打し、数ケ所疵を蒙りしが、仕合あしく功名ハせざりしが、手疵痛ミ働く事成難く、引返し半途迄帰りける処、傍輩共出合、惣右エ門殿殊の外見事にて候と誉ければ、惣右衛門、湯本三左衛門ハいかゞ致し候や各御存候やと問、何れも答て一番功名にてしかも折《モギ》付の首を引提、唯今御旗本へ参られ候と申ければ、惣右衛門涙をはら〳〵と流し、何れも親の左近と悴新五郎に目を懸給り候へと言捨て、一散に乗返し敵陣へ打て入討死しける、

斎藤左大夫
依田兵部
山本清右衛門

［注137頁参照］

斎藤左大夫・
依田兵部、父ハ武田家に名を得たる相木市兵衛尉（常林）・と云、
山本清右衛門・
何れも　房州公に仕奉る、慶長五年庚子関ケ原乱の時　公上田御籠城あり、仍而　台徳廟《秀忠》三万八千余騎の着到にて、九月六日、上田に於て合戦あり、

此時城兵依田兵部・山本清右衛門唯二人、城を離るゝ事二丁計、堤の上へ上り寄手を見る、台徳廟御旗本の内より雄の若武者二三十騎馬の鼻を並へ馳来る、上田方斎藤左大夫・兵部・清右衛門が跡より来り先へ走り抜、鎗玉を振て名乗懸突て懸るを見て、関東方の兵士共あれ遁すなと、小野治郎右衛門忠明・（此時御子神典膳と云）・辻太郎助《久吉》・（後忠兵衛と号す）二人真先に来りける、

左大夫是を見て鎗振廻し其侭引取誘引ける、小野・辻両人是を追ふて堀際へ馳来る時に、堤の上より依田兵部・山本清右衛門立上り、鎗を取とひとしく小野・辻に向ひ合、堤

の上下にて鎗を合せ戦ふを見て、城中より三十余騎討て出る時に、小野治郎右衛門ハ無類の身軽故、鎗をかざし堤の内へ飛入、辻太郎助も飛込ける処へ、朝倉藤十郎(宣正)後筑後守・中山助六(照守)後勘ケ由・戸田半平(重利)・鎮目市左衛門(惟明)・太田甚四郎(吉正)後善大夫是を関原御旗本七本鎗と云・斎藤又右衛門(信吉)押続きて鎗を合す、
依田兵部ハ朱具是にて面もふらず戦しが、深手を蒙りて鎗下に倒れ伏を、小野治郎右衛門首を取らんと、太刀にて依田が内兜を切、辻太郎助も依田が顔を切といへ共、城方の鎗、薄の穂の如く突懸しかバ、首を取事不叶、
山本清右衛門ハ四ケ所迄鎗手を負、其上持鎗折けれバ依田兵部を肩に懸、城中へ引返す、寄手遁さじと追来る、城中より是を見てあれ討すなと十余人門内より打て出る、中山助六立こらへて鎗を合せ、太田甚四郎鎗脇の弓を射八人迄物付しかバ、城方も城中へ引入けり、中山等七人付入にせんと追詰るに、城中より雨の降如く鉄砲を打立しかば、寄手地に伏後陣の続くを待、然る処本多佐渡守正信《まさのぶ》下知して先手を引取らしむ、

高野車之助［注139頁参照］

高野車之助ハ天正年中より　房州公に仕奉る、同十年壬午武田家滅亡の砌《みぎり》、小田原方より沼田近辺へしば〳〵相働ける、或時北条安房守氏邦打て出、神社仏閣を焼払乱妨に及ひける、在民悉《ことごと》く山野に逃走り家財雑具を持運ひ、上を下へと返しける処を、追渡し乱取し狼藉限りなかりける、
爰《ここ》に沼須の金剛院へ一手の将雑兵数多召つれ押入て、庭石に腰打懸下知しける、沼田方高野車之助物見として出ける折柄、此体を見て金剛院の門前にて馬乗捨、竹藪の中へ潜り入、泉水の向ふより透し見てつと駈出し、彼将の首丁《ちょう》と打落し、太刀先差貫き門前へ駈出て馬に打乗、大音揚高野車之助生年十九歳手並の程を見たるか、小田原の奴原共と詈《ののし》りて、暫時に沼田へ馳帰りける、
敵方ハ乱取にのミ心奪れ、思ひ懸さる事なれハ、大に驚き追懸けれ共、車之助ハ早沼田城へ走り入ける故、詮方なく空敷《むなしく》寺中へ立戻り、首なき屍《しかばね》を打かつぎ陣中へ帰りける、
是より後ハ寄手の狼藉暫《しばらく》止にける後　房州公聞し召し御感賞ありし也、此後下河田の砦を小田原方より攻ける時、利

根川水増て後詰成難かりしに、塚本肥前守一番に川を渡し、続きて高野車之助・小屋右衛門七を初、大勢川を渡しけるにより、寄手攻口解引揚、砦の将山名信濃守気を得て追出、味方を離れ討死しける、沼田勢山名を討せ無念に思ひ追懸ける処に、小野子の住人飯塚大学近々と待受、鉄砲を放しけれバ車之助打倒されて死にける、大学走り寄首を取、続きて小屋右衛門七馳来るを二の玉をもって打倒す、敵間近き故右衛門七が首をバとらず、

小屋右衛門七［注140頁参照］

伝記前に出す如し、

御家事留書に曰、高野車・小屋右衛門七勇強あり、両人大坂の役に討死す、

御家中系図高野家譜に曰、大坂御陣の時、高野車・小屋右衛門七と共に先陣に進ミ鉄砲に中《あた》り討死す

按るに両説何れ是なるをしらず、もしくハ二代同名ありしか、猶後考をまつ、

樋口角兵衛［注141頁参照］

樋口角兵衛後に渡辺《トヘン》、又四角兵衛とも称す、

一説に往昔源頼光《よりみつ》の臣渡辺源次綱《つな》ハ四天王の第一にて無比類剛の者也、我も綱の如しとて自称して渡辺と改むと云、

武田勝頼の姆《うば》樋口下総守か三男にて、母ハ　房州公《昌幸》御内室山の手殿寒松院殿の御妹也と云、勝頼滅亡の後　房州公に仕奉る、生質荒者にて無分別なる事多く衆人に疎れけれ共、力量有てしかも釼鎗の達人なる故、折にふれてハ御用にも可立者と　房州公思召給ひ、相応の知行を給はり、信繁君の許へ付置給ふ、

信繁君常々刀剱を好ミ給ひけれハ、御外舅大谷刑部少輔《吉継》より来国俊の二尺四寸有を参らせられ、寸ハ短く候へども刃強く、度々覚有し中にも五枚兜を着たる顔を懸切候ひしに、水をさくる様に候ひし指料《さしりょう》になし給へと申来る、信繁君殊の外怡《悦》給ひ、近臣を集め見せ給ふ、何れも名作なりと感賞しける中にも、角兵衛とくと見て天晴名刀侍冥加《みょうが》ケ様成刀を差度事に候と云つゝ、振廻し抔し鞘に納め君の御前に

持行、此御刀頂戴仕度と申、君大に不興し給ひ詞なく奥に入給ふ、
或時春雨降続き徒然《つれずれ》なる折から、角兵衛御前に出て雨中御淋敷や候半、双六御打御興を添られよと申、君（信繁）日頃好み給ふ故さらバ打なん盤に向はせ給ふ、角兵衛申ハかやう徒然の折から只打候もいさミなく候、賭に遊し候へと、君兼て妙手におはしぬれバほゝ笑給ひ、対様にて打んとならバ百両賭にせん、引て打んとならバ羽織賭にせんと仰らる、角兵衛対様に候ハゝ首賭に仕らん、引と申事ハ武士の忌事に候へバ、何《いず》れ対様にて遊し候へ、若御負候ハゝ大谷殿より進られたる御刀被下候へと申、
信繁君対様ならバ汝が望ミに任せん、双六はじめ給ふ、いかにせしや三番迄続きて負給ふ、心得ぬ事と思して賽を取て見給ふに、いつの間にか作り賽を取替置たり、己憎き事をするぞと不興して奥に入給ふ、角兵衛ほゝ笑て何と仰られ候とも勝候間、御刀ハ私の物に候とつぶやきながら退出しける、
其後日数過て御留主の時、奥へ参り召仕の女中を呼出し、御出向にて急に御用あり、御刀持参候へと仰付られ参りたり、大谷殿より被進たる御刀御渡し候へと断、受取て宿所へも帰らず直に逐電す、
信繁君ハ此翌日角兵衛が出仕なきをあやしミ給ひ、病気なるか見て来よと近習の者を遣し給ふに、宿所に居らずと申、扨ハ例の気随我侭《きずいわがまま》何方へか遊びに行しならん、頓《やが》て帰らんと打過給ふ、五七日過ても出仕せざる故大に気遣給ひ、日頃人を人とも思はず大言を吐《はき》憎まぬ者ハなき程の男なれバ、若や闇討抔《など》にせられしにやあらん、不便の事なり、用に可立侍を失ひしぞと、昼夜御心痛め案し煩ひ給ふ、
時に彼御刀を渡したる女中、先日何日比迄ハ健にて御出向より御使として参り、大谷様より被進たる御刀御用と申に付、渡し遣し候ひきと申、夫にて初て心付給ひ、扨ハ刀を盗ミ欠落したるなるべし、悪き盗賊尋出し刑罰せんと怒り給ふ、
扨も角兵衛ハ一旦近辺へ身を隠しけるが、頓《やが》て立戻り忍びたる体もなく遊び歩行ける、親類共大に驚き御刀を返進し御詫申上るか、左なくハ暫く他国して御怒解たる比〔頃〕御侘び申上るか、今の様成体にてハ然るべからずと、様々異見を加ふれども一円承引せず、何程の事かあるべき、切腹か打

首位の事なるべし、怖るゝに足らずと弥《いよいよ》忍ぶ体もなく気随に日を送りける、

房州公此事を聞し召　信繁君を招せられ、此程角兵衛何方へか行しと聞、例の我侭にて遠方へ見物杯に行しならんかと捨置しに、近頃聞ば其元の心に背き逐電せしと告る者あり、尋出し元の如く仕へ給へと仰ける、信繁君仰上らるゝハ彼者年来我儘千万法外の所業のミに候ひしが、由緒有者殊に勇ある者にて、自然の時ハ用に立候半《わん》かと免し置候へ共、此度ハ難差免不届御座〔候脱〕間、御旨をも伺奉り成敗仕候半と存、罷在候と謹で御答也、

房州公聞し召、扨《さて》ハ夫程の事ニ而候しか、其元斯迄《そこもとかくまで》立腹致さるゝハ能々《よくよく》の事也、我等が聞し趣ハ左迄の事にてハなかりし、いかなる悪事をなし候哉と問せらる、信繁君、私秘蔵の刀をたばかり盗ミ取出奔仕候と、御詞の下より　房州公其元彼者と双六の賭に負、刀をとられ候よし聞しと仰らる、信繁君賭打候事ハ無相違候へども、渠《かれ》作り賽を拵私の目を抜、勝候て実の勝にてハ無之、殊ニ留守へ参り女をたばかり取出させ逐電仕候間、盗賊に紛れなく候と仰らる、

房州公笑はせられ、夫杜其許《それこそそこもと》十分の誤り也、元奕道《えきどう》ハ偽りて人を出しぬき勝を本意とす、夫程の事を知らぬ其元にハなけれ共、刀の惜さ迷ひを取給ふ也、元ハ博奕か発りなれバ、早々呼戻し元の如く目をかけ給へ、刀の惜きも用に立ん為計也、其元差てより其刀角兵衛にさゝせたらは一際《ひときわ》用にも立なん、侍一人と刀一腰と替らるべき事かハと仰られければ、信繁君初て悟り給ひ、元来孝心深くまします〳〵ける故　父公の仰背き給はず、急き角兵衛を呼出し給ひ、更て御刀を給はり元の如く召使ハれける此刀今樋口、一角相伝

慶長五年庚子、関ケ原合戦の後　房州公　信繁君共に、武靖神公御願により紀州高野山の埜〔麓〕九度山村に蟄居し給ふ、ある時、信繁君角兵衛一人を召連られ高野御供十六人の内に名ミへず、跡より上りたる成べし　忍びて京都に出給ひ、神社仏閣名所古跡を尋る風情にて、地利風俗を伺給ふ、

此頃天下に隠れなき関取亀の甲と云者、四条河原に於て勧進角力興行しけるに、貴賤老若夥敷《おびただしく》群集なり、角兵衛頻《しき》りに見んと乞故、さらバとて潜かに見物し給ふ、彼関取折々取組けるに手にたつ者更になし、殊に打かけと云手を得物としける、平常己が庭に四寸角の栗の木を立置、角力望来

る者あれバ、其栗の木をかけ折て見せけるとそ、器量骨柄《きりょうこつがら》並ぶ者あらじと　信繁君甚感じ給ふを角兵衛聞て、帯を解駈出ん体也、信繁君驚き止め給ひども承引せず、御耳に口を寄、唯今亀の甲と御とらせ不被下候ハヽ自害仕候と云、日比云出したる事を跡へ引ぬ我儘《わがまま》者故、詮方なく思して御詞なかりしかば、其侭踊り出、甲殿御出あれ取んと詈《ののし》る、時に一人の角力取出たり、角兵衛眼をいからし甲殿先程よりの手並を感し、男の名聞に御手先に廻り見申度と出候事ニ候、御太儀なから被出候へと申、亀の甲申ハ達而の御所望無拠《よんどころなく》罷出候と取組けるに、小兵なから力量有てはげしき事いはん方なければ、若負間敷にも非ずとや思ひけん、例の内かけの手にて引懸ければ、角兵衛見事に投付られて脛を折、起返らんとすれ共腰たゝず、然れ共事共せず亀の甲にとり付、夫参つたり角力ハ我等勝しと云、亀の甲聞ゆる関取なれバ、更にさからはず笑ひなから、私負にて候と云つゝ角兵衛を聢《しか》と抱て動かさず、気付をあたひ骨継を取寄、必動き給ふな脛の骨折て候、即時に継候へバ、後々迄障なきもの也と念比に介抱し、骨継を付柳の皮にて巻などす、

角兵衛眼をいからしはたと白眼、己田分《たわけ》中な侍たる者脛の一本や二本折し迚《とて》怖るゝ様なる体にて物の用に立べきか、兎も角も引ずり廻し療治し呉《くれ》よと、口ハ立派にきゝけれ共、起返る事さへ成難ければ、楽屋へ頼ミ駕籠を雇ひてのせ帰らせ給ひしとぞ、後にハ能《よく》治して早走り力業共に、初に替りたる事なかりけれ共、老年に至りてハ再発して、余程のちんばにて有しといふ、

慶長十九年甲寅　信繁君大坂御味方有て入城し給ひし時御供す、翌元和元年乙卯五月七日君討死し給ひしに、兼て御供の者殉死又ハ戦死共きびしく禁し置せ給へしかば、皆々城中を遁れ出所々へ離散し、信州へ戻るも多かりし、角兵衛も上田へ立帰りけるが、頓て御因の故を以て　武靖神公被召出二百石の　御墨付を給ふ、

角兵衛押頂き次の間へ出、二百石計の知行ニ而我等程の者繋くべしとハ片腹痛しと詈《ののし》りて、御墨付を火鉢へ投入焼捨て出奔す、夫より尾張へ行、忠吉卿へ召抱られ、初の内ハ神妙にて様子よかりしに、無程旧疾再発し、双六の賭の上にて傍輩と喧嘩し、脇差を抜ける処を後に居たる人奪ひ取ける、角兵衛日比大小刀を鞘に差置けるを抜持、脇差取

りたる人を無二無三に突殺し、脇差を取返し多勢を相手に切結ひ、即座に六人を切殺し九人に手疵を負せ、其身も深手数多負けれ共、事共せず切抜、昼ハ野に臥山に寝、夜のミ歩行て七日めの夜半過、山の手殿の御住居へ参着す、角兵衛が母此御元に仕奉り、且御因有故を以て夜中に驚かし奉りける也、委細聞し召仰出さるゝハ、殿の御罰を蒙りかゝる体に成てハ、我等方へ寄せ付難き者なれ共、深手負たると聞バ即時に追出さんも不便也、療治せん間ハ差置べし、其手疵にて若死なば幸、生なバ早々何方へ成共立退せ候へ、上田へも沼田へも足入堅無用なり、以後ハ此者の死生我に聞する事なかれと屹度《きっと》仰付られける、かゝる仕合故労はりける人もなく、果敢〳〵敷療治もせざりけれども、生得健なる故にや、頓《やが》て平癒し立退けり、

是より老母の宿所へ行て我儘を振舞、何の所業もなく日を送りける、老母ハ兼て五十石の地方を御合力有てくらしけるが、其翌年病死せり、此由其処の代官より訴けるにより、家財雑具付立出せよと老職より申渡ける、代官手代の者其処に行、村役人を以て云々と云せければ、角兵衛是を聞て以の外憤り、代官の手代慮外至極也、直参して子細を申べきに、其方共如き下輩の者を以て申越条ゆるし難しと詈る、手代聞て此者事ハ人のしりたる曲者、何事を仕出さんもはかり難し、我等行んと直に行て按〔案〕内を乞けれハ、角兵衛手鎗の鞘を外し引提出大音に詈り、已聞候へ親の後ハ子相続する事天下の大法也、我爰に有他人いろふ（綺）べき様やある、此道理を弁ざる手代何の役にか立へき、話し置んも無益也、一鎗に突殺さんと鎗を素ごき飛懸らん有様なれバ、手代大に驚きかゝる狂気者に突殺されてハ恥の上の損也と、早々帰りて訴ける、

代官聞て大に憤り、此よし老職へ訴へんとせしか共、夫にて糺明もあらバ、法外者闇討か放火にてもせられんも計り難し、詮なき事と其侭に捨置ける故、其侭母の遺跡に住し、弥増《いやまし》気随我儘を相働ける、

元和六〔八〕年辛丑〔壬戌〕 武靖神公（信之）松城へ御所替、上田へハ仙石越前（忠政）守入城也、角兵衛か押領したる所の百姓共今杜《こそ》訴出、日比の恨をはらさんと囁《ささやき》けるを、角兵衛聞て思按〔案〕を廻らし、日比少しハ目を懸やりたる百姓を透し、不用の道具を渠《かれ》等にとらせ、有用の道具を松城へ送届けさせ、家中引払の日限極るを聞と、其侭立退松城へ来り潜ミ居りける所も

なく不自由のミ、親しき者も見つがず、疎きハ尚も頼まれず、矢沢但馬守（頼幸）・小山田壱岐守（茂誠）方へハ折々行て武辺物語抔《など》しけるが、いつ迄期てもあられまじと、出浦対馬守（昌相）・大熊靭負（秀行）其外老職の元へも行て、帰参を願ふといへども果敢《はか》どらす、

矢沢・出浦等も折ニふれ執成申せども　神公殊の外御不機嫌にて御挨拶もなき故、各取成可申様もなし、角兵衛次第に困窮にせまり思ひ廻らすに、是究めて家老中取成申さざる故ならんと、日に二度三度つゝ家老中を廻り、もはや餓死致し候外なく候、死候ならバ死様も可有候へども、此年に成候迄死て見不申候故思ひ病し候、御思按御取成頼入候と云て、按〔案〕内もなく居間迄もづと入来る故、外出の断もならず老中ももてあまし、或時相談の上　御前江出、角兵衛事度々申上御機嫌を損奉り候ハ恐入候得共、元来理非に拘り申さぬ無法者に候へバ、曲て　御憐愍被下候外無之候、長く唯今の侭に被指置候ハゝ、私共の内渠《かれ》が為に闇討等に逢候半も難計候、命を惜ミ候にハなく候へ共、いまた静謐にして静謐ならざる世の中ニ候へバ、命を捨候も無念の至り、渠も御厚恩を荷ひ候ハゝ万一の御用に立可申歟と、一同に詞を揃ひ申上けれバ、暫く御詞なかりしが、元来寛仁にまします故、思召直させ給ひ、各夫程に申事に候ハゝ兎も（ママ）能様計らひ候へと仰有て奥に入給ふ、

老中相談ありけるハ、今の如き思召にては迚《とて》も過分の知行ハ被下まじ、しかし二百石より減じてハ遺恨を含ミ、逐電して何事を仕出さんもしれず、万一他所にて事あらバ御家の恥辱也、二百石被下然るへからんと一決して申上けるに御挨拶なし、然れ共強て申上角兵衛を呼出し申渡けるに、高笑し夫計《それぱかり》の知行にても餓死せんにハ増也、各の狭き智恵袋にてハ、夫より多く執成出来間敷と、兼て推量したりと雑言吐て引取ける、

角兵衛常に出入しける小山田壱岐守ハ　房州公御聟といひ、矢沢に続きし大禄なる故人々尊敬し、是程の無法者も壱岐が申事をハ折にふれて用ひし事も有しとぞ、又常田図書（永信）ハ御家の庶流ニ而人々尊敬しけり、角兵衛小山田方へ来り、常田事存命不定に煩候由、子ハなし死候が増ならんと申、壱岐成程大病と聞しいざや見舞候半同道せんと云、角兵衛いらぬ事なから御出あらバ参り候半と同伴せり、其体聞しに増る大病、殊に老衰今にも末期計り難し、折節伽《とぎ》の者粥

を進めけれ共更に咽へ通らず、壱岐御老病察し入候、御迷惑にても強て粥召れ候へと申けれバ、図書其声を聞て是ハ小山田殿にて候歟、苦しさに紛れ御挨拶も不申御深切に御尋被下、殊に粥迄も御進め被下忝存候が、湯水も咽へ通り不申といふ、

角兵衛小山田が側に有て大音に申けるハ、小山田殿の進められハ粥いやにても呑れ候へ、斯申ハ樋口角兵衛にて候ぞ、今くたばる身なりとも粥の一はいや二はい呑れぬと云事やあるべき、是非〳〵呑れ候へと云、図書聞て樋口殿も死病に向て見給へ、苦しく候半と云バ、角兵衛又大音に死病ハ苦しきものに極れり、さもなくて死るゝ物にてハなし、其位の事を覚悟せぬ角兵衛にハなし、道理こそ貴殿ハ大坂の夏陣ハ鎗を引ずり、見苦敷逃させられたり、小山田殿いざ御帰りあれと立出ける、小山田ハ気の毒に思ひながら打連立帰りけるとぞ、

或年十三夜の月見に八九人申合せ小山田方へ行、夜更迄様々武辺咄抔し酒呑興しける、此頃壱岐眼病を憂ひなやミけるが、興に乗じて角兵衛と木村帯刀に申けるハ、去比他国より名医来り我等が眼疾を見て、老眼にて治し難けれ共、健なる人の活目玉さへあらバ治しまゐらせんと申候ひき、是ハ誠に得難き品にて、其許《そこもと》達の才覚にもなるまじと申けれバ、両人笑て成程外品と違ひ成難くして又成安き品也、世上に一眼の者も多く候が、子細なく生涯を送り候間、此品にてきゝめあらハ我々が眼を一ツぬきても参らせ度候が、聢《しか》とせし事にあらずハ御挨拶も成難し、又外にも才覚の致かたなき事にもあるまじと云て止ぬ、更行けるまゝ皆々暇を告立去りける、

帯刀が屋敷ハ小山田が隣也、角兵衛立寄、最前壱岐殿に申たる目玉ハ、誰人の眼を抜てよからんやと云、帯刀申ハ近頃近江国より舞々来り居、大身衆の方へハ立ち入て専ら舞を行ふ也、過し日某も見しが、渠《かれ》が眼ハ殊の外涼やかにミえたり、明朝呼寄くり抜て遣らんに難き事ハあらじと云、角兵衛曰、其者然るべし、され共侘抔せば面倒也、何か咎を蒙らせ抜なばよからんと云、木村曰、明朝諏訪宮前にて法楽の舞を舞くれよと頼ミ遣りなん、承知せバ幕揃をと望むべし、文句の内にきつかふ《亀甲》まつかは《松皮》きむらごう《木村皷》と云事あり、其所を申たる時、木村が頼ミし法楽にきむらごう抔とハ慮外の雑言免し難しと、引とらへて眼をくり抜べし、是

こそ屈究の術よと二人手を打笑歓び、若党を使にて立願有て明朝諏訪宮神前にて舞一番頼む也、未明に参詣して相待べしと申遣す、舞々畏り候へと申、夜陰火急の御使早夜明にも近く候半、余日被仰付候へと申、若党左様の事ならバ直参して被申候へ、我等ハ取次難しと苦々敷申ける故、舞々も詮方なく然らバ明朝舞候ハんと返答しけり、

両人悦び眠りもせず、翌日未明に諏訪の神前にて待居たり、舞々ハ装束取繕ひ、笛太鼓鞁の役者引つれて出来り、互に式台終り何を舞候半と問、幕揃舞候へと望む、直に初舞謡ひけるに、彼きむらごうと唄ふ時に、帯刀つと立て走り懸り、大音あげて我等が爰に居るをも不憚《はばからず》、きむらごうとハ尾籠《びろう》の雑言、侍を嘲哢致す不届千万、免し難しと詈りて踏たをし切んとす、角兵衛帯刀をとゞめ尾籠の雑言免し難しとハ申せども、元が舞々風情の者切しとて手柄もなし、免し得させよと侘にける、帯刀さらハ命ハ助遣らんが、後の證拠に印を付遣ハさんと、胸板を膝に引敷、角兵衛に頭と手を押へさせ小刀を取出し、左の眼をくり抜、紙に包ミ早々此場を立さり壱岐が元に来り、夜前御約束の薬種致進上候、唯今抜だての生眼玉にて候と申出しける、

壱岐打驚き扨々《さてさて》戯言もいはれさる田分《たわけ》哉、我等輿に乗じて申出たるこそ不肖なれと甚悔ミ、二人に委細の様子を聞て急き町宿を呼、其方に旅宿する上方者今朝不慮の災難に逢しと聞、相手ハ狂人同様也、皆人のもて余す奴原《やつばら》なれバ一旦命ハ助るとも、後難を恐れ押入て切殺さんも量り難し、早々古郷へ帰し遣すべし、定て路用も不自由ならんとて、金子十五両取出し穴賢《あなかしこ》、渠等《かれら》二人が所為《しょい》と云事を人に漏らすべからす、若《もし》左様の取沙汰もありなば、何方迄も追懸て打殺なんぞ能申せとて金子を渡し遣しける、

舞々ハ既に半死半生の体にて打臥、囃子方も打驚き逃たるも有、気絶したるも有しが、二人が立去たる跡にて近所の者寄集り、薬をあたへ戸板に舁《かつぎ》のせ旅宿へ連行ける、舞々共怒りて奉行所に訴んか、又ハ御仏参の節御駕籠訴せんか抔と申談ける所へ、旅宿のあるじ壱岐の元にて教諭を受、金子を貰ひ受来ると聞て又相談し、なまなか訴出日数を重ね両人の曲者御仕置に成しとて目の玉戻るにも非ず、長居して打殺されんもはかり難けれバ、貰ひし金を徳にして古郷に帰らんと相談決し、其日の暮るを待て立去けるとなり、

扨も　御代静謐となりけるまゝに、武道の嗜ミハ次第に薄

くなり、詩歌・連歌・鞠・包丁・飼鳥抔《など》流行して、角兵衛如き不骨者と武辺嘶する者ハ稀の世と成にける、

爰に春原《すのはら》六左衛門甲陽軍鑑に出る惣左衛門が孫なりハ角兵衛が姪聟也、飼鳥を好ミ鶉を数多養ひける中に声能鶉あり、江戸より来りたる鳥商人、金十三両にて貰ひ度と町宿をもつて再三申入けれ共与へず、角兵衛此事を聞て思ひけるハ、世の中末に成、武辺すたれ侍も虚偽をいふ時節にハなりたれども、流石《さすが》に春原ハ偽り侍るべき気姓〔性〕にも非ず、尋ミんと行て問試ミけるに、商人の十三両にて買んと云し事実事也、され共元商ひの為に飼不申候へハ、金百両たり共遣し申さずと答ふ、角兵衛聞て横手を打囃《はやし》有べし、侍が鳥を売たる抔と云れてハ恥辱なりと殊の外賞美し、其鶉見度と云、春原歓ひ多くの篭の内より取出しミせけるを、前後左右よりとくと見て、扨々不審の事なり、毛色も形チも並方也、何故十三両にてほしきと云けん、心得難しと申せば、春原ならべ見候へハ、形チも並方より大きく声の太く和らぎたる処と、跡の引かた類なく珍らしく候と云、

角兵衛つら〳〵聞て、たとひ外の鶉三ツがけの大サ也共、声太く跡を引たり共、十三両とハ余りなる事也、何にもせよ此鶉我等に給はり候へと云、六左衛門迷惑ながら、日比気質も知りたる事也、いなまバ立腹計り難しと思按〔案〕し、御心に叶たらバ御持参候へと申ければ、角兵衛殊の外歓び、さらバ暇申さんと篭の口をひらき、彼鶉を取出す、春原いや篭のまゝ御持参候へと申せバ、篭ハ珍らしからずと云て鶉計取出し袂へ入立出る、六左衛門ハ掌中の玉をとられし心持にてありしが、頓て退屈して返さるへし、併夫迄の間餌飼水飼いかならん、行て世話せんか抔《など》と案し居ける処へ、角兵衛使を以て先刻は忝存候、酒肴求めて候、御入来に於てハ大慶なりと申送る、春原口上を聞、扨ハ鶉を貰たる歓の余り、酒呉んと申越れたるとミえたりと歓び、無程参るべしと挨拶しける、

扨《さて》角兵衛ハ春原に鶉を貰ひ門を出ると、彼鶉を〆《しめ》殺し宿所へ帰り、自身是を料理し塩焼にして、待所へ春原使の者に引続きて来りけり、角兵衛見て六左かく早かりし是へ通られ候へ、最前も申如く形チも毛色も替らぬ鶉を、商人が十三両に買んと云しハ只事にハ有まじと、貰ひ戻りて焼鳥にしたる也、是を食さば長生するか強く成か二ツの内ハ出まじと、年若き其元や子供に食させんと、自ら料理したる也、是

を肴に一ツかたむけ給へと云て、串を引抜頭よりミし〳〵と噛砕き、我思ひしに違ハず味も替る事なしと云て、盃押取四五盃続けさまに呑て春原へさしにける、六左エ門始終以《もって》の外《ほか》怒り、盃ハ手にもとらず、刀を取て差ながら鶉の惜しきと云にハあらねど、余に傍若無人の働し給ふもの哉、妻の義父にあらずんバ其元あたまを二ツ割に切下ん物を、礼儀を思ふ故に堪忍致し候也、もはや今生の対面是切にて候と云捨て立出る、

角兵衛から〳〵と打笑ひ、扨こそ武辺の薬なるぞ、我等が鶉を喰ハずハ何として六左抔が此元あたまを二ツ割にせん抔と云べきやと大音声に罵りける、是より春原ハ生涯不通したりける、承応四年乙未三月卒す、墓蓮乗寺にあり、

森　五左衛門［注144頁参照］

森五左衛門ハ慶長十九年甲寅、豊臣秀頼旗揚の時、大坂に篭城し大野主馬（治房）が手に属し、十二月十六日主馬が組下塙団右衛門（勝忠）・番監物隊長にて、侍分百二十余人蜂須賀阿波守（至鎮）陣へ夜討したりし時、打出たる其一人也、御静謐の後　武靖神公へ被召出二百五十石を給ふ、墓西条村法泉寺にあり、

五左衛門物語に曰、十二月十六日夜討評義の時、古老の申けるハ夜討ハ敵に反《かえ》り忠の者ある歟内通の者有か、又ハ憂事或ハ歓事等有て油断なる所を討べき事也、然るを其利一ツもなく討出るハ、無謀の夜討と云べしと也、各申ハ互角の対陣にハ斯こそ有べし、此度の籠城ハ元来開運の時節もなく、遅速ハ有とも迚《とて》も死べき命也、無謀にても打入て切散らし、若敵周章騒動せバ命を限りに働きて討死せん、小勢を以て大勢を破るが味方の一得のミと申、しからバ打て出よとて皆一同に打出ける、

かやうに思ひ切つれ共、すハや打出ると云際に成ぬれバ、妻子親族の事思ひ出し、是が名残と気も弱く力もぬけ、日比ハさのミに思ハざりし兜につられて、襟傾き足元定かならざりし、

かゝる所へ主馬が老何某大きなる薬罐に酒を暖め、広蓋に茶碗を載夥敷《おびただしく》持来り、銘々へ配り酒をつぎ廻る、寒さハ強し惜ミ所ハなし、引受〳〵打のミける、是にて漸気力を得て、先陣に進ミ討死せんと思ひ定めし也、大坂城中にハ血気の勇者ハあるへけれ共、

真の勇者ハ指折程もあらざりし事と見えたりと申けるとそ、

水科新介［注145頁参照］

水科新介盛直《もりなお》ハ、天正十八年庚辰小田原攻の時、上野国碓氷峠盤根石に於て迫合、人数引揚る時、敵ひしと喰付慕《したい》登る、右の後殿《しんがり》ハ大熊勘右衛門、左ハ盛直也、房州《昌幸》公御父子御覧有て、今に討るべしと気遣給けれ共、両人共無恙《つつがなく》引取ける、

其後盛直語けるハ、人ハ命なくてハ武辺もミえ不申、勘右衛門と我等と碓氷峠にて後殿せしとて、御家中にて誉候へ共、祢津主膳存命に候と我等中々口をきゝ候事ハ難成と申、何故やと問ば、主膳ハ我等両人よりハ格別先に取て返し後殿致し候、我等共引上る場所さへ一人にてハ成兼候程の世話敷場所の処、其前に取て返し一人にて敵を支へ候内に、我々両人も取て返し候を、山上より　房州様御父子御覧ぜられ、主膳一番に取て返し候ば、皆々取て返し候へと頻りに御下知有之故、皆々取て返し候得共、足場あしく主膳ハ討死いたし候、我等共引上候時ハ取て返し候、味方共折合候故、両人共に首尾能引揚候へしと申、

此時、盛直武者振勘右衛門より能見え候ニ付、此儀を人々ほめ候へバ、曽て左様にてハなし、勘右衛門方ハ足場能候故、すら〱と引揚候へども、我等方ハ足場あしく心ハやたけに引揚度候ひしが、果敢《はか》どらす候ひきと申ける、盛直功にほこらず神妙なる申方とて、御家中一統誉けるとぞ、

舟越五平次［注145頁参照］

舟越五平次ハ大坂御陣前比の御抱と見えたり、大坂御陣の時、武靖神公《信之》御下知にて旗奉行被仰付けるに、春原六左衛門・同弟孫左衛門を初、御譜代の者共申上けるハ、近頃御抱の五平次抔に御旗奉行被仰付候てハ、御譜代の内に可然侍無之様ニ聞え残念に御座候間、余人に被仰付候様にと也、神公尤と思し召ける歟、暫御思按［案］あり、いまた何共　被仰付なき内に、五平次書置を残し出奔しけり、気早なる者と見えたり、

本藩名士小伝巻之二　終

（表紙）「本藩名士小伝巻之　三」

本藩名士小伝巻之三

目　次

本藩名士小伝巻之三

河原綱徳編輯

祢津宮内大輔［注146頁参照］

祢津宮内大輔昌綱《まさつな》初信光ハ晩年一味斎と改む、父を宮内大輔政直《まさなお》と云、其先滋野の御門葉にして代々小県郡祢津の城主たり、武田家に従ひ　一徳斎公（幸綱）の時より御幕下に属し、天正の初、政直隠居し嫡子神平月直へ家督を譲り、松鷗軒と改む、然るに天正三年乙亥参州長篠の役に月直、　信綱寺公と共に戦歿［没］し、次男鶴千代（信政）ハ幼稚也、故に弟右衛門尉信忠の嫡男昌綱を養子とす天正四年丙子武田勝頼より本領安堵の朱印出る天正十年壬午武田家滅亡の後　房州公（昌幸）と共に　徳川家に従ひ、本領安堵の御判物を給ハり元の如く　房州公御幕下たり、其後　東照宮（家康）より父の鷗軒［松脱］へ上州豊岡を賜ハり引移奉仕す、昌綱ハ其まゝ祢津に在城す、

祢津系図に曰、政直の次男鶴千代、後美濃守信政《のぶまさ》と改、豊岡の家督相続す、其子政次、其子信直代故有て家名断絶す、

元和四年戊午正月卒す、祢津村定津院に葬る、法名通光院

と云、

祢津伊予守［注147頁参照］

祢津伊予守信秀《のぶひで》ハ宮内大輔昌綱の次男也、兄小次郎某家督して早世す、継子なく家名断絶に及ふ、信秀ハ兼てより房州公に仕奉り、其上御一門の御因をもつて多分の堪忍分を被下御客分たり後にハ三千石、迄被下しと云

慶長五年庚子　房州公上田御篭城の時大手を守りけるが、迫合有て信秀が家来藤岡右京、関東方大田善大夫か放つ矢に股を射られ、行歩不叶引取けるを、右京が妻是を見て何迚《とて》引取被申候哉、此輿の振舞其矢を抜てまゐらせんと伏さしめ、右京が股に足を踏懸矢を引抜捨、討て出られ候へと諌ける、右京妻が詞に励され駈出しけるが、早敵合遠くなりけるまゝ空敷《むなしく》引返しける、

　此矢に大田善大夫と漆にて記し有けるとそ、樽井帯之助と云軽き者此矢を所望しけるにより遣ハしたりしに、これを持て井伊掃部頭直孝の元に行、上田合戦の時大田善大夫か矢を受留しと偽り披露し、知行二百石に有付しと沙汰せり、

元和九癸亥卒す、更級郡四ツ屋村浄蓮寺に葬る、法名金凉院と云、

祢津長右衛門［注148頁参照］

祢津長右衛門利直《としなお》、武田家に従ひ、勝頼滅亡の後一旦遠州《徳川家》へ従ひ奉りしか共、房州公と御因深く、殊更一方ならす御入魂たりしを以て遠州を辞し　公に仕奉る、

天正十三年神川合戦の時、房州公御手廻りの勢五百人計にて上田城内に扣《ひかえ》させられ、大門を閉て甲冑をも帯せられず、利直を相手に碁を囲せ給ひける、是ハ味方の鋭気を助け給はん御謀なりとぞ、頓《やが》て斥候《せっこう》走り帰り敵既に間近く押来り候と注進しけるに、公ハ碁に打入給ひ、碁の詞にて敵来らハ切レ〳〵と被仰て、自若として時刻を移し給ふ、御側に見物し居たりし軍配者来福寺、時分ハよしと申ける侭《まま》、どつと討て出、敵を追はらひ給ひける、此時の囲碁公負給ひしかバ、今日の合戦に長右衛門汝を頼べき為に追従に負しそと仰られしとなり一説に来福寺時分ハよしと、碁を突崩しけるともいふ

同時に遠州方小野治郎右衛門《忠明》、長右衛門か持口へ乗込んとする時に、下人樽之助と云者三尺三寸の太刀を抜持て、治

郎右衛門へ討て懸り火花をちらして相戦ふ、此樽之助ハ名もなき下郎なれ共、数度の戦に馴し者なれバ馬の足立のあしき所を見つもり、夫より外へ出されバ小野も一太刀と思へども馬上心に任せずして暫く勝負なかりし処に、寄手より治郎右衛門討すなと大勢馳寄せければ、城下よりも討て出、互に励しき戦となり、小野ハ樽之助を討もらせバ、不思儀に遁れ城中へ引取ける、手柄の程を人々感賞したりける、

祢津志摩守［注149頁参照］

祢津志摩守幸直《ゆきなお》ハ初名式部、後介〔助〕右衛門、又改て志摩守と云、右衛門尉信忠（信之）の次男也、武靖神公御幼稚の時、日々幸直と共に遊戯し給ふ、或時ハ伊勢山に登り狩くらし給ふ、此山の登り難所なれバ迚《とて》、夙《つと》に起出給ひて朝草苅の馬に打乗給ふ、幸直ハ腰に　公と己が焼飯を付行て共に食し、夕陽に下山し給ひし事も有しと也、

幸直成長の後、ある時　神公へ申上ける様ハ、伯父にて候祢津松鷗軒事、上州豊岡に在城仕候、是を頼ミ豊臣家へなり共　徳川家へなり共奉公致し候半と存候、年来の御厚恩申尽し難く難有こそ候へ、且ハ御名残も惜まれ候と涙を流し申ける、　神公被　仰けるハ、其元被存立候趣無余儀次第尤に候が、我父房州にも今の侭にてハよも朽果《くちはて》給はじ大志有人なり、我も亦心中に大望有、其志を知らぬ其許《もと》にもなきに情なく振捨行んと申さるゝハ、日頃の契りをわすれ給ふや、我ハ忘れハせぬものをと有ければ、幸直も黙止難く思ひ止り、是より心をかたむけ　房州公及　神公に仕奉る、

武田家滅亡の後、室賀〔正武〕御成敗の時も、御指揮により台所口を固めたり、天正十三年乙酉神川合戦の時も篭城し、同十四年丙戌　神公御内室大蓮院殿東照宮御養女沼田へ御引越御婚礼の時、御輿受取の役を勤む、同十八年庚辰沼田再御手に属しける比より、始終沼田にありて忠勤を尽せり、

元和四年戊午六月卒す、祢津村定津院に葬る、法名清光院と云、

一説に志摩幸直ハ宮内大輔元直《もとなお》の次男にて、母ハ上州我妻の住人羽尾入道〔幸全〕女なり、元直参州長篠合戦に討死しけるにより剃髪して貞繁尼と云、嫡子長右衛門ハ継子たるを以て、母子不和なりしとぞ、幸直

信之公御誕生の翌年按るに永禄十年丁卯出生す、故に　信之公へ乳を奉り幸直とハ世にいふ乳兄弟《ちきょうだい》にてあらせられし、此訳にて貞繁尼　房州公御夫妻の御覚よく、人々尊敬し御局様と称しける、

祢津系図を按るに、宮内大輔元直ハ松鷗軒政直の父なり、然れハ時代違へり、其上長右衛門利直の名ミえず、猶後考をまつ、

祢津主膳［注149頁参照］

祢津主膳ハ右衛門尉信忠の三男也、天正十八年庚辰小田原攻の時、上野国碓氷峠迫合人数揚る時、敵ひしと喰付慕ひ上る、主膳一番に取て返し、続きて大熊勘右衛門・水科新介取て返しけるを、房州公御父子山上より御覧有之、主膳討すな続けと頻りに御下知有けるにより、何れも取て返しけれ共、足場あしく主膳ハ終に討死す、

祢津主水［注150頁参照］

祢津主水幸豊《ゆきとよ》ハ志摩（幸直）が嫡男也、大坂冬夏御陣共、天桂公（信吉）円陽公（信政）御出馬の御供し、沼田侍の隊長中備《なかそなえ》たり、五月七日の合戦既に乱軍に及びし時、主水ハ兼て討死の覚悟たるにより、真一文字に駈出しけるを、家長小林金大夫思ひけるハ、矢沢但馬守（頼幸）の向ふ方定て宜しからんと其方へ押向けるを、主水怒りて入らざる事をと云なから、原郷左衛門が駈行方へ真一文字に進ミ、歩行立の兵に出合、堀端にて槍を合せ、参ツたと声を懸、いまだ鎗を引ざる内に、又歩行立一人鎗を以て幸豊が乳の下より、馬手の肩迄筋違に突て其侭引返しけり、

其脇にて家長金大夫ハ鎗にて内兜を突れ、面を振て除けれども、左の頬を横に突れけり、され共少しも臆せず急に飛込、其敵を切倒し、其侭《まま》乗懸り押へて、主水が方を急度見て、是を高名になし給へと云、主水答ていや〳〵我等ハ手を負たり、水一ツ呉よと云ながら、馬より落て息絶たり、金大夫ハ押へたる敵を捨て云、甲斐なしと云けれ共、はや詮方なけれバ、傍輩の須賀伝助・杉原仁兵衛、同心の剱持嘉左衛門・大畠少兵衛・青木九右衛門、鎗持の孫左衛門、長刀持の正右衛門、馬の口作右衛門等を招き寄、いかゞせんと歎きける、此時々も関東方負軍にて、城方より急ニ追立しかバ、青木九右衛門生年十八才也けるが、大力の男に

て主水が屍を軽々と背負て、三丁余一息に走り退けり、主水日比《頃》家富て家来百人計扶持せしが、此時ハ右九人の外ハ連さりしとぞ、

長刀持ハ日比田分者《たわけもの》ニ而、馬鹿正右衛門と仇名せられし者なるが、敵に出合長刀にて渡り合切けれ共、切レざりしかハ、其時思ふハ親の教しにハ、長刀にてハ敵ハきれぬ物ぞ、下ケて足を薙《なぎ》る物ぞと云しを思ひ出し、敵の足を薙倒し首を取んとしける時、主水討死しける故、此首取て誰にか見せんとてとらざりける、金大夫是を見て其長刀捨よと云、正右衛門答て勝負仕如斯《かくのごとく》刀を打損じ候へハ、御指図に任せ捨候半が、重て我等うろたえて捨し抔《など》と被仰候なと云て捨たりけり、

主水此時討死しける子細ハ、其前年羽田筑後守が子源太と意趣有て、廣場に出て人交もせす、散々に切合ける、勝負分らざる時、主水申けるハ、いかに源太唯今ふと存出したる事あり、本年大坂御陣の御触ある処に、今私の宿意を以て、貴殿と打果し候事ハ、主君へ対し不忠甚敷《はなはだしき》也、今少し待バ御陣也、其時に両人の内先に首を取たる者を、今の勝負の勝にすべし、如何ぞと云、源太聞て能存付られたり、さらバ其意に任せんとて、此場ハ互に立去けり、扨《さて》大坂御陣中にて両人共能《よく》走り廻りけるが、主水仕合能首を取、天桂公《信吉》の実検に入し処へ、源太も首を取来り、幕を引上御陣中に入んとしける時、主水早首を取来りしと聞、はっと云て其首を幕の内へ投入て、其侭《まま》敵陣へ駈入討死しけり、主水此由聞や否、兼ての誓約背《そむ》かじと、其まゝ駈出し討死せしと也、葬地不詳、法名光海玄性と云、

祢津三十郎［注150頁参照］

祢津三十郎直方《なおかた》一説に幸好ハ初名掃部一説に式部共、或喜平次又三十郎と改、武靖神公《信之》御致仕の後無道といふ、志摩が次男也、兄主水大坂御陣に討死したるにより家督を継、

元和二年丙辰、忍の者馬場主水御家を立退、公儀へ訴人し、伊豆守《信之》儀去年大坂御陣の節、弟左衛門佐《信繁》方へ加勢を遣したると申により、御詮義かゝり彼是むつかしかりけれ共、被　仰訳立て事済けり、然れ共密ニ御穿鑿《せんさく》ありしに、此比老職を勤め居たる宮下藤右衛門、大坂へ書通したるよし露顕しけるに付、江府《江戸》へ被　召呼、御成敗仰付られし也、藤右衛門も聞ゆる強力者なる故、気遣敷思召、祢津志摩を

御撰ミにて討手被　仰付けるに、志摩申ハ奉畏《かしこみたてまつり》候へ共、私儀ハ御太刀陰《たちかげ》を借奉り相応の志をも仕候処、倅《せがれ》三十郎儀今年十七才ニ罷成候、いまだ鼠の首にても切候事無御座恐入候得共、何卒倅へ被　仰付被下候ハヽ、難有奉存候と也、

公(信之)聞せられ尤の事、然らハ三十郎呼候へと召出され、唯今藤右衛門罷出候間、討候様被　仰付るゝ、御詞の下より藤右衛門罷出候段申上る、則　御目通被　仰付、上田表無異儀候や、城内別条無之哉抔《など》御尋有て後、今度召呼候事別義に非ず、其方身の上ニ付不思儀の事を聞出したり、実儀にハ有間敷なれ共　公儀を重んずるなれバ一通り尋可申也、先今日ハ引取休息致すべし、重て可申遣とありて御盃被下、時服を賜り退出す、直方続きて立て脇差の柄に手を懸ながら父の方をミれバ、志摩はたとにらミける故、敷居を越させ己も越ながら、藤右衛門　御意也と声懸討て懸る、心得たり小倅と云ながら脇差をぬくを飛違て討、藤右衛門早足を踏切結ばんとしけるを、畳掛て切付乗倒し首を取、志摩がにらミたるハ、　御前近けれバ憚《はばか》りて御次にて討テよとの心也しとぞ、此手首尾を見給ひける故、三十郎ハ定めの場をハ外さぬ者也と、常々　仰有しとなり、

明暦四年戊戌　円陽公(信政)逝せられ、真常公・御諱幸道へ御家督被　仰蒙、延引に及びし時、神公柴村　御隠宅にて諸士へ御相談有し時、直方申ハ第一一旦　円陽公へ御家督御譲、松城を御渡し被遊、　御入部有之時に、幸に　御実子ニも候へバ、右衛門様真常公御幼名僅《わずか》御二才にハ候へ共、御惣領の事ニ候間、御相談御決定被遊可然奉存候、若相違の儀も候ハヽ、沼田衆円陽公沼田より被召連たる者を沼田衆と云ふ一円承知仕間敷候、彼と申是と申伊賀守様(信直)・諱ハ信澄沼田の城主天桂公御庶子へ御家督被遣候道理無之候と申上る、神公ニも兼て筋目を違給ふまじと思召ける故、申旨至極せり、我等所存も其通り也、此二ツ子卒尓に死するものにてもなし、我等も此年迄御齢九十二[三]生たる程にと仰られ、酒井雅楽頭殿(忠清)・へ御返答にも、筋目を違難きにより、今更伊賀守へ家督被　仰付被下候様にとハ難申候、兎も角も上意を奉仰との趣也雅楽頭殿ハ此頃御大老也、信澄君の御外祖父にて有し故、御威光を以て信澄君へ御家督御譲有之様に、御取持有之也、其上とても右衛門へ家督被　仰付間敷と被　仰、京都に於て御隠居所迄被　仰付たる程の御覚悟故、　真常公(幸道)へ御家督無相違仰付られしなり、

神公御逝去の後ハ、直方二の丸様・神公御女見樹院殿御近所に罷在度願

の通り被　仰付、柴御隠宅辺に住居し、二の丸様御用を勤め生涯を送れり見樹院殿ハ飯山の佐久間家へ被為嫁しに、佐久間家断絶の後御引取、松城二の丸に住せられ、神公柴村へ御隠居の時、一同御引越御、別殿に住せられしなり如斯《かくのごとく》義理に悟き性質にて、御覚もよかりしものなりけれ共、生得虚談《ざれごと》を好ミ、言語の首尾不揃の事多かりし故、公《信之》にも三十郎又例のうそにてハなきかと仰らるゝ事間々有しとぞ、

其一二をあげて云んに、或時御庭築山の辺に、能石《よき》置せられ度と有けれバ、直方夫こそ能石見当り候と申、公又うそにてハなきかと被　仰けれバ、植村何右衛門今上村能存居候間、御尋被遊可被下候、証拠なき事ハ不申上候と申、則何右衛門被召出る、時に直方何右衛門に申ハ、先達て大室村善福寺辺へ鴨・鷹に行ける時、其許ハ大鷹我等ハ隼、其許甥の小右衛門も隼をする為行しに、川端に能石有之、其事を申上し也、近辺にハあの位能石ハあるまじと云、何右衛門ハ御前の事故、別ニ挨拶もなく平伏す、

両人暫く　御前に有て頓《やが》て退出し、何右衛門申けるハ、先程　御前にて石の事を被申候がいつの事哉、我等ハ覚不申候と云、直方曰、御前の御意にハ、此様成石御伺しきと有ける侭、見事の石見当り候と申上しに、うそにてハなきかと　御意故、其許と一同に見しと証拠を取て申上し迄の事なりと云、何右衛門殊の外迷惑し、もしや其石取よせよと御意あらバ、如何致し候半と云、直方其石ほらせ見候ひしに、根殊の外深く土中へ入候て中々容易《たやすく》堀取兼《ほりとりかね》候と申せバ、夫にて済事也、大人君子の御前にてハ、当座御気色の能様に申が肝要也と答しとかや、

又或時、梨を献上したる者あり、殊の外見事なる梨なりければ、在所にて此様なる大梨ハはしめて見たると　御意也、直方申上るハ、私方の梨ハ是より大きく候半、四郎右衛門長井能存居候と申なから、四郎右衛門方へ居向、我等が方の梨ハ是程あらんかと御前の方を身の陰になして、五寸廻り程に指を曲て見せけれバ、四郎右衛門聢《しか》とハ覚えねど、夫程ハありつらんと云、直方御前へ向、唯今御聞遊し候通、四郎右衛門も是程ハ有之と申候と云て、一尺廻り程に指を曲て見せ奉りけるとそ、

延宝三年乙卯十一月卒す、西条村法泉寺に葬る、法名心外無道と云、

恩田越前守〔注152頁参照〕

恩田越前守能定《よしさだ》ハ、沼田累代の領主沼田平八郎景義《かげよし》が一族にて、恩田伊賀守《昌幸》伊賀守ハ沼田七騎の内なりが弟なり、景義滅亡の後、伊賀守と共に　房州公に仕奉る、

天正十年壬午、北条相模守氏政の舎弟安房守氏邦沼田領へ働出る、阿曽の要害ニハ金子美濃守《泰清》重綱《しげつな》を将として、小渕勘助・星野図書助等を籠置せられしに、氏邦の軍押寄散々に攻戦、唯一時の間に攻落され、勘助を初名ある士多く討死す、美濃守は危き命を助り、這々《ほうほう》沼田へ逃籠《にげこも》る、

引続きて能定が鎌田の要害へ、白井勢を先手として取懸り攻寄ける、能定爰《ここ》を先途《せんど》と切て出防ぎ戦ければ、流石《さすが》の寄手も攻あぐねてミえにける、五六度の迫合に敵味方の手負討死筭〔算〕を乱し、城中にハ加藤駿河討死し、士卒悉《ことごと》く労れ果、矢玉も尽運命爰に極り、

落城今夜に過じとミえければ、能定諸卒を集め、此城を枕となし腹切んに難き事あらんや、貯置し兵糧不残取出せ、酒も有たけ取出せ各と盃せん、防げ《ママ》與兵衛・弥介両人越前守家来也と云ければ、千喜良与兵衛是を聞、扨々《さてさて》甲斐なき仰かな、かよはき者共百二百よろめきたるに、怖給ひ腹切ん様仰らるゝおかしさよ、今日五六度の戦に敵ハ目を驚かし、我々が手並ハ知りて候半怖《おじ》げの覚ぬ、其内に皆悉く踏倒し、手立ん者ハ切て捨追散し、堀際を馳抜なバ、事故なく沼田に走り付候ひなん、

かゝる時にハ味方の一騎が十騎の競ひにも成べき也、幸日ハ暮懸りぬ、夜更なば敵沼須河原を取切なん、時分ハよく候御出あれと、能定が手を取て馬に打乗せ、傍輩衆働てよ首をば必取べからす、取なば後れを取なんぞと、勇気を励まし一度にどつと鬨《とき》を揚、一の城戸を押開き、おめき叫んで切て出る、

城戸《きど》際に詰よせたる敵勢、越前ハ今比ハはや腹切しならんと油断して居たる処へ、按〔案〕の外勇ミ進んで突出ければ、立合者一人もなく村々《ママ》と成て逃行《にげゆき》ける、能塩《よき》合と堀際より真下し《ママ》に馬馳下し、沼須河原へ押出し、川へ颯《さっ》と乗入て、向ふ河原ニ馳上ればバ、河原にハ篝火《かがりび》焚立、敵数十人並居たり、能定物馴《ものなれ》たる勇士なれバ、辺りを急度《きっと》見廻して、油断すな者共、唯今鎌田ハ落城なるぞ、用心せよと大音に呼はり、味方の風情して静々と通りける、誠に臆せぬ体、金子美濃

守とハ懸隔の違なりと人々感しけると也、
天正十三年乙酉、上田神川合戦の時も矢沢薩摩守に従ひ、沼田に籠城しけり、

御家事留書に曰、越前守厩橋口永井坂の要害を守る云々、

按るに、此比所々の要害、多分年代り等にて交代したる様に察知せらるゝ也、

羽田筑後守［注154頁参照］

羽田筑後守ハ上野国箕輪の城主長野信濃守（業正）か一族也、永禄年中武田信玄の為に箕輪落城す信濃守卒、後落城也、是より武田家に従ひ、天正十年壬午勝頼滅亡之後、昔年 一徳斎公（幸綱）長野が許に御客居有し御因あるを以て、房州公（昌幸）に仕奉り数度覚あり、後に老職を勤む、
慶長十九年甲寅、同二十年乙卯改元元和 天桂公（信吉） 円陽公（信政）大坂御出陣之時、木村土佐守と共に 天桂公御後見たり、子孫小県郡和田宿にあり、

羽田源太［注154頁参照］

羽田源太ハ筑後守が男也、大坂御陣之時首一ツ討取討死伝記祢津主水、が伝にしるす
大坂御陣覚帳に、源太の名見えず、討死の部に羽田雅楽の名あり、然れハ源太改て雅楽と申せしか、

羽田六右衛門［注154頁参照］

羽田六右衛門ハ筑後守が一族なり一説に、甥と云 武靖神公（信之）柴村御隠居の時、御供の内也、鈴木右近切腹の時介錯す、其後故有て沼田へ行、伊賀守君（信直）より知行四百石を給ふ、禅学を好ミ歌学にも長ぜり、筆道の奥儀も極めしと云、後沼田を浪人し江戸へ出、長野采女と改名して神道者となる、
畸人伝に曰、隠士（いんし）石臥、若きほどハ長野采女と名のりて、真田伊豆守信幸朝臣に仕たり、鎗術の諸流を極め手書事も大方能書にて侍りし、神道家に立入て道をたふとミ、禅教の学に深く、歌林にさへ遊びて、詠る歌多く侍りしが、皆忘れたり、たま〳〵記憶せしとて、東湖禅師の唱られ侍りし、

みよし野はさくらの外に峯もなし花やつもりて山
となりけむ
　人家にて庭のさくらを
一木こそのとかにハミれ咲つゝく山ハ花よりここ
ろちるもの
隠遁の後ハ左右軒と号しける、正徳三年より二十年計あなた、東海道沼津にてみまかりぬ、七十才にて有けり、もとより隠遁の志深く、妻子をももたて侍りけるとそ、

塚原主膳［注155頁参照］

塚原主膳　武靖神公に仕奉る、天正十八年庚辰小田原征伐の時、武州忍の城攻に　神公出丸を御乗取あらせらる時に、大熊五郎左衛門・春原権助に続きて乗入しが、本城より横に打鉄砲にあたりて討死す、
　滋野世記に、塚原主膳ハ　神公御従弟也とあり、いか成御続なるや外に所見なし、

赤澤嘉兵衛［注155頁参照］

赤澤嘉兵衛経定《つねさだ》ハ父与三左衛門と共に武田家に仕へ、勝頼の代、遠州浜松合戦の時功あり、後　房州公に仕奉る、
　赤澤光永助之進留書に曰、嘉兵衛　信綱公御小姓云々ミえたり、両説其家に伝ふる所也、然れハ嘉兵衛父を辞して、早くより　御家に従ひ奉りしものか、猶後考をまつ、
天正十三年乙酉神川合戦の時、故有て　房州公より御勘気を蒙りて在しに、敵押寄ると討て出、高名し首二ツ左右の手に引提、房州公の御前へ来り、日比の御勘気是にて御免被下候へと、実検に入奉りけれバ　公御感賞浅からす、直に御勘気御免有しと也、此後も数度高名あり、一生に首二十五取、首供養もしたりと云、
いつの頃か、武靖神公沼田御在城の時、栂野の橋　御通りあり、橋下を　御覧有て、此荒川利根川上なりへ飛者あらんかと　御独言に　仰有けれバ、経定御供の内なりしが進ミ出、御馬先と思召候ハゝ飛申さんと申、田分者《たわけもの》めと　御意の下より早飛入たり、忽《たちまち》上り来たりけれ共、不忠不孝の馬鹿者

とて殊の外御不興を蒙りしとぞ、
一説に赤澤嘉兵衛数度功名あり、天正十年壬午武田勝頼没落の時　房州公御居城上州我妻郡岩櫃の城へ御籠城有て可然と御諌言あり、勝頼承諾あるにより、先達て御帰国、嘉兵衛御供なしけるが、沼田街道に鳫《かり》が沢と云所あり、爰《ここ》に休息し給ひ、神公・信繁君御兄弟橋の上より谷を見下し給ひ、此橋を飛ものあるまじと　仰けれバ、嘉兵衛私ハ飛申べしと申を聞給ひ、鳫が下りてさへ上る事ならさる迚《とて》、鳫が沢と名づくる処を、人間の業にてハ成まじきぞと仰らるれバ、嘉兵衛さらバ飛申さん迚飛けれバ、　御兄弟を初皆々驚きけれ共ちから及バす、
房州公聞給ひ時こそあれ、此節嘉兵衛抔を空しく失ひしとぞ、言語同断の事なりとて大に御立腹ありけり、斯《かく》て各馬に打乗行所に、川下より嘉兵衛来れり如何して死ざるやと皆々問けれバ、かやう成所を飛たりとて死する様なる　嘉兵衛にてハなしと答ける、房州公御意に死ざるハ不思儀也、然れ共かゝる時節に当り、我等が用に立べきとおもふ志なく、空敷《むなしく》命を失はんとせしハ限なき不忠也とて、即座に勘当し給ひけり、其後天正十三年神川合戦に首取て御免を蒙けり、
按るに二説大同小異、いつれか是なるをしらず、
天正十八年庚寅太閤《秀吉》小田原征伐の時、房州公北国の郷導《案内者》として御出馬、上野国碓氷峠盤根石合戦の時、松枝勢の中より黄武羅武者三騎真先に進ミ、人数を下知して慕ひ来る所を、経定鉄砲を以て一騎を打落す、
ある時沼田にて傍輩懇志の者病死す、是を取置んとて送り出しに、雷電夥敷《おびただしく》唱はためき黒雲舞下り、物の色も見えず、経定枥原武助と共に野送りに来り居しが、送り来りし合龍〔龕〕を空中に引上る様子故、二人飛かゝりて遣らしと引ケとも力強く引上る、経定鎗を取て龕の上に飛上りて空中を突、武助も龕に取付たるまゝ放たす引けれバ、忽《たちまち》雲去晴天となる、野送りの者数人なりしが皆迯《にげ》散、他者の長子と出家一人と経定と武助のミ也、其内に人々集り葬るべしと云、武助云けるハ、此侭葬りたらバ他者をとられたりと唱られん、一先宿へ連帰りて屍を改て後葬るにしかじと、宿へ連帰りて後又葬礼せしと云、

岩崎玄蕃之敬が家に、赤澤嘉兵衛火車を突たりしと云十文字の槍相伝す、中心に鍛治の名を彫、赤澤嘉兵衛所持と彫付たり、怪説なれ共其家伝なれバ爰に注す、

房州公常に仰有しハ、嘉兵衛ハ功多き者なれバ、いか程も取立遣り度《たき》ものなれとも、渠《かれ》に大禄を与ふる時ハ、害あるべき侍なり、其代りに子供を皆々取立遣すか能《よき》となり、経定嫡子源左衛門ハ、別家の後、故有て溝口家に奉公す、次男内蔵助別家す、三男主馬《岩崎元直》ハ　公命を以て母方岩崎の家跡を継（経定妻ハ岩崎某の女也）、四男藤兵衛も別家す、如斯《かくのごとく》皆別家仰付られし故に、嘉兵衛が跡ハ四男藤兵衛が嫡子藤八へ譲る（藤八後助之進光永と、云御家老）

次男内蔵助後に助左衛門と改む、妻ハ　神公《信之》召仕女中の姪也、此故を以て助左衛門夫妻、奥へも度々出入しけり、経定憤りて、己《おのれ》助左衛門能《よく》聞候へ、侍たらん者、妻の因を以て奥向へ出入し、若立身出世する事もあらバ、妻の陰によれり抔《など》、人に後指さゝるゝ様の事有てハ、子孫迄の名を穢すと云もの也、

大身も侍小身も侍也、侍たらん者ハ志のたつとたゝぬにて用捨あるもの也、百六十石ハ汝に過たる知行也、我等が在命の内加増取たらバ勘当也と申せしとかや、経定死後も助左衛門父の遺命を能守りて、少しも　御前向能様子あれバ、虚病して引込ぬ、御公御意に助左衛門奉公ぶりする故、猶思ひ付せんと懇に言葉を懸遣せば、引込故加増遣はさん時節なし、追従のなき気性也と笑はせられしと也、

赤澤藤兵衛［注156頁参照］

赤澤藤兵衛安経《やすつね》ハ嘉兵衛が四男なり、ある時上野国我妻郡岩櫃の城番に差置れけるが、此城内に夜に入ば人を驚かすものあり、或夜安経が臥たる所へ、物陰ひら〳〵とミゆる、何ならんと見れバ女なり、安経其侭《まま》夜着を頭の上迄引冠りけるに、女夜着の上より押かゝる重さはかり難し、安経足手一同ニ女挟み刎起《はねおき》とらへて刀の下緒《さげお》手拭抔《など》ニて、聢《しか》としはりて臥けり、夜明てミれは古たる狐也、既に殺さんとせしを、原町善導寺の住持来り、様々侘けるにより放ち遣はせしと也、是よりあやしき物てなかりしとぞ、一説に善導寺にての事共云、安経藤八の外子なし、末期に遺書して頂戴の知行を藤八へ譲る、

玉川伊予守［注157頁参照］
附 亀子

玉川伊予守秀正《ひでまさ》後入道して意楽と改む、父を平井備中守と云る時氏を玉川と改（秀正御家へ来りたる時氏を玉川と改）近江国新荘の城主にて父子織田右府（信長）に仕ふ、織田七兵衛尉信澄（信重）の組下たり、明智日向守光秀逆乱の後、豊臣秀吉と信澄と不和の聞えあるにより、秀正尾地玄蕃頭と共に大坂へ駈付けるに、途中にて信澄千貫櫓に於て生害有し由を聞、無念ながら江州へ取て返しけるに、山城国平方堤にて一揆二三百人に取籠られ、難儀に及しか共、両人共に苦戦して悉く追払ふ時に、秀正藤島友重の刀にて野武士五人討取、敵より打懸る棒を数多切折ける故、後に此刀を棒切となづく此刀嫡子織部、浪人の時持行
其後豊臣家に仕しば〳〵功あり、天正十八年庚辰、関白殿下小田原征伐の時供奉し、山中の城を乗ける時、鉄砲にて着たる金の椎の実形の兜の真向を打れ、たまり得ずして塀より落けれ共、兜堅くして通らざるにより、又乗込て鎗を合せ左の手に疵を受ながら高名す、此鎗ハ鎌宝蔵院より印可に請たる金房兵衛尉政次が作十文字也此鎗今玉川左、門正邦相伝
後に大和大納言（豊臣秀長）に付らる、大納言逝去の後、増田右衛門尉（長盛）組下となり、朝鮮の役に長盛（増田）が先鋒を勤め、安南府城攻の時真先に進ミける処、朝鮮人半弓を以て楯持を射殺し、二の矢にて秀正が左の股を射けるを事共せず、其矢もぬかず敵を討取高名す、
此他軍功数多有ける由なれ共、謙退《けんたい》して語らざりし故伝らすと云、後に江州に蟄居しけるを　武靖神公招かせらるゝにより、　公の御徳を感じ仰にしたがひ、氏を玉川と改罷出る、即座知行八百石賜り、城代となし給ふ、
承応元年壬辰九月八十八才にして卒す、長国寺に葬る、法名受光院といふ田町梅翁院、開基なり
嫡子織部家督す、実子なきにより、甥左門を養子す越前国丸岡の臣野中市兵衛、次男也、然るに実子出生しけるに付、左門へ別段に知行を被下被召仕、織部左門共に　神公柴村　御隠居の時御供し、御逝去の後両人共に故有て御暇被下、後に左門被召返、知行六百石を給ふ織部浪人し、実子伊右衛門紀州へ召抱らる、柴の御廟前へ夜燈奉納せし、此伊右衛門也
亀子或右京ともいふ、意楽が女にて織部が妹也、武靖神公御部屋にて、御覚もよく父の気性を受継、気甲斐ある女性也、御出陣の時も御用意を調ひ、御酌

にたちて御酒を差上ける、御支度の内御ふるひ被遊《あそばされ》、御手の親指をひたと御握《おつか》ミ御酒を召上らるれバ、御ふるひ止けると也、御出陣の御気懸り強く凝《こら》せられ、斯御武者ふるひあらせられし事也と云伝ふ、

公御逝去の後剃髪して妙貞といふ、高野山蓮花［華］定院へ画像を納む、讃自詠自筆にて剃髪を以て自ら縫しと云、

　ミた頼むこゝろはにしにありあけの
　　　　南無阿弥陀仏
　月にね覚の　あけほのゝ空　　清花院正岳妙貞

按るに意楽召出されし後ハ、大坂冬夏御陣の外ハ合戦なし、しかれハ右京ハ意楽被召出已前より被召仕しものか、猶後考をまつ、

山井大蔵［注159頁参照］

山ノ井大蔵《クラ》(之政)、　武靖神公御取立にて二百石被下、御側さらず勤ける、ある時御用勤め晩景に下宿し、いまだ夕飯も済ざる内に、被為召るゝよし、使来りけるまゝ、直に登　城し、誰が奉りにて　召候哉と尋けるに、奉りたると云者なし、はや先刻に奥へ被為入たる由なれバ、直に奥へ廻り奉りの人を尋けるに、御側女中右京申ハ、御召には無之、我等用事有て申遣候、先達て乗物誂置《あつらえおき》候へ共、取に遣候人無之候、御申付給り候様に御頼申度、人を遣し申候也と云、大蔵聞て以の外憤り、其許《もと》の乗物奉行にハ大蔵ハ出来過候、御召と申来りたる故、一飯を喰残し登　城候ひしなり、其許《もと》の乗物の事ニ候ハヽ、御台所中間《ちゅうげん》に頼ミ取よせられ候ひと散々に詈《ののし》りける、右京も殊の外せきたち口惜がり、声をたてゝ泣けるが、御座の間へも聞えける程なりしとぞ、夫より大蔵下宿し夕飯を仕廻休息し、又登　城しけるに、直に　御前へ被為　召、先刻ハ右京と何をいさかひ候やと御尋あり、大蔵申上けるハ己が乗物出来候とて、拙者に取寄せさせ候半と呼に遣し候ひしを、　御召かと存一飯請かけ罷出候へバ、右の仕合故叱り候処、殊《こと》の外吠《なき》申候、　御前へ迄聞え候やと申上けれバ、　公笑はせられ、堪忍致し遣し候へ、女の事也、惣て女にハかまハぬ物ぞと、　御意にて御宥め被遊けると也、ケ様に侍を大切に被召仕ける故、一人として不忠なる者なく、　御厚恩の程を仰ぎ奉りける也、大蔵大病を煩ひけるが、一日も引籠らず勤けるに、後にハ御前へ出る事ならず、御次にて床ぶちを枕にして臥咳候を

聞せられ、其所迄被為入、大蔵大儀ニ候、我等も臥候間罷帰り候へと　仰られ、夜五ツにハ御夜詰引ケ、大蔵も引取けるとぞ、無妻にて子もなき故、跡式の養子願候様にと度々　御意有けれ共、其儀御赦免被下候様ニと再三申上けると也、

子細ハ如此　御厚恩を蒙り候上に、大病にて　御恩報の御奉公もせず、養子して若《もし》其者不奉公致し候は、今迄の忠義も水の泡と成候間、跡ハ御立不被下、御潰し被下候様にと申置て相果しと也、無比類志と人々感賞しける、墓大英寺にあり、　神公墓碑江御手向の御詠あり、

浅からすむすひし水も山の井の苔に埋もる名こそをしけれ

無をゝしむ言の葉毎に置露は袖にもあまるなミたなりけり

何事も移れは替る世の中を夢なりけりと思ひしらすや

長井四郎右衛門［注160頁参照］

長井四郎右衛門、初名主計と云、上州先方長井摂津守弟也、十二才の時摂津守が元へ五七人打寄物語し、酒呑各興に入ける、此日斬罪の者あり、一人申けるハ爰に集りたる者の内に、首切場に行て証拠とり来る者あらんやと、誰有て行んと云者なし、

段々物語移りて時刻過けるに、主計見えず何方へ行たるや、庭抔《など》へ出、もし狐抔に誘れハせざるや、心元なしと呼歩行けれ共答なし、人々大に驚き、さらバ松明《たいまつ》照して外を尋ぬべし抔云ける内に、つと帰り来りたり、何方へ行しぞと皆々尋けるに、けふ人の切られたる処に行て証拠持来りたりと云ながら、腕一本投出しける、皆々舌をふるひ、幼年の膽太《きもふと》きを感じ、初云出したる者もよしなき戯れを申けると後悔しけると也、

壮年に至りてハ力強く武芸に達し、九分の弓を射、殊に早走りに妙を得、ある時江戸に大火ありて一天照り輝き、沼田迄赤かりけれバ、いざや行て見んと、友と二人駈出しけるが、三十里を六時が間に走り着て火事場見物し、又六時程にて沼田へ戻りしとぞ、

武靖神公沼田にて被召仕、段々御取立あり、松城にてハ六百石迄知行を賜りし也、柴村御隠居の時も御供の内なり、

天正十三年壬午の比〔頃〕、長井主計沼田にて武功有し事、古今沼田記に見えたり、此四郎右衛門が事なる欤的證を得ざる故記さす、

児玉三助〔注160頁参照〕

児玉三助ハ　武靖神公（信之）に仕奉る、公常々紙衣を好ミ給ひて召けるが、如何思召けん、或時御家中の者、向後紙衣着用致すまじと堅く被　仰出ける、然るに三助紙衣を手細工し、元日登　城に着用し列座に並居たり、三助如きハ　御通り懸　御目見にて、大勢の中に居たるを公見付給ひ、兼て制禁申付し紙衣を、三助何迚《とて》着し候やとあらゝかに咎給ひ、暫く有て、汝ハ常に軽口者の由聞及たり、何にても早々可申出と有けれバ、三助取あへず、

いにしへの　よろひにまさる紙衣にハ、
風のいる矢も通らさりけり

と申けれバ、公殊の外興じ給ひしと也、

一説に児玉三助　大鋒公（信之）御近習にても勤候や、或時紙子〔衣〕の衣服を着用し罷出る、公御覧有て、三助が衣服ハ紙子にてハなきや、兼而制禁申付置たるにとて、殊の外御不興也、三助申上けるハ、実に　御意の通兼々　御制禁には候へども、拙者小身其上貧窮に候故、絹布類無御座候間、余儀なく紙子着用仕候と、公暫く御考あり、貧といへば理りあるに似たり、即時に歌詠ミ候へ、金くれうと興じさせ給ひバ、畏り候迚取敢ず、いにしの〔へ脱〕鎧にまさ〔る脱〕紙子には風のいる矢も通らさりけり、治平にてハ鎧より暖かにて宜候と申上けれハ、三助出かした〳〵と有て、約束の通り金とらすべしと、小判五枚下されける、

三助さのミ歓べる気色なく、一寸いたゞき初の御約束とハ違うたりとひとり言しけれバ、公聞し召付られ、三助何が約束に違たるぞと仰有けれバ、はじめには金をくれう《九両》と有しかと、其場になりてこりやう《五両》《御了》けん《箇》かなと申上ける、いよ〳〵興じ給ひて不足の分とらすべしと有て、又四両賜りけるとなん、此頃君臣御親しき有様尊ふとむべき事なり、

森　大学助〔注161頁参照〕

森大学助忠時《ただとき》ハ初加藤肥後守忠清に仕、後駿河大納言忠長（徳川）

卿に仕ふ、忠長卿御断絶の時、武靖神公へ御預となり、後年　御預御免の時、嫡子宇右衛門被召出、知行を下し給ふ、忠時吉田流射芸の達人、世の人知る所也、或時勢州桑名の渡しを乗けるに、海中俄《にわか》に浪逆立、怪異有て船を覆さんとす、時に水主《かこ》楫取《かんどり》等の中に任せ、乗合の者共畳紙を海中に投入るに、悉く浮ミ漂ふ、忠時が投たる紙のミ忽《たちまち》海底に巻入ける、是をミて水主楫取等忠時を海底に沈め、衆人の命に代らん事を乞、

忠時諾して船端に出、大音声に呼はりけるハ、形なきものゝ為に身を屠《ほふ》らん謂なし、形を顕し見せよ、然らハ忽海底に入んと叫びける時に、潮漲《みなぎ》り大なる鰐《わに》頭を出すを得たりと、引堅めねらひ定て切て放せば、あやまたず其矢鰐の頭に立て、形ハ失、船忽自由を得たり、乗合の衆人いつれも驚嘆して止ざりしとそ、

此後所用有て此辺を通行せしに、磯辺に大なる鰐の頭骨あり、忠時が来りしと聞て、漁父等群り集ひて感賞し、鰐の頭に立し矢根ともに忠時へ戻す、是則今家に相伝する天神と彫付ある矢の根なりと云、

相伝矢の根の図　　武州住俊吉

コ之長一尺三寸弐分

同

コ之長一尺一寸五分

梵字不分明

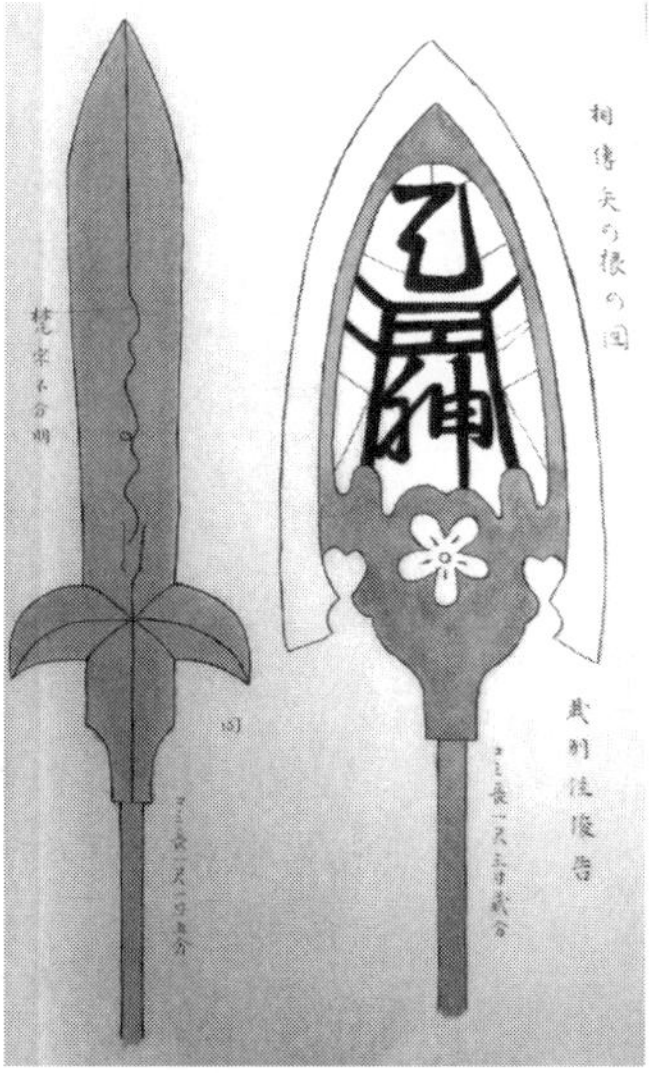

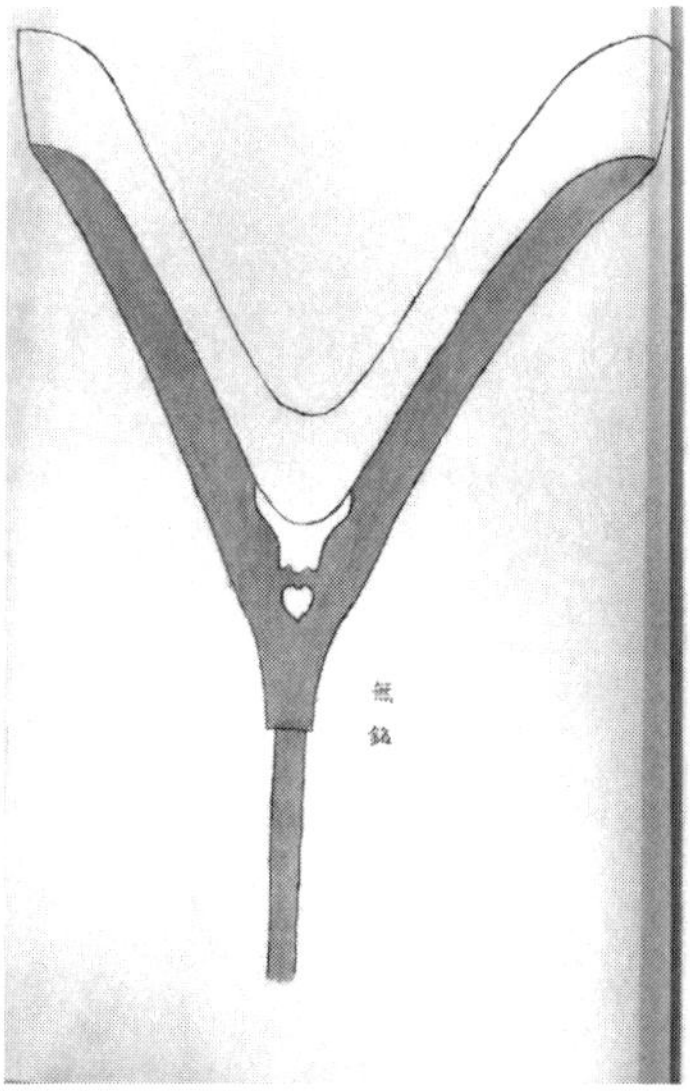

無銘

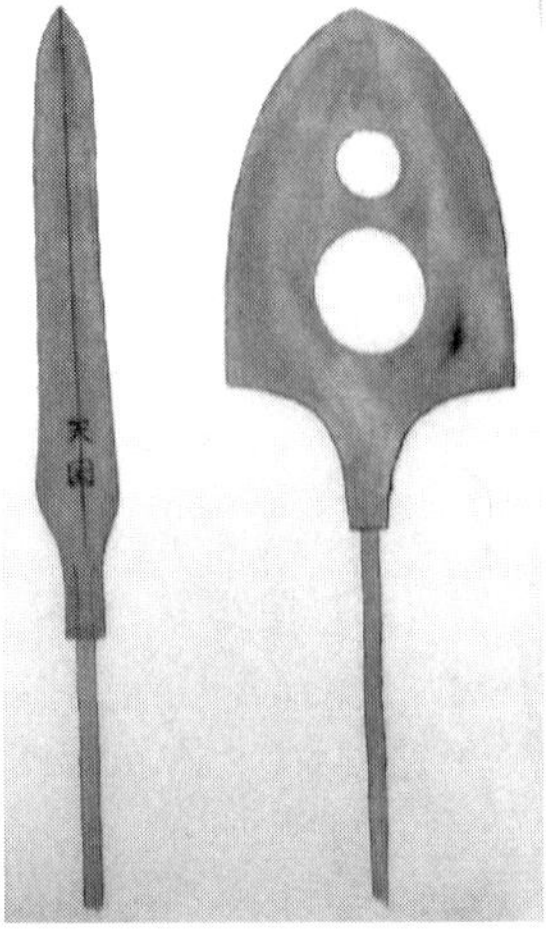

天国・

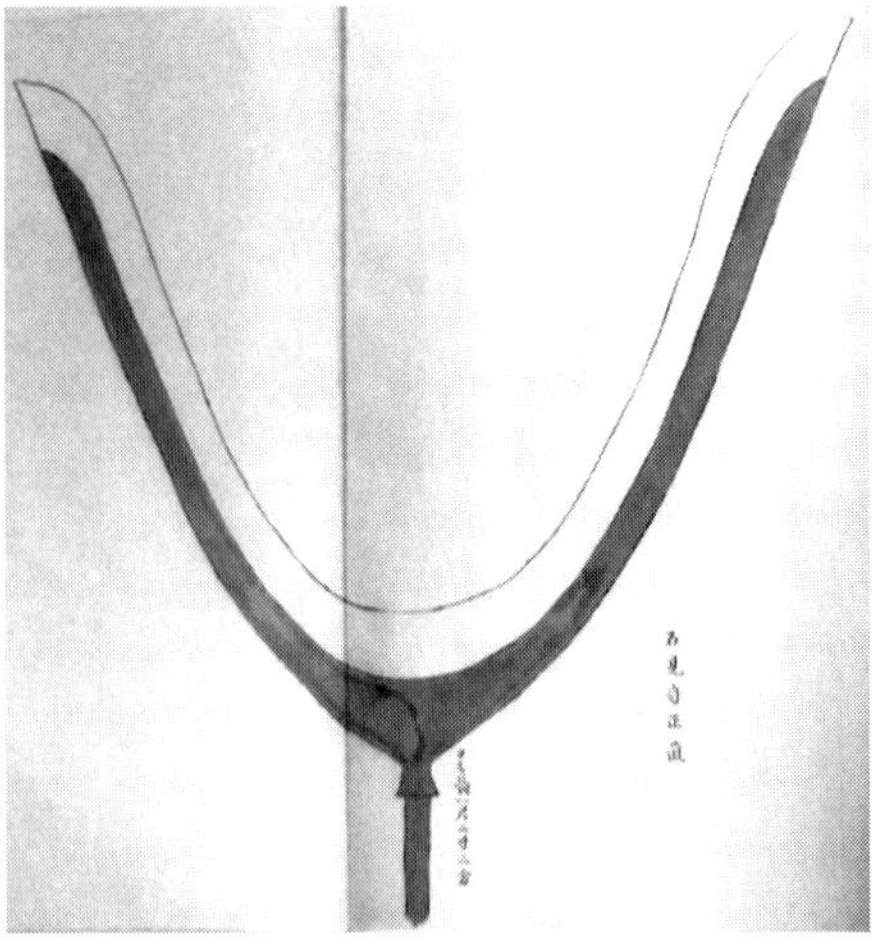

石見守正直・

コ之長一尺二寸二分

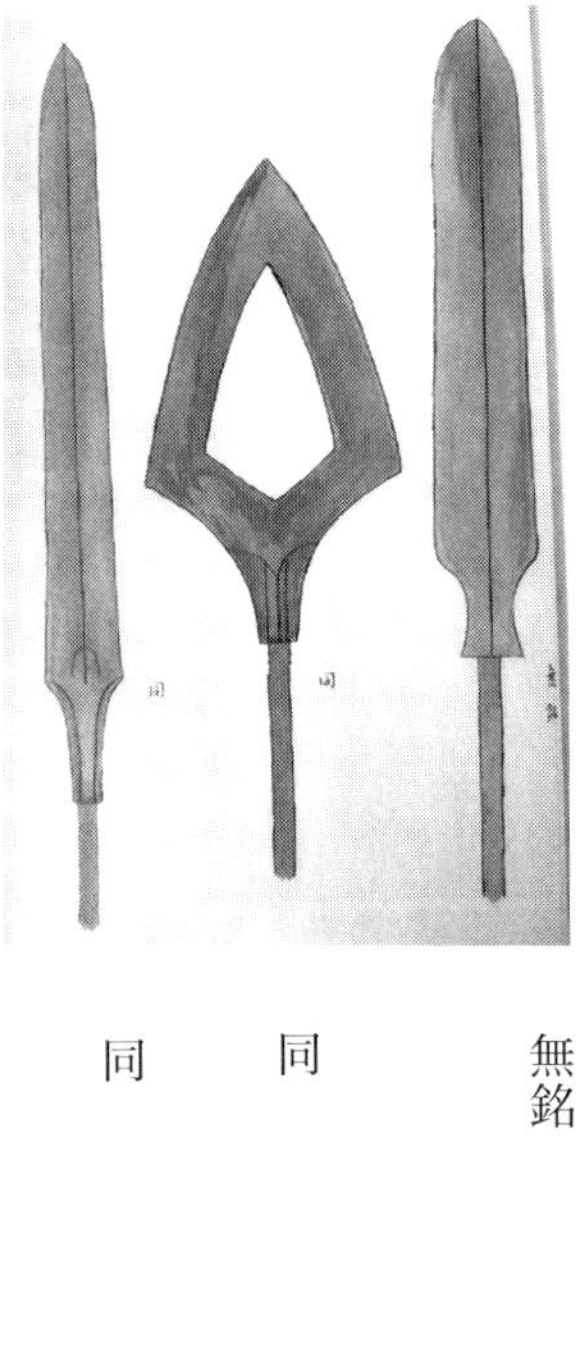

無銘

同

同

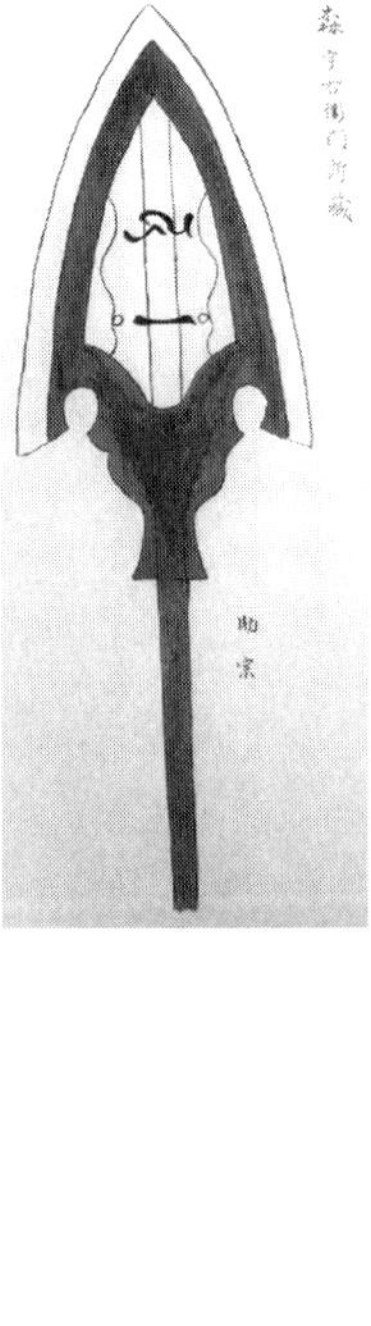

森宇右衛門所蔵

助宗

京都矢数帳を按《あんず》るに、元和六年加藤肥後守《(忠広)》・殿衆、伴喜左衛門《(道雪)》・門弟森大学、同年肥後森大学云々ミえたり、

和田治左衛門［注162頁参照］

和田治左衛門・正次《まさつぐ》ハ父を新左衛門尉義正《よしまさ》と云、越前家・に仕

ふ、一伯侯(松平忠直)御代正次別に被召出、知行六百石を賜り、父と共に大坂御陣の時功あり、

一伯侯御寵愛の美人あり、是が為に御心乱れ、荒々敷御行跡多く、無罪の者を御手討、或ハ刑罪を加らるゝ事多し、就中二の丸御住居の御舎弟直基卿(松平)後松平大和守と称、御若年にあらせられしに、謀叛ありと称せられ、打手差向られん御手筈有しを、直基卿の御母堂聞届られ、密に正次を招き、直基の御身の上恙《つつが》なき様にと御頼を受、

謀をめぐらし町方呉服所へ申付、九棹《さお》の長持へ呉服を入為出、一棹の内へ直基卿を入、上より呉服を取かけ、門々を断通し、正次ハ先達而途中に出向ひ、八棹の長持を返し、一棹を受取飛が如く浜端迄走らせ、是より船にて竹腰山城(正信)守の城下迄片時の間に漕付、山城守に面会し、直基卿を詫し直に取て帰しけるに、城下の騒動大方ならず、

直基卿見之不給迚《とて》、一伯侯以の外御立服〔腹〕也、正次急き御前へ出けるに、何方へ参居候哉と御尋に付、用事有て在辺へ罷越只今罷帰り、直に罷出候と申候へハ、二の丸へ打手遣候処に、何者か迯〔逃〕し遣りけん、行衛不知候、詮義候へと也、畏《かしこみ》候とて所々仮に尋る風情して見えさせ不給と申、一伯侯殊の外せき立給ひ、御側に在し近習一人御手討に被成けり、

此後御参府道中放鷹に日をくらし給ひ、誰が領地の構ひもなく、放鷹凡六七十日に及ひ、旁《かたがた》御積悪一時に露顕し、豊後国へ御配流なり、正次何方迄も御共の覚悟にて有しに、一人も御供不叶、押て御供可致と申けれ共、公辺御役人厳敷差押ける、正次大に憤り、厚恩の主君を捨候てハ侍ニ無之、たとひ上意也とも主君にハ替難し、各上意を重しとせらるゝ如く、我等も主君を重んじ候、命あらん限りハどこ迄も供致し候と、理不尽に可参体故、其旨上聞に達し差押へて、　武靖神公へ御預ケと成、

日数経て山中竹生村に屋敷を被下、多分の御合力有て福有に暮しける、一伯侯に仕し時、御意を受て多くの人を殺し、先年大坂陣にも夥敷殺したりとて、首供養しけりと云、諸人切治左衛門と称して怖れけると也、元来剛強なる荒者にて山野を馳廻り、鳥獣を打留楽《うちとめるをたのしみ》となす、雉子山鳥の類毛もぬかず丸焼にして一度に食しけるとぞ、

直基卿ハ新に十五万石御拝領、武州川越の城主となり、松平大和守と改給ふ、是偏《ひとえ》に正次が働故と有て、弟新左衛門を被召抱七百石被下新左衛門後に公儀より御預り人を切害し、公儀むつかしかりけれ共、川越侯様々ニ御取繕ありて、

命乞し給ひ、永の暇を給り、善光寺に蟄居し生涯を送りはてぬ　其上正次へ毎年金拾五両ツヽ徒使を以て一生の内御合力あり、正次よりも打留の鴨一番シナの皮にて造りたる鷹野帽子を進上す、

正次閑暇なるまゝ山に行て薪を苅、三百駄も四百駄も苅干す、或時急に雨降けれバ、苅干取仕廻居ける処へ、川越よりの徒使来れり、正次挨拶もなく手伝呉よと申ける、使の者失礼の事を申とハ思ひけれ共、君の御心に叶たる人なる故、申に任せ手伝遣りたる、礼に此者御取立被下候へと押て頼ける、仍而百石被下侍に御取立有しと云、

扨《さて》又正次年頭五節句御礼、其外御咄《おはなし》相手にも折々罷出る、其時ニ　神公御達有て甚《はなはだ》御懇の御取扱なり、駿河大納言忠長卿の御家来森大学助も御預ケあり、正月二日にハ両人共登　城し、直披露にて御礼申上る也、

ある年大学助先にたちて罷出御礼申上る、　公大学めでたいと御詞いまだ終らざる内に、和田治左衛門是に罷在候と申上ける、　公御機嫌殊にうるはしく、治左めでたいと御意有しとや、

或時　信重君御通称隼人正、御法諱、正覚院、御別家なり　責馬し見せ給へしに、夕日に扇をかざし見物しける程の不骨者也、後に法体して名ハ元の如く治左衛門にて有し、其比若者共が戯れに、閑斎と云俗あり、治左衛門と云法師有と笑ひしと也閑斎ハ鈴木、右近が事也

明暦四年戊戌六十才にして没す、

小川次郎右衛門［注163頁参照］

小川次郎右衛門好安《よしやす》ハ初名源介と云、武靖神公《信之》上田にて被召出、元和二年丙辰忍の者馬場主水不埒《ふらち》有により押込置、御成敗もあるへき所、出奔し　公儀へ訴人しけるハ、大坂御陣の節、伊豆守《信之》方より弟左衛門佐《信繁》方へ加勢を遣し、其上昨年夏御陣にハ左衛門佐へ内通して、大坂大手へ河内守《信吉》兄弟一番に旗を上候事、其節供仕、様子悉《ことごと》く存罷在候と、様々訴けるにより、御疑かゝりけるに、木村土佐守《綱茂》罷出申ひらき、御疑晴て相済ける、

其後、主水事御貰被成度と御内願有けれ共、訴人に出たる者被下たる例なきよしにて御渡無之、仍て　神公《信之》より好安へ　御密意を蒙る事あり、知者更になし、好安姿をやつし三年の内遠近となく尋廻りけれ共見当らず、其後も伊勢参宮と号し、年々百余日ツヽたづね廻りける、然るに松城へ御所替の後、ある時埴科郡坂木辺に隠れ居ると聞、心を砕

き付ねらひけれ共、油断なき者故、出逢ふ事なく心を苦しめける、
此頃千曲川より西の方へ行にハ、坂木の裏の瀬を渡り往来しけるが、更級郡八幡村八幡の別当神宮寺、囲碁を好ミけるに、主水二三輩と共に折々行て囲碁するよしを聞出し、同輩の者共に語らひ寄金銭を与へ、相図を頼ミしかバ承引しけり、斯《かく》て行べき日を聞定め、蓑笠着て〔百脱カ〕姓体に身をやつし、黒き紙にて抜身を包ミ隠し相待けるに、暮過に成て主水同輩と共に川を渡り行、兼て約し置たる者相図の咳をなしける偬、続きて川を渡り、主水が側へつか〱と進ミ寄、首打落し拾ひ取、屍ハ其偬押流し、首を菰《こも》につゝミ、夜中下し船にて御城裏に乗付、密に実検に入奉りしとぞ、
　翁物語に、主水後に同類の盗賊に切害せられしとあり、一説に次郎右衛門伊勢参宮と号し百余日つゝ尋廻りける例にて、今も参宮願にて旅中百余日を経るとも子細なしと云、

伊木彦六［注164頁参照］

伊木彦六、後入道して信西《しんぜい》と改む、父を三郎右衛門と云、武靖神公被召出、御小姓を勤、段々御加増ありて知行三百五十石に至る、
　彦六祖父を伊木七郎右衛門と云、大坂に籠城し左衛門佐幸村君の御旗下にて功あり、元和元年乙卯五月七日、君と共に戦没す、嫡子荘次郎後三郎右衛門彦六、大坂城を遁れ、上田に来り被召仕、知行三百石賜ふ、嫡子左平次、次男彦六、三男小膳共に被召出、御小姓を勤む、後に左平次小膳共に沼田へ行、伊賀守（信直）君に仕ふ神公御逝去の後なり
常に仏道に志ふかく寸隙あれハ、仏像を刻ミて楽とす、又林泉を造る事得手にて、能古法に叶たりとぞ今も信西が作りしと云林泉所々に残れり
　神公逝せられし後、知行を返進し、剃髪して御安口に一宇の庵室を建立す今願行寺隠居所信西寮と唱ふる所なり、元禄年中没す、

山本八郎兵衛［注165頁参照］

山本八郎兵衛父を左大夫と云、　武靖神公御料理人なり、八郎兵衛沼田にて　円陽公（信政）に仕奉る、御末男　百助君へ付させられ、御小姓を勤めしが、　君逝し給ひて後に立戻りて徒士を勤む、

或年江戸勤番のいとま外出し、溜池御門より出、榎坂へ懸りけるに、何者共知れず、親の敵覚たるかと云なから切懸たり此比ハ外出の時編笠を用たりしと云、八郎兵衛笠引上、人違にやと云間もなく、早肩先へ切付らる、彼者八郎兵衛が顔を見て、周章《あわて》驚き人違致し候、ゆるし給り候へと云けれ共、手疵負たる上なれハ止事を得ず、振向なから大袈裟に切倒す、

近辺の屋敷辻番より、すハ喧嘩人殺と大勢前後を囲捕《かこいとら》へんとす、殊《こと》に往来も群集し、透間なく取巻たり、八郎兵衛元来遁れべき所存にもあらねバ、山口修理亮殿辻番所へ上り、某事《それがし》ハ真田伊豆守《幸道》家来山本某と申者、此者と致喧嘩候ニも無之意趣有之、討果し候にも無之、何方の者に候や、何と申人に候哉不相弁《わきまえ》、後より親の敵覚たるかと呼はり候声とひとしく切付候故、人違にハなきかと笠を上面を見せ候へバ、実人違免し候へと申候へ共、はや手疵負候間、免し難く乍不便討捨申候、此旨何方へなりとも御届可給候、某屋敷へも早々御申越可被下と申断ける、

辻番所より知せに任せ、御屋敷より見届の役人差越れけるに、八郎兵衛肩先より朱に染ミ、辻番所の前にて戸板の上に着座し、最前申せし如く、弁舌さはやかに申述ける故、此方家来に無相違趣、辻番所へ断届懸合等に及ける、頓《やが》て公儀御役人被相越、見分の上、一々尋ありけるに付、有のまゝに答に及ふ時に、御役人委細被承届、乍去《さりながら》相手へも尋可申とて、手負の者の頭を押動かし、人違したるや〳〵と押返し被尋、手負ハ深手に弱り果、ア、、、と申のミ也、成程手負も人違と答候、当人残念案し入候、八郎兵衛ハ早々屋敷へ御引取可被成と、此方出役へ会釈ありけるとぞ、其砌《みぎり》此沙汰隠れなく、所々より八郎兵衛御所望有けれ共、御承知なく給人に御取立の上、屋敷地被下し迄也、家老中評義の上、御加増被下候様にと申上けるに、真常《幸道》公御意にハ、徒士《かち》の身分奇特の致し方なれバ、侍に取立たり、切付られし故、無余儀相手を切しハ当然の事也と有て、御加増の御沙汰ハなかりしと也、

後年原半兵衛正盛《まさもり》甲州流軍学者此家断絶なりへ、八郎兵衛語りけるハ、受たる手疵余程深く候ひしが、検使請候迄ハ少しも痛まず、気力も健にて、若喧嘩の沙汰に取計あらハ、検使を切捨腹切んと存詰候処、存外無残所捌《さばく》故、急に気力ゆるミ疵の痛ミ強くなり、駕篭にも漸抱られて乗候ひし、是を思へバ、我等が如き者にても、

気に張合のある時ハ戦場にても高名手柄成まじきにもなく候と申せしとぞ、

山寺佐五左衛門［注168頁参照］

山寺佐五左衛門久富《ひさとみ》ハ、武田晴信入道信玄に仕へ、舎弟左馬頭信繁の組下たり、永禄四年辛酉九月十日、川中島合戦の時、上杉輝虎入道謙信妻女山《さいじょさん》の陣より押出し、車懸りの備をもつて甲軍の本陣近く押寄、信玄既に危うかりしかバ、典厩《てんきゅう》信繁・山本勘助・諸角豊後守等、先陣に進ミ討死す、此時信繁の首を、敵討取引退く所を久富一命を抛て追懸相働き、其敵を討て首級を取返す、

更級郡八幡原に胴合の橋と云名所有、信玄床机場より南四丁計也、里俗伝へて久富典厩の首級を取返し、胴に合せたる也と云、

其後　一徳斎（幸綱）公及　信綱寺公御組に属し、天正三年乙亥五月廿一日、於参州長篠戦没す、行年《ぎょうねん》四十才といふ、法名賢翁哲雄、墓大林寺にあり、

嫡子正左衛門久繁《ひさしげ》正或作荘、天正十年壬午武田家滅亡の後、房州公（昌幸）に仕奉り、戦功を以て、公及　武靖神公（信之）御覚もよろしかりしとぞ、

寛永十四年丁丑、師岡源兵衛・太田嘉右衛門と同しく、松城御領奉行職を命ぜられ、御朱印の掟書を賜ふ師岡家代々相伝す、是職奉行の根元なり、同十七年庚辰九月廿九日卒す、

丸子三右衛門［注168頁参照］

丸子三右衛門ハ本国先方、信濃源氏にて、代々小県郡依田の荘の領主なり、武田信玄に仕へ、勝頼滅亡の後、房州公に従ひ奉る、室ハ馬場美濃守信房の女にて、隠岐守信尹君房州公御舎弟と相聟也、戦功有をもつて、房州公より海野の氏を賜り紋山道を用ゆ、

天正十三年乙酉、神川合戦の時、父丸子平内と共に鞠子城に楯篭り、遠州勢としば〳〵戦て功あり、同合戦に越後春日山の城主上杉喜平次景勝より加勢有し故を以て、御次男源次郎信繁君を春日山へ御勤番有べき御契約なりしか共、御若年たるにより、御陣代として矢沢三十郎（頼幸）後但馬守を被遣し時相備たり、同十四年丙戌景勝新発田《しばた》征伐の時も、三十郎相備にて功あり、

元和四年戊午六月卒す、葬地不詳、法名年山良寿と云、嫡

子を喜兵衛と云、　公の御若名を賜ふ、

海野系ニ丸子三右衛門　房州公より海野の氏を賜り、御陣代を勤め五十騎の将たり、又洲浜の紋を賜ふ、嫡子喜兵衛　公の御若名を賜ふ、喜兵衛室ハ本多中務大輔(忠勝)女にて、　大蓮院殿御妹なりと見えたり、

河原右京亮［注169頁参照］

河原右京亮綱家《つないえ》ハ幼名又次郎、後左衛門尉、又改右京亮と云、父を丹波守隆正《たかまさ》と云綱家ハ隆正、弟之子なり　隆正妹ハ　一徳斎(幸綱)公御室なり喜山理慶大姉、綱家幼年の時、父隆正出家になさんと、菩提所真田村白山寺天台宗へ遣はせしに、童形の時より只管《ひたすら》武術を好ミ、僧を嫌ひ寺を去て父の許に戻り、　信綱寺公に仕奉り、御諱の字を給ふ、

天正三年乙亥、参州長篠合戦の時、　公御戦没時に兄宮内助・新十郎両人共に戦死しけるにより家督を継、　房州公に仕奉り真田に居住す綱家居住の真田の屋敷ハ、信綱寺公より宮内助へ被下御約束なりしに、長篠の役に公御戦没、宮内助も戦死しけるにより、丹波守へ　房州公より被下し屋敷也、御朱印相伝す、今も河原屋敷の名所残れり　後に老職を努め、真田・横尾・関屋・桑野井・牧之内・保科・南平等の法度を御打任セ、桑野井ハ今の桑根井、牧之内ハ今の牧内、南平ハ菅平の事なるべし、関屋・桑根井・牧内・保科等、上田御在城中御領地と見えた、り此　御朱印相伝す　鉄砲の者三十人御預ありけり、

天正十年壬午、勝頼滅亡の後、上信両国織田領となり、無程信長生害有て、上信共再ひ戦争の地となり、合戦止時なし、就中小田原北条家より上野国沼田我妻の地へ屢《しばしば》乱防に及しに、綱家・鎌原宮内少輔・湯本三郎左衛門尉と牒し合せ、真田より討て出、我妻の敵を数度追退けし功を以て度々御加増、且数通の御感状又ハ御指揮の御書を給ふ、

同十三年乙酉、神川合戦の時、上田に篭城し功あり、或時、市川荘左衛門と云者、逆心しけるに、日置五右衛門尉と共に召捕、御感状を賜ふ、

同十四年丙戌　武靖神公御内室大蓮院殿東照宮御養女、実ハ本多中務大輔忠勝女、上州沼田へ御引越御婚礼の時、御貝桶受取の役を勤む祢津介右衛門御輿受取、

慶長五年庚子、奥州会津城主上杉中納言景勝返逆〔叛〕の企あるにより、御征伐として東照宮(家康)御進発あり、　房州公　武靖神公　信繁君共に供奉し給ふ、此時綱家大坂御屋敷御留主を預り、　房州公　御内室寒松院殿を守護す、然るに上方蜂起し、二大老五奉行の指揮にて諸大名の人質を大坂城内に取堅む、

綱家　御内室を密に出し奉らんと肺肝《はいかん》を砕〔砕〕き、山田文右衛門・前島主水等と謀り、長持へほかし綿を入、蓋を明懸もたせ出る、門にて是を咎《とが》む時に、安房守不勝手ニ付、貯置候品売払候と断、改させて通る、翌日も其通り如斯する事度々也けれハ、例の真田が払物かと云て改ずして通す、其以前、大谷刑部少輔(吉継)信繁君の御舅許へ行て相談し、且座敷をかりて長持を預ケ置し時も有之と也、ケ様に心をゆるさせ、御内室を長持に入奉り、上に綿其外品々取懸持出、番所にて改を乞けるに、夫に不及とて通しけるにより、首尾能城を出し、夫より葛篭に入奉り昼夜を走りて、不日に上田に伴ひ奉りしとぞ、此時の御賞に藤島友重の御刀を賜ふ、

御家事留書に曰、河原右京御当家旧臣也、忠義あり、関ヶ原の時、寒松院殿を引退、忠を尽す、

真武内伝付録に曰、河原右京真田家代々家老筋に付大坂ニあり、用事有て上田へ来るとて、木曽道中瀬波〔洗馬〕駅迄来りける処に上方一乱を聞、瀬波より取て返し、大坂へ参りたり、

続武家閑談に曰、真田安房守内室関ヶ原乱前に伊豆守(信之)が乳人少将と云女性を、浪人山田文右衛門に引合せ、是を付て大坂に差置けるを、文右衛門夫婦商人に身をやつし、彼内室を葛篭に入、辛労して信州松本迄下向し、上田へ是を告て、迎の者を得て相渡す、文右衛門ハ取て返し、伏見に登りて暫逗留しけるが、一乱治りて後、又上田に下りて、伊豆守信幸に奉公す、

按るに御家事留書の説ハ本伝に同し、真武内伝附録ハ大同小異あり、続武家閑談の説ハ大に違り、家に伝ふる所ハ文右衛門右京亮支配下にて奥向御役人なりと云、相伝の内に右京亮筆頭にて、山田文右衛門・前島主水・三沢久右衛門・赤塩甚左衛門等、連名にて被下　御書数通あり、然れバ文右衛門を浪人と記せしハ非なるべし、

少将と云女性は、神公御乳人か的証ハ得ざれ共、寒松院殿御付女中たる証とすべき物ハ、奥向より被下の御判物に少将奉り数通見えたり、

夫より沼田街道を経て、公の御跡をしたひ奉りしに、下野国小山御旅宿へ追付ける、折節　御父子御離別の　御相談にて、御旅宿より少しはなれたる処に明き家あり、三

公其処に入らせられ御密談有ける、いかなる御談合にや覚束なしと気遣奉りて、推て其処へ至りけるに、房州公御腹立甚しく、誰も参るまじと申付置たるに、何とて来りたるぞと、召れたる御下駄を御蹴投ありしに、前歯にあたり、是より前歯欠てありけるとぞ、

御静謐の後、神公より大蓮院殿へ附させられ、奥向の掟書を賜ふ、寛永十一年甲戌七月卒す、小県郡真田村白山寺に葬る、法名陽春院と云、

本藩名士小伝巻之三　大尾

巻之一　注

自序・例言

先公の御事蹟は、いわゆる『真田家御事蹟稿』のこと。松代藩主真田幸貫(寛政三〈一七九一〉～嘉永五〈一八五二〉)の命で河原綱徳が編纂した。正編は天保一四年(一八四三)に献上され、その後も続編の編纂を進めたが、綱徳が慶応四年(明治元年・一八六八)に没したため、飯島勝休(文化一二〈一八一五〉～明治二一〈一八八八〉)が後を継ぎ、明治に入ってようやく完結をみた。『新編信濃史料叢書』一五～一八巻所収。詳細は、同一五巻を参照。献上本は二部あり、現在は真田宝物館および長野県立歴史館が所蔵している。なお、本書解題も参照されたい。

鎌原貫忠(安永三〈一七七四〉・一一・一四～嘉永五〈一八五二〉・閏二・二六)は重義の三男。兄二人が早逝したことで、寛政四年(一七九二)に一九歳で家督を嗣いだ。初名は重賢。真田幸弘・幸専・幸貫の三代に仕え、幸貫から一字を与えられ貫忠に改名した。知行一〇〇〇石の大身で、主席家老として四四年間も藩政を司った。桐山と号し、寛政年間に私塾「朝陽館」を開き、そこから佐久間象山・山寺常山ら優れた門人を輩出した。なおこの三人が、「松代三山」と呼び習わされている。師事した長国寺千丈実巖の草稿を集成し、『幽谷余韻』として出版するなど文化面でも多くの功績を残し、茶道や礼法にも通じた他、種々の武芸や兵学、オランダ流の測量術も身につけたまさに文武両道の人物であった。その蔵書は、一万冊にも及んだという。昭和九年、大平喜間太等によって貫忠の遺著『朝陽館漫筆』一六二巻のうち三七巻が『北信郷土叢書』として刊行されている。その他多くの書物を著したが、未刊行のままとなっている。菩提寺は大林寺(長野市)。嘉永七年(一八五四)、門人の手によって、松代城下町東隣の東条村天王山に「桐山鎌原翁遺跡碑」が建立された。『本藩名士小伝』の記主河原綱徳も貫忠の弟子であり、本書の他、『真田家御事蹟稿』編纂に際しても、体裁について助言したという。

海野能登守(永正七〈一五一〇〉～天正一〇〈一五八一〉・一一・二一)は実名輝幸、吾妻郡国衆羽尾景幸の三男と伝わる。永禄六年(一五六三)、真田幸綱・信綱父子の調略で、兄長門守幸光とともに武田氏に寝返った。その後真田氏の与力となり、昌幸のもとでは沼田城二の曲輪（北条曲輪）に配置された。しかし天正九年、兄同様謀叛の疑いで追っ手をかけられ、迦葉山へ無実を証明しに赴こうとしたところを包囲されてしまう。嫡男幸貞と刺し違えて最期を遂げた（『加沢記』他）。本書は海野一門滅亡を天正八年とするが、誤りであろう。墓所は海野塚と呼ばれ、沼田市内に所在する。『加沢記』については、解題を参照されたい。なお、本書は行年七三とする（山遠賀与左衛門の項参照）。

金子美濃守の実名は、泰清と伝わる（『加沢記』）。妹「湯のみ」が沼田顕泰（万鬼斎）の側室となり、景義を生んだことで取り立てられ、沼田家執権にまで台頭したという。沼田顕泰から偏諱を受けたと考えれば、実名は泰清であった可能性が高い。永禄初年の沼田氏の内訌では顕泰を支持し、上杉氏に従属。「関東幕注文」にみえる「金子監持丞」と同一人物の可能性が指摘され、沼田顕泰没落後も地位を保ち続けた。天正八年に行われた昌幸の沼田攻略時に服属。翌年、沼田復帰を目指した甥の景義の動向を昌幸に密告し、謀殺に荷担している。本能寺の変後、真田家臣となり、沼田城代矢沢頼綱を支えた。しかし昌幸から疎まれたようで、小田原合戦後は、妹婿である一場長右衛門を頼り隠棲した。その兄太郎左衛門が、岩櫃城に近い厚田（東吾妻町）の代官であったためである。

なお、長右衛門の兄一場太郎左衛門は、岩櫃城付近の厚田郷（群馬県東吾妻町）の代官である。美濃守はその後厚田で没し、一場氏所有の山の麓に墓が残る。また、沼田市利根町大場に、木像が伝来している。

矢沢薩摩守

矢沢薩摩守（永正一五〈一五一八〉？～慶長二〈一五九七〉・五・七）は、最初の実名を綱頼といい、武田勝頼の偏諱を受けて頼綱に改名した。本書は頼幸とするが、これは子息の実名を混同したもの。真田幸綱の弟と伝わる。上野沼田城代。なお本書および『御家中系図』（解題参照）は享年六七とするが、生年は享禄四年（一五三一）となり、父頼昌の没年と矛盾する。頼昌との系譜関係か、本書の享年のいずれかが誤りとなる。仮に『真武内伝』にある享年八〇説に従う。なお『真武内伝』は、松代藩士で、町奉行を務めた竹内軌定（元禄六〈一六九三〉または七～寛保四〈一七四六〉・二・一）が編纂した真田氏の歴史書。全四巻で、享保一六年(一七三一)成立。真田信之の松代転封と、信政の家督相続までを記す。『信濃史料叢書』(中)で翻刻されている。竹内は、他に『当御家中諸士略系図』(長野県立歴史館所蔵飯島文庫)も著している。

信濃守公は海野棟綱のこと。真田幸綱の外祖父または舅。滋野一族の惣領家である海野氏の当主。天文一〇年(一五四一)の海野平合戦で武田信虎らに敗れ、上野に亡命してその地で没した。海野氏の家督は、武田信玄次男龍芳が嗣ぐ。

滋野世記は別名松代通記。享保一八年(一七三三)跋。松代藩士桃井友直による真田氏の歴史書。全二〇巻。

良泉寺旧記は一般に「良泉寺矢沢氏系図」と呼ばれる。同寺は矢沢氏の菩提寺で、上田市殿城に所在。中世に遡る墓が並ぶが、どの墓が頼綱のものかは不明。

頼昌は、幸綱・頼綱兄弟の父真田頼昌(?~大永三〈一五二三〉・三・一五)。妻は海野棟綱娘。矢沢とあるのは誤り。

海野能登守については自序・例言の注参照。

海野中務大輔(天文一三〈一五四四〉~天正九〈一五八一〉・一一・二一)は実名幸貞、能登守輝幸の嫡男。妻は矢沢頼綱の娘。父同様、天正九年に謀叛の疑いで非業の死を遂げた(『加沢記』)。墓は沼田市内の海野塚。妻が矢沢頼綱の娘であるため、子女は助命された。嫡男は原郷左衛門尉を名乗り(立伝あり)、大坂夏の陣で討死。娘は真田氏重臣原監物および禰津幸直(祢津志摩守で立伝あり)に嫁いだ。

異心は、謀叛をたくらむ心の意。

沼田景義(?~天正九〈一五八一〉・三・一四)は、本来の沼田城主沼田顕泰(万鬼斎)の子。母方の叔父金子美濃守泰清を頼って沼田城を奪還しようとするが、泰清が昌幸に密告したため、おびき寄せられて討ち取られた。沼田城内に首実検をしたという「平八郎石」が残る。墓は沼田市内の法城院(小沢城址)に所在。また町田坊観音堂に武具塚がある。

湯本は、草津の土豪湯本三郎右衛門尉を指すと思われる。湯本三左衛門の注参照。

鎌原は、鎌原郷を支配する国衆で、真田一門とされる。この時の当主は重春と思われる。鎌原石見守の注参照。

横谷は、左近を指すと思われる。立伝あり。

西久保は、西窪が正しい。上野吾妻郡西窪村の土豪で、当初は武田氏に仕え、永禄九年の嵩山城（群馬県中之条町）攻めで西窪治部が討死している。武田氏滅亡後、真田氏に従う。沼田藩真田氏改易後も苗字の地に残り、同村大笹で関守を務めた。第一次上田合戦当時の当主も治部で（『加沢記』）、西窪氏当主は代々治部を称したようだ。大坂の陣に際しては、西窪伊兵衛が負傷し（『真田大坂陣略記』）、西窪加左衛門も信之から刀を借りて参陣した。元和三年（一六一七）の真田信之朱印状・同八年の真田信吉朱印状・寛文八年（一六六八）の真田信直黒印状が、一般財団法人太陽コレクションの所蔵に帰している。

沼田七騎は、『本藩廃古諸家略系』（長野県立歴史館所蔵飯島文庫）によると、和田主殿・恩田伊賀守（恩田越前守の注参照）・沼田（下沼田）豊前・久屋藤五郎・発地三河守・金子美濃守（泰清）・星野屋加賀を指すという。ただし、和田・星野屋を除き、木暮甚之丞・恩田越前守を入れる異説もあるとする。恩田越前守については、立伝あり。

頼綱の**法名**は、剱光院殿来叟良泉居士。

林正寺は、林昌寺が正しい。吾妻郡中之条町に所在。矢沢頼綱によって再興された。

紋に**鳥居**。鳥居紋の旗が残されている。上田市立博物館保管。

ハヒロは、羽広（はびろ）村のこと。伊那市西箕輪羽広。蔵鹿（ぞうろく）山麓の仲仙寺の前に広がる。

得替記は、『信陽城主得替記』のこと。市村咸人氏校訂・伊那史料叢書刊行会編で、山村書院より刊行されている。「得替」は「とくがえ」と読み、主に戦国末期〜江戸初期の領主・代官の交代がまとめられている。写本が複数伝わるが、原型は元文年間（一七三六〜一七四一）頃に成立したとされる。

下之城村は、現在の東御市に所在。文中記載のある両羽神社の石龕は現在も伝わる。

矢沢但馬守

矢沢但馬守（天文二〇〈一五五一〉?〜寛永三〈一六二六〉・三・二一）は頼綱の嫡男。実名は頼幸が正しく、本書のいう頼康は誤り。三十郎、忠右衛門尉、忠兵衛、但馬守を称した。豊臣期には信之のもとで猿ヶ京城代。関ヶ原後は、上田領の内政を担当した家老の一人。『家系補録』（解題参照）は永禄一〇年(一五六七)四月生まれとしており、父頼綱同様、生年は検討の余地がある。頼綱の生年を踏まえ、仮に『良泉寺旧記』に従う。矢沢氏は松代藩筆頭家老として続いた。寛永一〇年の分限帳によると、矢沢氏の知行高は当主と「矢沢衆」あわせて二一二五石。家臣団中随一である。

一手の軍役は、一軍の指揮官の意。天正一三年(一五八五)六月、越後上杉氏の人質に赴く信繁の付家臣となった際に、任じられた。

神川合戦は、第一次上田合戦のこと。天正一三年閏八月二日、昌幸は徳川勢を上田城内におびき寄せて撃退し、神川沿いの国分寺まで追撃して大勝した。

松平源十郎康国(元亀元〈一五七〇〉~天正一八〈一五九〇〉・四・二六)は、佐久郡の徳川方最大の国衆依田信蕃の嫡男。信蕃が佐久郡統一の過程で戦傷死したため、家督を嗣いだ。元服にあたり、家康から松平姓を与えられる。第一次上田合戦が初陣。小田原合戦で討死。

大久保甚右衛門は、甚左衛門忠直(天文二〇〈一五五一〉~元和八〈一六二二〉・一二・二六)のこと。大久保忠俊の子で、忠世の従兄弟にあたる。戦功から、荒之助の異名を持ったという。

上杉喜平次景勝(弘治元〈一五五五〉・一一・二七~元和九〈一六二三〉・三・二〇)は、謙信の甥で養子。「御館の乱」に勝利し、家督を嗣いだ。謙信から弾正少弼を譲られたが、第三者は長尾喜平次と記すことが多い。妻は武田勝頼の妹菊姫。秀吉に臣従して勢力の維持に成功。慶長三年、陸奥会津一二〇万石に転封となり、いわゆる「五大老」に列せられた。関ヶ原後、出羽米沢三〇万石に減封される。

新発田因幡守は、実名重家(天文一六〈一五四七〉~天正一五〈一五八七〉・一〇・二五)。越後北部の有力国衆揚北衆の一人。当初は分家五十公野氏の家督を嗣いでいた。兄長敦の死後、新発田氏を嗣いだが、待遇に不満を抱き、天正九年に織田信長と通じて謀叛を起こした(新発田重家の乱)。一時は新潟津を占領するほど優勢で、景勝は乱鎮定に時間を要した。

井地峯道寿斎は、五十公野信宗(?~天正一五〈一五八七〉・一一・二四)のこと。「井地峯(いじみね)」は「五十公野(いじみの)」の宛字。能登長沢氏の小姓であったが、永禄一二年(一五六九)に上杉謙信に仕え、側近として台頭。三条を与えられ、三条道如斎と号した。御館の乱では景勝を支持し、新発田長敦・重家兄弟の妹婿となる。重家が新発田本家を嗣いだ後、五十公野氏を嗣いだ。新発田重家の乱に同調し、ともに滅亡する。

藤田能登守信吉（永禄元〈一五五八〉～元和二〈一六一六〉・七・一四）は、武蔵国衆藤田氏の庶流用土新六郎のこと。北条（藤田）氏邦の指揮のもと、沼田城を守っていた。天正八年八月に真田昌幸の調略に応じて武田勝頼に寝返り、本家の苗字藤田と武田氏通字「信」を与えられた。武田氏滅亡と本能寺の変後、滝川一益に沼田城引き渡しを要求。一益に断られると、越後に落ちのびた。慶長五年、上杉氏から出奔、景勝を讒言し会津征伐の原因を作った一人となる。関ヶ原後、下野西方領一万五〇〇〇石の大名となるが、元和元年（一六一五）に改易され、信濃で死去。

合備は、相備えの宛字。有力な与力のこと。

丸子三右衛門は、立伝あり。

赤谷城は、現在の新発田市上赤谷（かみあかだに）にあった城郭。新発田重家の乱に際し、蘆名方の小田切三河守が築城したという。なお赤谷は、越後東蒲原郡に隣接する。東蒲原郡は蘆名氏の勢力圏であり、秀吉以降も会津領として扱われた。このため、廃藩置県当初は若松県、次いで福島県に属したが、その後新潟県に戻された。市町村合併の結果、現在の東蒲原郡は阿賀町一村で構成されている。町域は、中近世の東蒲原郡の郡域とほぼ一致する。

芦名盛隆（永禄四〈一五六一〉～天正一二〈一五八四〉・一〇・六）は、会津蘆名氏の当主。二階堂盛義の子で、蘆名盛興の後室（未亡人）を娶り、蘆名氏の家督を嗣ぐ。上杉景勝とは、敵対関係に転じ、新発田重家を支援した。寵愛していた側近に殺害されてしまう。

夏目軍八は、実名定房。岩瀬文庫（愛知県西尾市にある古書ミュージアム）所蔵『上杉軍記』の筆録者。『上杉軍記』そのものは、その父夏目舎人助定吉の述作によるという。ただし夏目定吉は、御館の乱後は藤田信吉に仕えたというから、景勝に仕えたことはない。

鎌原石見守重宗は、立伝あり。

沼田記は、沼田に伝わる軍記物のひとつ。書名も様々で、『沼田根元記』『沼田根本記』『沼田古来記』『沼田昔物語』など諸本により異なる。また、転写の過程で内容にも異同がみられる。なお寛文一〇年（一六七〇）の奥書を持つ木版本『沼田根元記』は、沼田藩の修史事業の一環で作成されたものと思われる。ただし、内容は天正一八年の小田原合戦までで終わっており、本書が参考にしたものとは異なる。祢津主水は、立伝あり。なおここでいう「沼田侍」は、上野衆という意味で、吾妻郡の人間も含む。苗木久五郎以下の八名は、矢沢頼幸の家臣で、大坂夏の陣において高名を挙げた者として、『天桂院殿御事蹟稿』に記されている。このうち上原金平・中村茂左衛門は「手負」とある。

木村土佐守か伝のうちは、本文19頁を参照。

酒井雅楽頭（元亀三〈一五七二〉・六・五～寛永一三〈一六三六〉・三・一九）は、実名忠世。第二次上田合戦に参陣。将軍秀忠のもとで年寄となり、老中の先駆けとなる。元和三年、父の遺領を相続し、上野厩橋三万三〇〇〇石。この後の寛永四年に、娘が真田信吉に嫁ぐ。

法名は、武明院殿峯巌（峰厳）泉雄居士。

春原若狭

春原若狭は、小草野若狭守隆吉のこと。「春原」は「すのはら」と読む。以下の記述は、『甲陽軍鑑』に沿っている。永禄一〇年に武田信玄が家臣団から徴収した「下之郷起請文」に海野衆の一員として署判。その所領は、天正一四年に昌幸によって湯本三郎右衛門尉に宛行われており、武田氏滅亡後に没落したのだろう。

老は「おとな」と読み、ここでは家老のこと。『甲陽軍鑑』によると、小草野隆吉は海野龍芳の「一おとな」であったという。

龍宝（天文一〇〈一五四一〉～天正一〇〈一五八二〉・三）は、武田信玄の次男龍芳のことで、海野氏の家督を嗣いだ。実名は信親とされる。弘治二年（一五五六）、一六歳の時に疱瘡を煩って盲目となり、「御聖道様」と呼ばれた。武田氏滅亡時に、入明寺（甲府市）で自害。同寺に墓所と木像がある。第一次上田合戦後、龍芳が実は生きていて、甲斐に帰国するという噂が流れており（『三河物語』）、武田旧臣の動揺を狙った真田昌幸の調略と思われる。

春原惣左衛門

春原惣左衛門尉は、小草野隆吉の弟。『御家中系図』は実名は幸則とする。『甲陽軍鑑』にも、真田幸綱が春原兄弟を使って村上義清を騙したエピソードが記されている。『御家中系図』によると、彼の子孫が真田氏に仕えている。

葛尾城は、長野県坂城町にあった村上氏の本拠地。

村上左京大夫義清（文亀元〈一五〇一〉？～元亀四〈一五七三〉・一・一〇）は、埴科郡を本拠とする北信濃最大の国衆。天文一〇年に武田信虎らとともに、海野・真田氏を上野に追いやり、真田一帯を支配下に収めた。武田信玄を二度にわたって打ち破るが、天文二二年、葛尾城を捨てて越後に亡命する。彼の本領復帰が、長尾景虎（上杉謙信）の川中島出兵の大義名分となる。なお、左京大夫を称したことはない。

楽巌寺駿河守光氏は、一時史料上所見のある雅方のことか。天文一七年の上田原合戦では、村上義清方の先鋒を務めたという。武田氏に降伏した後は、望月氏に属したようだ。『甲陽軍鑑』は、上杉謙信への内通嫌疑で成敗されたとするが、事実ではない。

日名村は、坂木村の枝郷北日名・南日名を指すと思われる。長野県坂城町。

会稽の恥辱を雪ぎは、中国の故事で、『史記』にみえる。呉王夫差（ふさ）に敗れた越王勾践（こうせん）が会稽山に逃げ込んで囚われの身となった後、堪え忍んだ末に夫差に勝利したことから、敗戦の屈辱を晴らすこと、名誉を回復することをいう。

起請文は、神仏に誓って偽りのないことを表明する文書のこと。誓詞ともいう。牛玉宝印（ごおうほういん）という護符の裏に書き記すため、起請文を記すことを「宝印を翻（ひるがえ）す」とも称した。

割符（わりふ）は、紙片などに文を記し、証印を中央に捺してこれを二つに分けたもの。一片を相手に与えて残りの一片を留め置き、後日の照合の手段とした。

黒印とあるが、村上義清が黒印を用いた事例は確認できない。

岩尾は、本文中の割注にあるように、真田氏の本拠松尾城（上田市真田町）を指すと思われる。

甘利は、甘利虎泰（？～天文一七〈一五四八〉・二・一四）またはその子信忠（天文三〈一五三四〉～永禄一〇〈一五六七〉・八・二二）。信忠の代には、武田氏筆頭家老となっている。

板垣は、板垣信方（？～天文一七〈一五四八〉・二・一四）を指

す。初期の信玄を支えた重臣で、初代諏方郡司・上原城代。甘利虎泰とともに、村上義清との上田原の戦いで敗死した。『甲陽軍鑑』は実名を「信形」とするが誤り。

飯富は、飯富虎昌(?~永禄八〈一五六五〉・一〇・一五)を指す。初期の信玄を支えた重臣の一人。信玄嫡男義信の具足始めの介添役をつとめた。小県郡塩田城代として、北信濃攻略を指揮する。のち、義信のクーデター未遂事件の責任を一身に背負い、処断された(「義信事件」)。

小山田備中は、小山田虎満(?~天正七〈一五七九〉・一〇・一二)のこと。実名は昌辰で知られるが、誤り。もとは上原伊賀守といい、板垣信方の与力であった。佐久郡司・同郡内山城代。東条尼飾城将として真田幸綱を指揮下に置き、海津築城までの川中島戦線を支えた。信玄が書状中で、「当州宿老」とまで呼んだ重臣である。後、上野松井田城将(安中市)を兼任。晩年は玄怡と号した。武田氏滅亡時に高遠城で奮戦して討死した小山田備中守昌成の父。

内山は武田氏の佐久郡支配の拠点城郭。佐久市。なお、実際に同城に配置されたのは小山田虎満で、飯富虎昌ではない。

小室は、小諸城のこと。小諸市。この時点では国衆小諸大井氏の居城であり、武田氏の直接支配下にはなかった。後、小諸大井氏が転封をみずから申し出たため直轄領となり、親類衆下曾禰浄喜が入城している。

碓氷峠の合戦は、『甲陽軍鑑』にのみみえる戦い。武田勢が山内上杉憲政の軍勢を迎撃し、勝利したというもの。上杉憲政の武田領信濃侵攻は、天文一六年の佐久郡志賀城攻めに際し、憲政が志賀城に援軍を派遣した結果起きた小田井原合戦(長野県御代田町)のみで、これを元にした創作か。

為景は、越後守護代長尾為景(?~天文一一〈一五四二〉・一二・二四)を指す。戦国大名長尾氏(上杉氏)の基礎を築いた人物。長尾晴景・上杉謙信(長尾景虎)の父。

荻原常陸(長禄四〈一四六〇〉?~天文四〈一五三五〉・九・一三?)は、『甲陽軍鑑』によると信玄幼少時の弓矢の指南役であったという。『甲斐国志』などにも記載があるが、確実な史料には存在を見いだせない。

我等という語句にある「等」は謙譲の接尾語であり、現代語における「など」の意味で用いることは少ない。「私」「わたくしめ」などという意。

行（てだて）は、一般に「手立」などと書き、「事を行なう順序、やり方、手段、方法、術、策略」の意で用いる。ただ戦国期では「行」と書かれることが多く、『色葉字類抄』『類聚名義抄』など平安期成立の漢字辞書では、「てだて」と読ませており、これは戦国期も同様である。そもそも「行」という字そのものが、「人の歩む様」を象ったもので、「軍隊などが並び行くことを示すこともある」という（『新大事典』）。戦国期の史料では、明らかに軍事行動を指していることが多く、出陣する、攻めかかるといった意味合いで用いられている（山田邦明『戦国のコミュニケーション』吉川弘文館）。

案文（あんもん）は、①文書の下書き、草案（「土代」ともいう）、②公的効力を認められた写といった意味で用いられる。起請文を作成する際には、双方が話し合って案文が作られ、それを清書するという手順が踏まれることが多かった。したがってこの場合は、①の意味で、村上義清の要請に応じた草案を元に起請文を作成したことを示す。

熊野牛王（牛玉、ごおう）は、紀伊国熊野三山（本宮・新宮・那智）が出した護符で、先述したように起請文を書く際に用いられた。起請文で用いられる牛玉宝印は、熊野三山、特に「那智瀧宝印」が多い。これは他の神社が牛玉宝印を参詣者に与えるのは正月などの限られた祭事に限定されていたのに対し、熊野三山では年間を通じて配布したことによると思われる。

本城（ほんじょう）は、いわゆる「本丸」のこと。戦国期の段階では、本丸という言葉は主として西国で用いられ、東国では本丸は「本城」「実城（みじょう）」と呼んだ。二の丸、三の丸も、「二の曲輪」「三の曲輪」と呼ぶことが多い。ここでは、「二の郭（くるわ）」「三の郭」と記している。

上田原の合戦は、天文一七年二月一四日に、武田信玄と村上義清が衝突した戦い。信玄は大敗を喫し、板垣信方・甘利虎泰をはじめとする重臣が多く討死した。したがってここで信玄が勝利したとする合戦は、別のものである。天文二二年、村上義清は、有力一門屋代政国の離叛を受けて戦意を喪失し、葛尾城を放棄して越後に亡命する。

龍宝は、春原若狭の注を参照。

高家武田左京大夫は、武田信之（文化四〈一八〇七〉～明治四〈一八七一〉・一〇・二）のことで、柳沢家から養子として迎えられた。高家武田氏について、本書は龍芳が徳川氏に召し出されたとするが、先述したように武田氏滅亡時に自害している。生き延びたのはその子顕了道快（天正二〈一五七四〉～寛永二〇〈一六四三〉・三・五）で、浄土真宗本願寺派に匿われ、甲府長延寺住持となった。しかし慶長一八年（一六一三）、武田遺臣大久保長安死後の疑獄事件に巻き込まれて、元和元年（一六一五）に伊豆大島に配流となる。その子信正（慶長五〈一六〇〇〉～延宝三〈一六七五〉）が寛文三年（一六六三）に赦免され、内藤忠興（妻は小山田信茂孫娘）の娘を娶った。間に生まれた信興（寛文一二〈一六七二〉～元文三〈一七三八〉・七・九）が、元禄一四年（一七〇一）に高家に列せられた。

木村土佐守

木村土佐守綱圓（弘治三〈一五五七〉～元和二〈一六一六〉・六・五）の実名は、発給文書から「綱茂」が正しい。天正六～七年成立の『真田氏給人知行地検地帳』に記載があるのが初見。天正二〇年まで渡右衛門尉、文禄年間に五兵衛、慶長九年頃より土佐守（寺島隆史氏の御教示による）。一貫して、信之の奉行人を務めた。

今川氏真は、駿河の戦国大名（天文七〈一五三八〉～慶長一九〈一六一四〉・一二・二八）。今川義元の子で、母は武田信虎の娘。妻早川殿は北条氏康の娘である。永禄二年頃に家督を継承し、駿河・遠江の内政を担当した。しかし永禄三年五月の桶狭間合戦で父義元が戦死した後、松平元康（徳川家康）の独立を許すなど領国が縮小。永禄一一年一二月、武田信玄から同盟を破棄され、駿府を放棄して遠江懸川城に遁れた。翌年五月、徳川家康と和睦して北条氏のもとに亡命。これにより、戦国大名今川氏は事実上滅亡する。

室賀御成敗は、天正一三年七月に、徳川家康の密命を受け、室賀正武が真田昌幸暗殺を謀ったところ、事前に察知した昌幸がおびき寄せて逆に謀殺した事件を指す。一般に天正一二年七月とされるが、翌一三年が正しい。

閑室（かんしつ）は、人気（ひとけ）のない静かな部屋のこと。

中山の砦は、上野群馬郡中山城（群馬県高山村）のこと。沼田城と岩櫃城の中間に位置し、両城を管轄する昌幸にとって、重要な連絡拠点であった。武田勝頼も、普請について指示をしている。天正一〇年末に、北条氏邦の攻撃で失陥。

田口又左衛門は、立伝あり。

室賀兵部少輔は小県郡の国衆で(?〜天正一三〈一五八五〉・七・七?)、実名は正武と伝わる。官途名兵部太夫(大輔)を称す。天正一〇年四月に父満正が死去したことで家督を嗣いだ。家康の密命で昌幸暗殺を試みるが、家臣が内通していたため露見。おびき出されて殺害されたという。

室賀文左衛門　現在のところ、他史料では確認出来ない。室賀正武の父満正は、屋代政国の弟で、室賀信俊の養子になった人物だから、系譜上の位置づけも難しい。室賀信俊には三人の弟がいるが、いずれも文左衛門と称した形跡はなく、大叔父の誤りとも考えにくい。屋代政国にも室賀満正以外の弟がいた様子はなく、弟満正の子正長・秀正(勝永)を相次いで養子に迎えている。

扱(あつかい)は、戦国期には「刷」「曖」とも書いた。和睦の仲介・調停を意味する。

坂巻夕庵は、立伝あり。

根津介右衛門は、祢津志摩守幸直として立伝あり。

大熊五郎左衛門は、立伝あり。

北能登は、立伝あり。

白倉武兵衛は、立伝あり。

長野舎人は、立伝あり。

根津伊予は、祢津伊予守信秀として立伝あり。室賀氏との親戚関係は未詳。

根津長右衛門は、祢津長右衛門利直として立伝あり。

羽田筑後は、立伝あり。

馬場主水は、武田氏に仕えた忍びであったという。通称は、他に角蔵・越前とも伝わる。後、真田氏に召し抱えられた。大坂の陣後、信之の大坂方内通疑惑を幕府に訴えたが、敗訴したという経緯は、以下にも叙述がある。その後、信之は幕府に主水の身柄引き渡しを求めたが退けられた。そこで小川次郎右衛門に成敗を命じた。小川は三年後に主水を探し出し、殺害したという。事実なら、元和五年(一六一九)没ということになる。なお、小川次郎右衛門の伝を参照。

中山勘ヶ由は、実名照守(元亀元〈一五七〇〉〜寛永一一〈一六三四〉・一・二三)。助六郎、勘解由。北条氏照の家臣中山家範の子。北条氏滅亡後、徳川秀忠の使番となる。第二次上田合戦で活躍し、「上田七本鎗」(斎藤佐大夫他の注参照)に数えられるが、軍規違反を咎められ、真田信之預かりとなった。翌年赦免され、大坂の陣にも参陣。最終的に三五〇〇石の旗本になっている。

朝倉筑後守は、実名宣正(天正元〈一五七三〉～寛永一四〈一六三七〉・二・六)。仮名藤十郎。やはり第一次上田合戦で軍規違反を問われるが赦免され、元和三年に従五位下筑後守に任官。堺奉行の要職を務め、元和七年に一万石に加増されて徳川忠長の付家老となった。その後の加増で、遠江懸川二万六〇〇〇石となるが、陪臣として処遇されている。寛永九年、忠長とともに改易された。

赤心(せきしん)は、偽りのない心、真心のこと。

外様(とざま)は、古くから仕える譜代家臣とは異なり、新参で主君との関係が疎遠な家臣。

堀へ入菱を踏たるとは、堀に埋め込んだ防禦の竹杭に阻まれたという意味。

一人も許容不仕候とあるが、事実に反する。信之は、昌幸旧臣をそのまま召し抱えている。

逐電は、逃げ去って行方をくらますこと。出奔、逃亡。

公事(くじ)は、ここでは訴訟・裁判を指す。

全正院の当時の状況は不明。割注にある「常福寺」はもとは上田市常盤城にあった寺院。信之によって真田氏菩提寺と定められ、正室小松殿が分骨されている。しかし元和八年に仙石氏が入部した後、同氏の菩提寺芳泉寺を小諸から同地に移したため、常福寺は下之条に移転となった。結果、小松殿の墓は仙石氏菩提寺芳泉寺に残されている。

法名は、月峯室心と思われるが(『御家中系図』)、判読が困難である。

真武内伝附録は、松代藩士柘植宗辰(元禄四〈一六九一〉～宝暦一二〈一七六二〉・一二)が編纂した真田氏の軍記史料。『真武内伝』の増補版。『信濃史料叢書』(中)に翻刻がある。

菅沼九兵衛は、信之のもとで奉行をつとめた。本書記述の典拠は『真武内伝附録』とあるが、引用されているのは『真武内伝追加』の一節である。『真武内伝附録』は異本が多く、『真武内伝追加』は東京大学史料編纂所本に付随したもの。『信濃史料叢書』(下)に翻刻されている。寛永元年(一六二四)に二五〇石を与えられて以降、連年加増を受けている。寛永一〇年段階の分限帳には三〇〇石とあるが、『真武内伝追加』によれば、最終的に九〇〇石取りとなったという。

半元服は、江戸時代、本元服に対して略式の元服をいう。

男子の場合、武家は小鬢を剃らない形を取った。ただ、大坂の陣の段階ではまだ近世武家儀礼が確立していないから、『真武内伝追加』が記された江戸中期の認識といえる。
陳防のうち「陳」は弁解するという意味で、中世裁判用語では論告(被告)側が裁判所に提出する反論の申状を「陳状(ちんじょう)」と呼んだ。したがって、「陳防」で訴えに対して弁論を展開したという意味になる。
妻手口は、「めてぐち」と読むと思われる。「めて」が劣っていること、落ち目であることを示す表現だから、劣勢になったという意味であろう。
簀垣(すがき)は、竹で作った透垣(すいがい)のこと。『日葡辞書』にＳｕｇａｑｉ、竹で作った垣とある。
むさとは、「むざと」とも読み、軽はずみに、思慮もなくという意味。
宮下藤左衛門は、信之の家老宮下藤右衛門のこと。祢津三十郎の注参照。

木村縫殿

木村縫殿(?~明暦二〈一六五六〉・一一・二六)は、土佐守綱茂の子。『御家中系図』は実名茂俊、綱茂の子ではなく、綱茂嫡男帯刀(?~寛永一八〈一六四一〉・八・一〇、法名松養〈峯ヵ〉金貞ヵ)の子とする。命日も一〇月二六日とあり、相違がみられる。ただし本書の記すエピソードは、帯刀の代のものではありえず、父親が誰かはともかく、縫殿茂利のものである。また『御家中系図』は初名「所右衛門」とするが、「渡右衛門」の誤りであろう。妻は鎌原幸重の娘。
鈴木右近は、立伝あり。縫殿末期のエピソードは41頁参照。
渡右衛門(寛永八〈一六三一〉~貞享三〈一六八六〉・七・四)は、縫殿の嫡男。祖父綱茂と同じ仮名を称している。『御家中系図』では実名茂基、通称縫殿右衛門と記される。法名は貞松院方峯直翁とみられるが、判読が困難である。男子なく、木村氏は断絶となるが、矢野氏から養子が迎えられ、再興される。
松城は、現在の松代城のこと。江戸初期は「松城」と記した。「松代」への改称は正徳三年(一七一三)のことである。
経書(けいしょ)は、儒教の基本書物。
古語にも以下の文章は、論語の「子曰、父在観其志、父没観其行、三年無改於父之道、可謂孝矣」という一節を踏まえたもの。

法名は、松高院峯枩自心と思われるが（『御家中系図』）、判読が困難である。

大英寺は、長野市松代町柴にある浄土宗寺院。信之が、正室小松殿のために元和六年に上田領に建立したものを、松代転封に伴って移築した。明治維新後の財政難により、現在は小松殿霊屋を本堂としている。

出浦対馬守

出浦対馬守（天文一五〈一五四六〉～元和九〈一六二三〉・四・四）の実名は、発給文書より「昌相（まさすけ）」が正しい（「正福寺文書」『信濃史料』一三巻一七一頁）。本書は「幸久」、『御家中系図』は「頼幸」とするがいずれも誤り。「出浦」は「いでうら」と読む（「丸山史料」『信濃史料』一一巻五八五頁）。天正年間は主水佐、その後慶長六年まで上総介、翌年から対馬守を称す。天正一一年の北条家朱印状の宛所にある対馬守は父であろう。信之のもとで筆頭家老のような立場にあり、信之の文書は昌相黒印状（「手判」）とセットで機能した。慶長一九年に吾妻職方に任じられ、同郡支配を統括した。信之の上田移転後も、上野支配を任された真田信吉を補佐。

上平（うわだいら）は、長野県坂城町上平にあたる。村上氏の本貫地と伝わる。同地北端の岩井堂山に、出浦城跡が所在。

上田原合戦は、実際には、村上方が大勝した戦いである。義清は天文二二年に越後へ亡命する。

スッパは、透破などと書き、忍びのこと。

森長一は、森長可（永禄元〈一五五八〉～天正一二〈一五八四〉・四・九）の誤り。可成の次男で、父が元亀元年に討死したことで家督を嗣ぎ、美濃兼山城代として東美濃衆を統括。武田氏滅亡後、川中島四郡（水内・高井・更級・埴科郡）支配を信長から任されるが、本能寺の変により美濃に帰国した。その後は秀吉に属し、小牧・長久手の戦いで討死する。

海津は、武田信玄が永禄三年に築いた川中島支配および防衛拠点。長野市松代に所在。武田氏滅亡後、森長可が入り、本能寺の変後は上杉氏の支配下となる。慶長年間に松城城（後、松代城）と名を改め、元和八年に真田信之が入部する。

芋績宿は、筑摩郡麻績（おみ）郷の宛字であろう。現在の長野県麻績村・筑北村にあたる。川中島四郡を抜けた先に位置する。

武石(たけし)は、旧長野県武石村。現在は、合併によって上田市の一部。この年、昌幸は武石・丸子一帯を制圧している。

北国とあるのは、真田勢が加賀前田利家・越後上杉景勝の軍に加わったことを指す。

忍城は、埼玉県行田市にあった武蔵国衆成田氏の居城。天正一八年、秀吉の北条攻めで、小田原落城後も抵抗を続けた唯一の城。忍城水攻めは秀吉の指示で石田三成が行ったが、失敗に終わった。ただし三成は、浅野長政・木村常陸介が鉢形に転戦した時期の代行で、忍城攻めの総責任者ではない。

浅野弾正少弼は、浅野長政(天文一六〈一五四七〉~慶長一六〈一六一一〉・四・七)。初名は長吉。秀吉の有力奉行で、文禄二年(一五九三)に甲斐二一万五〇〇〇石。真田昌幸とともに、宇都宮国綱改易の処理を行っている。五奉行となるが、後に失脚し、隠居。関ヶ原では、東軍に参加。子息幸長は紀伊和歌山藩主として、真田昌幸・信繁父子の監視を担う。

仕寄(しよせ、しより)は、城攻めに際し、鉄砲・弓矢を防ぐために築いた防禦道具・設備の総称。竹束や、土嚢を積んだ盛り土、さらには塹壕までも含む。

小山は、下野国衆小山氏の本拠。現在の小山市。会津攻めの最中、上方での石田三成挙兵を知った家康が、ここに諸大名を集め、軍議を行った(小山評定)。

鳥居峠は、信濃小県郡(上田市真田町)と上野吾妻郡(群馬県嬬恋村)の堺に位置。

本多佐渡守は、実名正信(天文七〈一五三八〉~元和二〈一六一六〉・六・七)。三河一向一揆で徳川氏を離叛するが、後に帰参し、家康の有力側近となった。関ヶ原に際しては、秀忠に同行して第二次上田合戦に参陣する。関ヶ原後、徳川家中において、真田氏に対する取次役を務めた。このため、九度山に配流された昌幸は、本多正信を通じて赦免工作を行っている。赦免が叶わず昌幸が没した際には、昌幸は「公儀御はゞかりの仁」であるとして、葬儀を行って良いか幕府に伺いをたてるよう、信之に助言した。

伊豆守室家は、真田信之の正室小松殿のこと(解題参照)。

本多忠勝の娘で、家康養女の扱いで信之に嫁いだ。ここに記されている、昌幸の沼田入城を拒んだエピソードは著名で、人口に膾炙している。

昌相の法名は、円光院殿泰山宗智居士であると思われる。『家系補録　出浦氏家譜』および松代にある墓石には円光院殿泰山宗智居士とある。昌相が原町移転に際し開基した菩提寺顕徳寺（創建寺の名称は専念寺であったが、真田信直が再興した際に顕徳寺に改称）過去帳の記載も、円光院殿泰山宗智大居士である（『原町誌』）。なお『御家中系図』では、昌相の子で、幸吉の父としている幸久の法名が、円光院殿泰山宗智大居士で、顕徳寺開基とある。次で述べるように幸久は幸吉の初名だから、昌相のものを取り違えたと解釈される。以上から、昌相の法名は、円光院殿泰山宗智居士とみるべきだろう。なお正辺法西については、武田氏滅亡時の当主であった父対馬守のものかもしれない。

半平幸吉（天正九〈一五八一〉～寛永一八〈一六四一〉・二・二八）は、昌相の嫡男。実名は、以下で述べるように当初幸久、後に幸吉に改めた。したがって本伝は、矢沢父子同様、子息幸吉の最初の実名を父親のものと誤認していることになる。これは『家系補録 出浦氏家譜』も同様である。

以下で実名と没年・法名について、検討しておく。寛永一四年（一六三七）七月の大熊靫負との連署状（「信州古典研究所所蔵文書」『信濃史料』二七巻五七頁）、翌一五年七月の矢野半左衛門幸清との連署状（同前、『信濃史料』補遺巻下六八〇頁）では「幸吉」、寛永三年に死去した矢沢頼幸の遺言執行に関する矢野幸清との連署状では「幸久」とある（館山市立博物館寄託「恩田家文書」）。いずれも花押型は同一であり、初名幸久、後に幸吉に改名したとみるのが自然であろう。

いっぽうで『御家中系図』は、幸久を昌相（同系図では頼幸）の子、幸吉は幸久の子とし、幸久が元和二年九月一九日に没したとする。『家系補録　出浦氏家譜』も、同年に昌相（同系図では幸久）が隠居したため、幸吉が家督を継いだとする。これらはいずれも前年から昌相が体調を崩して元和四年まで体調不良が続き、元和二年六月に、隠居時の半平幸吉への相続安堵が認められたことによると思われる。幸久と幸吉の仮名・花押型は同一であるから、両者は同一人物とみるのが自然で、元和二年に出浦氏当主が死去した形跡もない。病気のため隠居を準備した文書が、昌相・幸吉父子の実名・法名の混乱をもたらしたものと思われる。

幸吉を幸久と同一人物と捉えれば、半平幸吉は寛永一八年二月二八日没、享年六一、法名は明鏡院殿台翁玄馬居士と諸史料一致しており、矛盾はない（『家系補録』、『御家中系図』出浦幸吉譜、『願徳寺過去帳』）。子息なく、家督は弟の織部（実名幸重ヵ、慶長一五〈一六一〇〉～慶安三〈一六五〇〉・九・二五）が嗣いだという（『御家中系図』）。ただし、織部の生年は、天正九年（一五八一）生まれの幸吉とあまりにかけ離れており、さらに末弟市之丞がいたとする『御家中系図』の記載は、昌相と幸吉の間に幸久を別人として立項していることからみても、鵜呑みにはできない（『御家中系図』自体には幸吉の享年記載がなく、同系図内では矛盾は生じない）。寛永一〇年の分限帳が、出浦織部に兄と注記して知行六〇〇石、半平に弟と注記して知行七〇〇石と記す点も同様である。ただし知行高自体は正しく、半平幸吉は寛永元年に六〇〇石を宛行われ、寛永一〇年に一〇〇石を加増されている。

昌相が体調を崩して以後、一貫して半平幸吉は昌相嫡子、ついで出浦氏当主として活動しており（この間に半平が代替わりした徴証はない）、『家系補録』も織部を幸吉の「嫡子」と記載する。出浦織部の活動の初見は、寛永五年一二月、信之からの知行宛行である。一九歳の時で、元服後まもなくの宛行と思われる。寛永一八年二月の半平幸吉重篤にあたり、信之は跡職については望みに任せると伝え、織部と市之丞を「子共」と表現して相続を認めている。したがって一次史料の検討から、織部・市之丞は幸吉の実子とみたほうが自然ということになる。

原町は、岩櫃城の北東に位置する。群馬県東吾妻町原町。岩櫃城の南西に位置した城下町平川戸を、慶長一九年（一六一四）に移転させて成立した。新宿興行（宿場町建設支援）を指示した信之朱印状は出浦昌相が奉じている。現在も出浦屋敷跡が観光コースとなっている。

池田長門守

池田長門守（?～寛永四〈一六二七〉・七・一五）の実名綱重は一次史料で確認はできないが、「綱」字を与えられていた可能性は高い。父佐渡守重安は、吾妻郡最大の国衆・岩下城主（東吾妻町）斎藤憲広の甥弥三郎の家老。弥三郎が武田氏に謀叛した際、真田幸綱の調略で寝返り、斎藤氏没落のきっかけを作った。その後は真田氏に仕え、昌幸が天正六〜七年に作成した『真田氏給人知行地検地帳』に記載がある。綱重の初名は甚次郎で、高野山から帰国した後に長門守となっている。知行高は二〇〇貫文で、松代転封後は六〇〇石。寛永一〇年の分限帳でも同様。

東松本は、上田市塩田地区の地名。池田長門守は高野山九度山からの帰国に際し、旧領二〇〇貫文を返付されたが、元和四年に散在していた知行地を東松本に取りまとめられている。

常田（ときた）は、上田城南東、北国脇往還沿いに位置。真田幸綱の弟隆永が養子入りした家が常田氏だが、武田時代は海野衆に編成されたようである。上田築城に際し、千曲川沿いの百姓を移住させて、「城下囲」の村になったというから、その際に「要害」（砦）として整備されたか。

願行寺は、真田昌幸が海野郷から上田城に近い御厩に移した浄土宗寺院。元和七年に焼失したため、横町に再建された。翌年の真田氏転封に際し、信之は松代に新たに願行寺を築いている。なお松代願行寺には、真田信之の舎利（遺骨）と伝えられるものと肖像画を納めた厨子が残されている。真田宝物館図録『戦国の真田』一九六号（二〇一六年）参照。

牧野右馬允貞成は、康成（弘治元〈一五五五〉〜慶長一四〈一六〇九〉・一二・一二）の誤り。三河牛久保（愛知県豊川市）の国衆で、徳川氏譜代家臣。右馬允は公式に任官したもので、位階は従五位下。第二次上田合戦における失態で、一時蟄居処分になったとされる。

御供十六人とあるのは、「房州様高野御入御供之衆」（「真田家文書」）による。ただし後の作成で、通称が高野山配流時とは異なる人物がいる。またすぐに帰国した者が記される一方で、小身の者は記載がない。重臣だけを書き上げたものといえる。

公御逝去の後、帰国して勤仕とあるが、実際には九度山と沼田を往来していたようで、昌幸生前に帰国している。

花岡善次が「池田長門内」つまり家臣で、大坂夏の陣で頸をとったことは、他史料からも裏付けがとれる。

奈良尾は、池田綱重の知行地東松本の南部、富士岳山麓一帯の集落で、現行地名は上田市富士山。大円寺は同地の曹洞宗寺院。宝暦二年(一七五二)に九世住持が火定(かじょう。仏道修行者の自焼死、焼身往生のひとつ)したことが知られる。

望月主水

望月主水重則(?～慶長二〇〈一六一五〉・五・七)は、米山一政氏旧蔵『系図写』によれば、望月印月斎(信雅、系図は実名昌頼とするが別人)の曾孫で、長篠合戦で討死した貞頼の孫であるという。貞頼に相当する人物は、武田信繁の三男で、望月信雅の養子となった信永(天文二一〈一五五二〉?～天正三〈一五七五〉・五・二一)である。しかし信永には男子がおらず、幼少の娘に婿をとらせて家督を継がせ、それまでは信永の実兄武田信豊が家督を代行することが定められた。したがって、望月氏嫡流とする系図の記載は信頼できない。真田氏と同族の滋野一族だから、重きを置かれたはずだが、『天桂院殿御事蹟稿』にある夏の陣討死衆には記載が無い。したがって信繁について討死したという系図の所伝は、事実かもしれない。法名は、円斎院殿道光良智大居士。なお、第一次上田合戦での活躍は、『系図写』では墨線で抹消されている。望月系図は、米山一政氏旧蔵『系図写』と同系統のものと思われる。

岡山は、大坂夏の陣で大野治房と徳川秀忠が衝突した地。信繁は天王寺口で戦っており、岡山で討死というのは不可解である。

日置五右衛門尉

日置五右衛門尉とその父豊後守の実名は、同時代史料からは確定できない。『三河物語』は「へき」と読んでいるが、松代藩士日置氏の読みは「ひおき」である。本史料では当初武田氏に仕え、のち織田信長に従ったとするが、天正六～七年に昌幸が作成した『真田氏給人知行地検地帳』に記載があるから、早くからの真田家臣である。『神流川合戦記』(金讃本)に神流川の戦いに参陣した滝川家臣(尾張衆)として、「日置文左衛門」とあるのを混同したものか。「天正壬午の乱」において、北条・徳川氏への使者として活躍し、両家から知行地を与えられている。当時は、外交担当者が相手先から知行を与えられることがしばしばあった(「取次給」)。なお、『譜牒余録』は三河出身で武田氏に仕えたという経緯から、真田昌幸に対する使者として家康が起用したとするが、これも誤りである。
日置豊後守は、慶長一〇年二月に証文を一通発給している。
富田喜太郎は、滝川一益の家臣で、尾張衆。実名は房信と伝わる。滝川一益と北条氏直が衝突した神流川の戦いに従軍したという(『神流川合戦記』〈金讃本〉)。
牧野伝蔵は、滝川一益の家臣で、尾張衆。神流川の戦いに従軍したという(『上州治乱記』『神流川合戦記』〈金讃本〉)。
伊勢町は、松代城下町において、町人町の中央に位置する。長野市松代町伊勢町。
小川仁左衛門は、『譜牒余録』にも本文書を所蔵している旨記載がある。『譜牒余録』は『貞享書上』(貞享元年成立)に依拠するから、貞享元年(一六八四)時点での本朱印状の所持者となる。それによれば、日置五右衛門は仁左衛門の曾祖父であるという。
大田彦右衛門については未詳。本史料が成立した嘉永二年段階の小諸藩主は、牧野康哉。
大久保平助は、大久保忠世の弟忠教(永禄三〈一五六〇〉〜寛永一六〈一六三九〉・二・二九)のこと。彦左衛門尉の名で知られ、後に『三河物語』を著す。「第一次上田合戦」の記述も、同書に詳しい。江戸時代に、講釈や講談で「天下の御意見番」として脚色がなされ、一心太助(架空の人物)とのコンビが名高い。
足立善一郎政定は、大河内正綱の子で、生母は大久保忠員の娘。したがって大久保忠世・忠教兄弟の甥にあたる。『三河物語』に第一次上田合戦参陣の記録があり、上田城からの退却戦では大久保忠教の指揮下に入った。日置五右衛門尉が味方の陣と誤って乱入した際に、忠教の命で鑓を突いたが、馬の鞍の後輪にあたり、逆に五右衛門尉の家臣に鑓で突かれたという。
気多甚六郎は、大久保忠世の家臣。第一次上田合戦に参陣(『三河物語』)。上田城からの退却戦で大久保忠教の指揮下に入り、大久保忠教とともに日置五右衛門尉と鑓を交わした。『三河物語』によると、日置は大久保忠教に突かれたと叫んだが、実際には忠教の鑓は外れ、気多甚六郎の鑓が腰脇に当たったという。なお以下で五右衛門尉が罵ったという言葉は、『三河物語』と大筋で一致する。

古今沼田記は、上下二巻からなる。「丸山史料」の一部として、「古文書之部　上下」が長野県立歴史館に所蔵されている。

大田源蔵も、第一次上田合戦の退却戦において、大久保忠教の指揮下に入ったひとり(『三河物語』)。

弓手(ゆんで)は、弓を持つ方の手。左手、左側。

妻手(馬手・めて)は、馬上で手綱を取る方の手。右手、右側。弓手の逆。

市川庄左衛門は、正しくは庄左衛門尉。吾妻衆とみられる。某年一〇月に弟とともに逆心が発覚、河原綱家・日置五右衛門尉によって捕縛された。昌幸は逃がさないように捕縛し、首枷をつけるよう指示している。

河原右京亮綱家は、立伝あり。

大英寺は、木村縫殿の該当箇所参照。なお、ここに記された五右衛門尉の没年には検討の余地があり、元和六年(一六二〇)頃の可能性がある。元和六年六月一一日に、日置五右衛門尉に付されていた足軽が、出浦幸吉に預け置かれ、以後五右衛門尉は姿を消すからである。入れ替わりに、元和七年一一月一五日に日置豊後が桜井分五貫文の代官に任じられ、地下人(村落の有力者)を被官として預けられている。その際、豊後は知行宛行を求めたらしく、同月二五日に日置氏の本領岡村・洗馬などで一六〇貫文を与えられている。その宛行状には、「成人したら加増する」旨が付記されており、豊後はまだ元服前と思われる。これらを勘案すると、五右衛門尉が死去した際、嫡男一郎兵衛は信吉付きとなって沼田へ移っていたため、五右衛門尉自身の知行地・与力は収公されたのであろう。ただその後遺跡相続の訴えがなされ、幼少の豊後への家督相続が、翌年に認められたのではないか。日置豊後は、松代転封後の寛永元年(一六二四)に、知行三一八石を与えられている。なお、日置氏は『御家中系図』には記載がなく、『真田家御事蹟稿』編纂段階では、家伝文書は堤氏が所蔵している。

一郎兵衛が、日置五右衛門尉の子息であることは間違いないが、家督相続の経緯については検討の余地がある。慶長一二年(一六〇七)一二月に、日置五右衛門の年来の奉公を踏まえ、信之から本領一六八貫七六〇文を安堵されている。したがって五右衛門の子息とみて間違いない。一方で、右に述べたように、元和七年(一六二一)一一月に、日置氏の家督はまだ成人前の「豊後」に移っている。本書によると、一郎兵衛は信吉付きになったという。信之が沼田領支配を信吉に任せるのは元和二年だから、その際に沼田で知行地を与えられ、父から独立して信吉に仕えたのだろう。そのため、五右衛門尉死後に遺跡を嗣いだ日置豊後とは家が分かれたものと思われる。

北能登守

北能登守は、実際には文禄三年頃に死去したとみられる。同年一二月、「後室」つまり未亡人が、自身の逆修(生前供養を高野山蓮華定院で営んでいる。同月には能登守の知行地利根郡川上(群馬県みなかみ町)一〇貫文が、翌年正月には同心が、矢沢頼幸に与えられており、傍証となろう。

先方は、「せんぽう」と読み、武田氏において、もとは敵方であったが、服属した家臣・国衆を指して用いた文言。

金蔵院(きんぞういん)は川戸村(群馬県東吾妻町)に所在。かつては本山派修験であった。ただし信吉が沼田を治めた頃には、能登守は死去している。

八幡山番帳は、天正一六年四月に、真田信之が岩櫃の守りを固めるため、横尾八幡城(群馬県中之条町)の輪番を定めた番帳。家臣を二番交代で配置し、北条氏の攻撃に備えさせた。八幡山番帳は複数の家に写が残る。なお写の朱印は明確ではなく、昌幸のものか、信之のものか、確定しがたかったが、群馬県立文書館所蔵「富沢家文書」所収の写より信之朱印「精福萬」であると確定できた。

白倉武兵衛

白倉武兵衛は、上野甘楽郡白倉(現群馬県甘楽町)の地侍ともいうが、確証はない。永禄七年、武田信玄が上野に出陣した際、真田幸綱が信玄の陣所に派遣した使者であるという(『加沢記』)。天正八年の昌幸東上野出陣に際しても、旗本として名が見えるから(同前)、早くから真田氏に従った上野衆と思われる。以後、上野防衛における活躍が、『加沢記』に散見される。

木村五兵衛は、木村土佐守として立伝あり。

長野舎人は、立伝あり。

松沢五左衛門

松沢五左衛門は、『加沢記』において「相沢五左衛門」と記されている人物であろう。『吾妻記』では「松沢五左衛門」とある。それらによると、堀田久兵衛（立伝あり）・桑那八之助とともに室賀正武に付き従って上田城を訪ねたが、主君が謀殺されたことを知り、仇を討とうと奮戦したが捕らえられた。昌幸は「無二の忠臣」と評価し、召し抱えることにしたという。一次史料上は、昌幸の代の動向は未詳。元和二年（一六一六）、信之から桜井市左衛門尉とともに小県郡別所・野倉・中野の代官に任じられたことが初見である。その後、信吉のもとに配置替えとなり、元和八年に木村帯刀と連名で吾妻の知行替えを担当している。なお、伊与久七十郎宛朱印状では「木村帯刀内」つまり木村帯刀の家臣としているが（『信濃史料』二〇巻五〇九頁）、他の朱印状はいずれも連名つまり対等であり、誤りだろう。

室賀兵部少輔は、実名正武。小県郡国衆。木村土佐守の注参照。

彼城は、上田市室賀にある室賀城のこと。山麓にある原畑城（室賀氏館）と、山上にある笹洞城とで、平時の館と戦時の防衛拠点の組み合わせであったとされる。

御朱印は、『天桂院殿御事蹟稿』に九通が一括して書写されている（『新編信濃史料叢書』一七巻一九一〜一九三頁）。いずれも元和八年（一六二二）の信吉朱印状で、木村帯刀と連名で奉じている。

木村帯刀（?〜寛永一八〈一六四一〉・八・一〇）は、『御家中系図』は木村綱茂の嫡男で、縫殿助茂俊（本書では茂利）の父とする。法名は、松峯（あるいは養ヵ）金貞と思われるが（『御家中系図』）、判読が困難である。

堀田久兵衛

堀田久兵衛は、『加沢記』『吾妻記』にも「室賀正武謀殺」事件の際に、室賀家臣として名が見える。室賀正武に従って上田城に入ったが、主君が謀殺されたことを知り、松沢（『加沢記』では相沢）五左衛門・桑那八之助とともに仇を討とうと殿中で奮戦したが搦め捕られた。昌幸は三人を宥め、「無二の忠臣」と評価して家臣に加えたという。なお永禄一〇年に堀田豊後守之吉が、武田信玄に忠誠を誓う「下之郷起請文」を室賀一門と連名で提出しており、一門に並ぶ立場であったことがわかる。その縁者か。

高梨内記

高梨内記（?～慶長二〇〈一六一五〉・五・七）は、次に述べる嫡男采女の事蹟からして、信繁の傅役であった可能性が高い。昌幸が死去した後も、高野山に残り、信繁とともに大坂に入城して夏の陣で討死をしている。娘は信繁の側室になっている（『左衛門佐君伝記稿』）。

高梨摂津守について、『信綱寺殿御事蹟稿』所引「高梨系図」は、北信濃高井・水内郡の国衆で高梨政頼（?～天正四〈一五七六〉）とする。ただ摂津守を称したのは、政頼の祖父政盛（康正二〈一四五六〉～永正一〇〈一五一三〉・四・二七）である。真田信綱の正室於北は高梨政頼の娘と伝わり、高梨氏は真田氏の縁者だが、内記が高梨政頼の子息とは考えにくい。

高梨は、長野県中野市中野に所在する高梨氏の居館。中世前期に中野氏が築いたが、戦国期には高梨氏の本拠となった。国指定史跡。

花翁妙栄大姉は、信綱正室於北の法名。天正八年（一五八〇）二月没。

高梨采女

高梨采女（?～慶長二〇〈一六一五〉・五・七）について、『左衛門佐君伝記稿』は、信繁の嫡男大助の「御家老」として大坂に入城したとする。流人である信繁の嫡男大助に家老がつくわけはないから、これは傅役を指すと思われる。父内記も信繁傅役であったとみられるから、二代にわたって、信繁に仕えた人物なのだろう。信繁と同日の討死は、蓮華定院『過去帳日坏信州小県分第一』から裏付けがとれ、法名は「月窓禅定門」とある。なお、内記の娘で信繁の側室となった女性の名が、采女であったという説が流布しているが、采女の戒名は男性のものである。

御姆（うば）は、ここでは乳人・傅（めのと）と同義と思われ、本書ではいずれも男性の傅役を指している。乳人は一般に貴人の子供を育てる女性を指すイメージがあるが、後見・教育役を務める男性にも用いられた。いわゆる傅役（もりやく・かしづきやく）である。なお『真武内伝附録』は、采女を信繁の「乳人」とする。ただし、信繁が采女の姉妹を側室に迎えていること、采女の父内記も信繁とともに討死していることからして、采女自身が信繁の傅役とは考えにくい。信繁の傅役は内記で、采女は乳兄弟ではないか。

蓮華定院旧記は、現在は原本の所在を確認できない。ただし後半部の写を、真田家臣の子孫である原昌彦氏が所蔵しており、該当部分の記述もみられる。真田宝物館図録『戦国の真田』一七九号(二〇一六年)として写真掲載。

青柳春庵

青柳春庵の名は「青庵」とも。『真武内伝附録』にも信濃出身で、高梨采女の縁者であったため、信繁に従って大坂の陣で討死したという記述がある。ただしその動向について、『左衛門佐君伝記稿』は上田月窓寺の檀那に伝わった由緒書から異説を載せている。それによると林庄左衛門とともに信繁の遺命を受け、信繁の大叔父常田隆永の菩提寺で、第一次上田合戦で焼失してしまっていた月窓寺を再興し、遺品を埋葬したという。

来福寺

来福寺は武田旧臣というが、『甲陽軍鑑』にも記載がなく、判然としない。『本藩廃古諸家略系』(長野県立歴史館所蔵飯島文庫)にも、簡略であるが本史料と同様の記載がある。

軍配者は、戦に際して、吉凶を占う専門家を指し、戦国大名たちが召し抱えていた。軍配者はしばしば「軍師」(軍事参謀)と同義またはその一形態として用いられるが、これは近世に入ってからの混用で、戦国時代の日本では、「軍師」という言葉そのものがほとんど知られていない。軍師という用語が使われ出したのは、江戸時代初頭に『三国志演義』が伝わった結果とみられる。これに対し軍配者は、吉日や悪日、方角の善し悪しなど、戦に関する吉凶を占う役割を果たし、戦国大名から重用された。武田氏においては山本菅助と小笠原源与斎が軍配者として知られる。なお、軍配者の実像については、『上井覚兼日記』に島津家臣川田義朗(?〜文禄四〈一五九五〉・七・二四)の動静が詳しく記される。

祢津長右衛門は、立伝あり。

祢津の原は、長野県東御市にあった禰津氏の居館一帯を指すと思われる。

染屋馬場は、第二次上田合戦で徳川秀忠が本陣を置いた染屋の土手のこと。染ケ馬場とも。第一次上田合戦では、真田側が伏兵を配置した場所であるという。

関東御旗本七本槍は、いわゆる「上田七本鑓」のこと。

御武功記は、『御当家御武功之記』天・地（長野県立歴史館所蔵飯島文庫）のことと思われる。

翁物語は、甲州流の軍学者小早川能久の手による合戦教訓書。東京大学史料編纂所架蔵写本には承応元年（一六五二）〜明暦二年（一六五六）の奥書がある。小早川能久は通称式部。小早川秀包（永禄七〈一五六七〉〜慶長六〈一六〇一〉）の子で、毛利元就の孫にあたる。小幡景憲に師事した。

岩櫃山は、岩櫃城が築かれた山を指す。群馬県東吾妻町。真田幸綱・信綱・昌幸が武田信玄・勝頼のもとで城将・城代をつとめた、真田氏の拠点城郭。

郷原（ごうばら）村は、現群馬県東吾妻町。岩櫃山南麓の吾妻川北岸段丘上に位置。

潜龍院は、武田氏滅亡に際し、昌幸が勝頼を岩櫃に迎えるために屋敷を築いた地。岩櫃山の眼下に所在する。同地には、もともと潜龍院という寺院が存在しており、それを利用したものと思われる。しかし勝頼は結局岩櫃を訪れることなく自害。潜龍院は禰津潜龍斎（信忠）という真田一門の修験に与えられ、修験寺院となった。沼田藩真田氏が改易された翌天和二年（一六八二）に炎上し再建されるが、明治の修験寺廃寺令で廃寺。その後、護摩堂は顕徳寺（東吾妻郡原町）に移されている。

成沢長左衛門

成沢長左衛門は、『滋野通記』（解題参照）によると実名直盛。本書同様、深入りして徳川方に捕らえられ、案内者にさせられたが、深田へ誘導して敵を突き落としたという。黒壺の台で昌幸から褒美を与えられたとしている点は、本書と多少相違する。なお本書の元と思われる記述は、「真田家文書」中の「御先祖御武功之書付」（米山一政編『真田家文書』中巻一〇〇号、三七七頁）に記されている。

成沢勘左衛門

成沢勘左衛門は、『松代家中系譜』上（解題参照）によれば「信州先方之末也、小県郡之成沢也、御家代々旧臣也」というから、早くから真田氏に仕えた家柄であったのだろう。同史料でも、大坂の陣で旗奉行をつとめ、旗印を城内に打ち立てたと記されている。

本多出雲守は、本多忠勝の次男忠朝(天正一〇〈一五八二〉～慶長二〇〈一六一五〉・五・七)のこと。上総大多喜二代藩主。真田信之の正室小松殿が彼の姉であったため、真田信吉・信政兄弟は、大坂の陣では忠朝の相備え(与力)に配された。夏の陣で、毛利吉政(一般にいう勝永)と戦って敗死した。

首帳は、『天桂院殿御事蹟稿』に書写されている。

井伊掃部頭直孝(天正一〇〈一五九〇〉・二・一一～万治二〈一六五九〉・六・二八)は、直政の次男。当初は上野白井藩主として一万石を領した。冬の陣では「井伊の赤備え」を率いるが、真田丸の戦いで信繁に敗北を喫している。その後、家臣団をまとめきれずにいた庶兄直勝に代わり、近江彦根二代(厳密には三代)藩主となった。実父井伊直政は、関ヶ原後、信之の嘆願を受けて昌幸赦免を仲介しようとしていた形跡がある。

長野舎人

長野舎人(永禄八〈一五六五〉～文禄元〈一五九〇〉)に関する以下の記述のうち、長野業正との親戚関係、海野輝幸との主従関係は疑問の余地がある。なお、海野輝幸粛清時のエピソードは、『加沢記』等には天正九年の出来事として記される。こちらが正しかろう。

長野信濃守(?～永禄四〈一五六一〉・六・二一)は、上野箕輪城主(高崎市)長野業正のこと。発給文書が残されておらず、実名業正は『雙林寺伝記』による。系譜類は、業政と伝えるものが多いが、確定できない。長野憲業の子で、関東管領山内上杉氏を支えた重臣であった。父の代になしえなかった吾妻郡進出に成功し、大戸浦野氏・羽尾氏を従属させている。さらに多数の娘を西上野の国衆に嫁がせ、西上野における最大勢力となった。天文一〇年には、武田信虎らに追われた真田幸綱を庇護している。武田信玄の西上野侵攻に頑強に抵抗するが、彼の死後、息氏業(一般にいう業盛、天文一五〈一五四六〉～永禄九〈一五六六〉・九・二九)の代に箕輪城は落城し、長野氏は滅亡した。

海野能登守輝幸の粛清は天正九年の誤りであろう(自序・例言の注参照)。なお、海野輝幸は羽尾氏出身だが、長野業正には従わなかった岩下斎藤氏に仕えていた。本書には、同時に岩櫃で討たれた実兄海野長門守幸光への言及が一切みられない。この点が、『加沢記』『沼田根元記』など上野側の軍記史料と大きく相違する。昌幸は吾妻郡海野氏惣領として幸光を重用しており、実態と乖離する。輝幸嫡男幸貞の妻が矢沢頼綱娘であったため、その遺児が助命されて真田氏に仕えたり真田家臣に嫁いだことが関係しているか、改易された沼田藩の情報が、松代藩に上手く伝わっていない様子が窺える。また舎人は『加沢記』によると、海野輝幸を討伐するために派遣された真田家臣であり、輝幸の家臣とする本書の記載と相違する。

隠岐守信尹君は、真田昌幸の弟真田信尹のこと。この段階では、まだ加津野昌春を称している。詳細は、解題を参照されたい。

田口又左衛門は、立伝あり。

中務は、実名幸貞と伝わる。矢沢薩摩守の注参照。

白倉武兵衛は、立伝あり。

木村土佐は、立伝あり。

比丘尼は、一般に出家した女性、つまり尼僧を指す。したがって昌幸は、かなり辛辣な言葉で舎人の働きを評したことになる。

田口又左衛門

田口又左衛門(?〜天正九〈一五八一〉)については、木村土佐守・長野舎人の本文記述も参照のこと。なお海野輝幸の粛清は、天正九年が正しい(『加沢記』他)。『加沢記』によると海野輝幸に「地獄への連れ」として討ち取られ、海野父子は田口と木内八右衛門(立伝あり)の死骸に腰掛けて刺し違えたという。なお『沼田根元記』は「田野口又左衛門」とするから、読みは「たのくち」であったのかもしれない。同書では、輝幸嫡男幸貞に討ち取られたとしており、本書と一致する。

水出大蔵

水出大蔵に関する以下の記述は、『上田軍記』の内容と一致し、同書を踏まえたものと思われる。

烏帽子形の古城は、「冠者が岳城」「子壇嶺(こまゆみ)岳城」などとも呼ばれる、長野県青木村にあった城郭。「烏帽子形」

という呼称は、山の形状から付されたもので、現在も地元で呼び慣わされている。

洗馬村とあるが、現青木村域にこの地名は確認できない。小県郡では、上田市真田町傍陽（そえひ）の小字として知られる。

巻之二　注

鎌原石見守

鎌原石見守重宗（文禄元〈一五九〇〉～寛永一五〈一六三八〉・七・一四）の実名は、幸重とも伝わる。妻は幕臣松井与兵衛の娘で、七男六女に恵まれたという（『鎌原氏家譜』）。ただ重宗の代では、まだ藩政にはほとんど関与していない。重宗の子重継は飯山藩主佐久間盛次と信之の娘見樹院殿の間に生まれた娘（つまり信之の外孫）を妻とし、その子重俊は真田信政の娘を妻とした。以後、重臣として処遇される。重俊の次男は信政の娘陽照院殿の名跡を嗣ぎ、代々真田図書を名乗るようになる。
宮内少輔重春（永禄元〈一五五八〉～慶長一一〈一六〇六〉・五・一六）は重宗の父。戦国期鎌原氏の初代幸定は、真田幸綱の弟と伝わる。吾妻郡鎌原城（群馬県嬬恋村）を本拠とした国衆。幸定の子幸重の代に武田氏に従属するが、永禄四年（一五六一）九月の第四次川中島合戦で討死した。幸重の子重澄も、天正三年（一五七五）五月の長篠合戦で討死し、重春は一八歳で家督を嗣ぐことになる。岩櫃城代真田昌幸の相備えとなり、その軍事指揮下に置かれる。また天正六〜七年作成の『真田氏給人知行地検地帳』には「鎌原知行」という記載があり、武田時代には昌幸からも知行を宛行われていたらしい。

鎌原の郷は、浅間山北麓、吾妻郡右岸に位置する。現群馬県嬬恋村。万治二年(一六五九)の村高は一九七石余。天明三年(一七八三)の浅間山噴火により、甚大な被害を受け、村民の約八割が犠牲となっている。

曾野介は、『天桂院殿御事蹟稿』「大坂夏陣」項に「高名諸士」として記載がある。ただ、「鎌原石見内　手負〇〇(ママ)曽之助」と記されており、依拠史料の苗字が欠損して判読不能になっていたらしい。「御先祖御武功之書付」(『真田家文書』中巻一〇〇号、三八四頁)にも「鎌原伊右ヱ門内　その介」とある。なお、重宗自身も『天桂院殿御事蹟稿』に「高名諸士」筆頭として記され、五月七日に首一つ討ち取ったものの、「手負」とある。

古城地は、鎌原氏の本拠鎌原城址を指すとみられる。平成五年建立の供養塔が存在し、歴代の戒名が刻まれている。嬬恋郷土資料館付近に位置するが、場所が分かりづらい。

鎌原重宗の**法名**は、徳恩院殿白翁浄清居士と伝わる(『鎌原氏家譜』)。

落合保考(慶安四〈一六五一〉〜享保一八〈一七三三〉)は、官途名を郷左衛門、実名を重郷という(保考は号)。松代藩では中級の藩士であった。新当流剣術の使い手で、初めて藩主の指南役となった人物でもある。『反求館座右』『つちくれかゝみ』『保考先生留書』『御当家御武功之記』『取捨録』『怪談録』『商人兵法問答』『松城家中系図』といった松代藩に関する史書・地誌・系譜を多数著した。このうち『保考先生留書』には本書の編者である河原綱徳が文政一〇年(一八二七)に奥書を記している。ここで引用されている『漫録』については未詳。

春原忠右衛門(?〜延宝四〈一六七六〉・二・二)は、鎌原重宗の五男で、実名は重利と伝わる。初名は吉十郎で、春原氏の養子となり、一五〇石を知行した。法名は、心誉乗蓮信士。願行寺に葬られたという(『鎌原氏家譜』)。

大熊備前守

大熊朝秀（?～天正一〇〈一五八二〉・三・一九?）は、元越後守護上杉氏の重臣。守護代長尾為景の台頭に対し、上条上杉定憲とともに敵対する。後に長尾晴景（為景嫡男）に帰服し、勘定方を務めた。上杉謙信の家督相続後の弘治二年（一五五六）、武田信玄に内通して謀反を起こし、敗北して武田氏のもとに出奔した。本書の記述は、概ね『甲陽軍鑑』に沿ったものだが、天正年間には家督を嫡男長秀に譲っていることが一次史料から明らかであり、死去記事には検討の余地がある。

箕冠（みかぶり）山は、新潟県上越市板倉区にあった城郭で、大熊氏の居城。

箕輪城は、群馬県高崎市にあった城郭。関東管領山内上杉氏の重臣長野氏の居城。武田信虎等に本拠を追われた真田幸綱は箕輪城主長野業正を頼っている。子息氏業の代の永禄九年九月二九日に武田信玄に攻略されて長野氏は滅亡し、以後武田氏の西上野支配の拠点城郭となった。

千小屋は、根古屋城ともいい、上田市真田町曲尾字若宮に所在した城。砥石城同様、東太郎山の麓に位置する。砥石城攻防戦に際し築かれた砦という。

小宰相（?～天正二〈一五七四〉・閏一一・二九）は、武田氏の足軽大将小畠虎盛の妹（日浄の娘）。大熊朝秀に嫁いだという記事は『甲陽軍鑑』にみられる。信玄の「出頭人」と呼ばれたといい、武田家臣・従属国衆間の縁組みを多数取りまとめた他、北条氏政との同盟交渉にも関わったという。

妙遠寺は、甲府市にある日蓮宗寺院。古くは元柳町にあり、元和三年（一六一七）に元紺屋町・宮前町に移転した。なお、「大熊氏系図」によると、朝秀の法名は徳温院雄巌良英居士であったという。

信玄感状は、記録御用所本『古文書』第一巻に書写されているが、『甲陽軍鑑』の記述をもとにした明白な偽文書である。『記録御用所本古文書』上巻二〇八号（東京堂出版）で翻刻されている。

小幡山城守（延徳三〈一四九一〉～永禄四〈一五六一〉・六・二）は、実名虎盛を称した。ただし、虎盛の代の苗字は「小畠」であり、子息昌盛の代に「小幡」に改めている。上野国衆小幡氏にあやかったものだろう。遠江牢人で、武田信虎に仕え、足軽大将となった。春日虎綱の副将として、海津城二の曲輪に入った。彼の孫が、『甲陽軍鑑』を最終的に取りまとめ、甲州流軍学の祖となった景憲である。

大熊五郎左衛門

大熊五郎左衛門常光（?〜慶長八〈一六〇三〉・二・一）は、大熊朝秀の嫡男とされるが、事実ではない。実名についても確証がない。系譜関係について『大熊氏系図』は大熊伯耆守の兄とするが、これも誤りである。真田氏の根本被官として、信綱の代よりみえる一族で、越後大熊氏とは関係がない。『大熊氏系図』は妻を「海野中務女」つまり海野幸貞の娘とする。本項で記される忍城攻めでのエピソードは、『真武内伝』『滋野世記』にもみえる。

　真田家臣としての大熊氏は、天正二年（一五九四）の真田信綱判物を取り次いでいる伯耆守（『大熊氏系図』は実名を朝知とするが、信用しがたい）が初見で、天正六年の『上諏方造宮帳』でも中之条郷の代官と記される。しかし翌七年の『上諏方造宮帳』では、同郷代官は大熊靱負尉に代わっており、文禄三年（一五九四）の『秋和之御料所午御見地帳』まで活動を確認できる。ここで立項されている五郎左衛門尉は、靱負尉と入れ替わりで姿を見せ、信之の奉行人として活動している。したがって、真田家臣大熊氏の系譜を復元すれば、伯耆守―靱負尉―五郎左衛門尉（常光）となろう。

　豊臣政権期までの真田氏においては、五郎左衛門は矢沢氏に次ぐ地位にいたようである。慶長六年に信之から知行高三一一貫五六〇文および同心として「鑓之者」四〇人を預け置かれている。この知行高は小山田茂誠に次ぐが、病気により急逝した。法名は、常光院傑山松栄。なお、寛永一〇年の分限帳では、大熊氏当主大熊靱負の知行高は一二〇〇石となっており、家臣団中第二位である。一族に分散していた知行地が一括して宛行われたのだろう。

　五郎左衛門尉の急逝後は、幼少の嫡男頓八（靫負秀経）の名代を、弟勘右衛門尉がつとめた。しかし靫負秀経も早逝したため、靫負秀行が「惣領家ニ召置、靫負ニ成置候」という扱いで家督となった。諸系図は秀行を秀経の実子とするが、わざわざこのような文言が記されているからには、庶流家の出とみたほうがよいか。

成田下総守（天文一一〈一五四二〉〜文禄四〈一五九五〉・一二・

一二）は、実名を氏長と称した。武蔵忍城（埼玉県行田市）を拠点とした国衆で、長泰の子。父との対立に勝利し、最終的に北条氏に服属した。小田原合戦時は本文にあるとおり小田原城に籠城していたが、忍城は小田原開城後まで抵抗を続けた唯一の城となった。戦後、会津に入部した蒲生氏郷に預けられたが、翌天正一九年に御家再興を許され、下野烏山三万七〇〇〇石の大名となった。娘の甲斐姫が秀吉の側室になったためという。

坂巻靱負佐は、成田氏の家老。『成田記』は実名詮稠とするが、確証はない。天正六年の『成田家御家臣分限帳』に、「酒巻靱負」が永三〇〇貫文を知行したという記述がある（ただし、同帳はあくまで近世の写であり、どこまで正確な内容かは定かではない）。『成田記』に、忍城に籠城した家老のひとりとして名が見え、「兵書に達し、軍事の巧者」であるため、遊軍を率いて城中の諸士の監督にあたったという。『滋野世記』にも、「家老ニ阪巻靱負佐トイフ大剛ノ者篭居タリ」と特記される。

若殿原（わかとのばら）は、若武者のこと。殿原は本来、武家の男子を敬っていう言葉であった。したがってここでは信之および彼が従える若手家臣を指す。なお、「ばら」は複数を意味する接尾語である。

春原権助は、立伝あり。

常光寺は、上田市真田町傍陽（そえひ）に所在する単立寺院。寺伝によれば、創建は天喜五年（一〇五七）であるという。大熊備前守常光が亡母梅野の菩提のために屋敷内に法輪坊を移築したというから、これによって中興されたのであろうか。ただし寺伝によれば、大熊常光は佐渡出身で、永禄一二年に死去したというから、本書の内容と齟齬する。弘化四年（一八四七）に焼失し、嘉永年間に摩利支天堂だけが再建されたという。

大熊勘右衛門

大熊勘右衛門は、大熊常光死後、大熊氏の中心となった人物である。これは、常光の嫡子靱八（靱負秀経）が元服前であったためだろう。本書だけでなく、『大熊氏系図』『御家中系図』『滋野通記』にも常光の弟とあるから、甥成人までの「名代」を務めたと思われる。『大熊氏系図』および『御家中系図』の追記部分には、実名正種とあるが確認できない。大熊氏の歴代当主は短命が続き、秀経も元和三年（一六一七）に早逝している。勘右衛門は、秀経元服以前の慶長一九年に、出浦昌相とともに「沼田・吾妻職方」に任じられた。勘右衛門が任じられたのは「沼田職方」と思われ、利根郡の治安・警察権を任されたようである。劔石合戦での活躍は、『滋野通記』にもみえる。なお『御家中系図』には、「此子孫今小県郡真田村近辺」とあるが、いわゆる「四十八騎牢人事件」の脱藩者としても記載がなく、経緯がよくわからない。

盤根石は、劔石（はねいし）の宛字だろう。碓氷峠越えの難所として知られる。室町期の板碑が残されており、中世後期の東山道がこの地を通ったことがわかる。

水科新助は、立伝あり。

鈴木主水

鈴木主水（?～天正一七〈一五八九〉・一〇?）について、『真武内伝附録』にも「越後の者、足軽千人預かりたると申伝候」とあり、越後出身と伝承されていたようである。ただ『加沢記』は、沼田顕泰（万鬼斎）に従っていた沼田衆で、当初から名胡桃城主であったとする。

鈴木三郎（久寿三〈一一五六〉?～文治五〈一一八九〉・閏四・三〇）は、実名重家と伝わるが、確証はない。紀伊鈴木氏の出で、熊野水軍を率いて源義経に従い、平家滅亡に貢献した。その後、義経に従って平泉に落ちのび、衣川の戦いで討死したと伝わる。

名胡桃の砦は、群馬県みなかみ町にあった城。利根郡に属す。沼田を眺望できる地で、昌幸が沼田攻略を行う際、橋頭堡となっている。秀吉による「沼田領裁定」に際し、昌幸が「祖先の墓がある」と主張したため、真田領として残された。この城を、猪俣邦憲が攻略してしまったことが、「惣無事令」違犯に問われ、小田原合戦の原因となる。

中山九兵衛の通称は、九郎兵衛とする史料もあり、確定できない。鈴木主水の姉婿（『真武内伝』『御家事留書』『古今沼田記』他）とも、相婿（妻同士が姉妹、『真田御武功記』）、妻の弟（『御事蹟類典　松代覚書』）とも伝わる。中山右衛門尉およ び中山城との関係も不明。ただ北条氏直が秀吉に提出した「名胡桃城事件」の弁明状に、「（名胡桃）城主であるという中山の書付を送る」とあり、この頃中山に対し小田原・

沼田間の伝馬手形を与えているから、実在は間違いない。

中山右衛門尉は、天正一〇年に矢沢頼綱が北条方の津久田城を攻撃した際に先陣をつとめ、白井長尾憲景と戦って討死したという(『加沢記』『吾妻記』)。群馬郡中山城主(群馬県高山村)という説があるが、確証はない。

中山の砦は、群馬県高山町に所在した城。群馬郡に属す。真田氏にとって沼田城と岩櫃城をつなぐ重要拠点であったが、天正一〇年閏一二月に北条氏邦に攻略された。

津久田は、群馬県赤木町に所在した城。勢多郡に属す。北条方の拠点で、天正一〇年一〇月に真田氏が攻撃をしたが、敗退している。『加沢記』など軍記類は六月のこととするが、誤り。

猪俣能登守は、実名邦憲(?～天正一八〈一五九〇〉?)。北条氏邦の家老で、当初は富永助盛を称した。天正八年に猪俣邦憲に改名し、氏邦の上野経略で大きな役割を果たした。天正一五年より箕輪城将。秀吉の「沼田領裁定」後、沼田城代になる。「名胡桃城事件」を引き起こしたことで著名だが、経緯はよくわからない。

正覚寺(しょうがくじ)は、沼田市にある浄土宗寺院。境内に真田信之正室小松殿の墓と霊屋がある。鈴木主水は、同寺で自害したといい、主水のものと伝わる墓があるが、別人と混同した可能性が高いとされ、現在案内板は外されている。なお主水が自害した「名胡桃城事件」の日付けは、家康家臣深溝(ふこうず)松平家忠の記した『家忠日記』(駒澤大学図書館所蔵)により一一月三日とされることが多いが、これは徳川方に信之が注進した日付けとみられ、一〇月末の可能性が高い。本書は一〇月二〇日、『加沢記』は一〇月二二日とする。

鈴木右近

鈴木右近忠重(天正一二〈一五八四〉～万治元〈一六五八〉・一〇・一九)は、主水の子。信之嫡男信吉が、元和二年(一六一六)に沼田領を相続した際、補佐に付せられたが、直言をして不興を蒙り、真田氏を致仕した。信吉の死後信之に召し返され、信之に殉死したことで知られる。ただし『御家中系図』は、信之に殉死した右近は主水の孫で、寛永一九年(一六四二)九月一七日に没した初代右近の子息とする。それによれば、初代右近は「一風流者」で、本書の記す右近忠重の前半生は初代のものとされている。法名は、光翁常釼と読めるが、難読で確定しがたい。幕末の当主鈴木重亜がまとめた『鈴木家譜』は、通説どおり右近は主水の子としており、法名も本書同様、脱相空心とある。『御家中系図』が何に依拠したのか、よくわからない。

酒井宮内少輔は、右近の出奔時期からして出羽庄内藩主酒井忠勝(文禄三〈一五九四〉~正保四〈一六四七〉・一〇・一七)が該当しよう。徳川家康の筆頭家老酒井忠次の嫡孫で、信之の前の松代藩主である。

職方法度は、検断(警察)・裁判を任されたことを意味する。

一場太兵衛については詳細不明。吾妻郡岩櫃城下の有力者として、一場太郎左衛門尉がおり、太郎左衛門尉が松代転封にも従った一方で、一族が厚田(群馬県東吾妻町)に残っているが、それとの関係も未詳である。

鳥屋村は、高戸屋(たかとや)村のことか。群馬県沼田市利根町高戸谷。

地頭は、中世後期から近世にかけても、地方知行をしている旗本・給人を指して用いた。

前巾着は、前腰のあたりに下げる、小銭などを入れる巾着。まえさげ。

鳥目は、銭の異称である。全体が円形で、四角い穴が空いている銭の形が、鳥の目に似ていることからこのように呼ばれた。鵝眼(ががん)とも言う。

帷子は、裏を付けない衣服の総称。主として夏に着る、麻、木綿、絹などで作ったひとえものを指す。

夜の八ツ過は、丑刻、午前二時頃を少し過ぎた時刻。

若党は、江戸時代には武家で足軽よりも上位にあった小身の従者を指す。

中間(ちゅうげん)は、江戸時代には武士に仕えて雑務に従った者の呼称。侍と小者の間に位置した身分に由来する。

物成納辻の帳面は、年貢(物成)納入高(納辻)の帳簿の意。「辻」は合計を意味する。知行地の年貢皆済目録を取りまとめたものだろう。

町相場とあるのは、松代城下町の米相場を指すから、松代で年貢米を売却・換金したことを意味する。

懸硯は、掛硯とも書く。掛子(かけご)のある硯箱。外箱の縁に内箱がかかって重なるようにし、そこにすずりや墨や水入れを入れ、別に小物を入れる引き出しなど作り、蓋をして下げることができるようになっている。

木村縫殿は、立伝あり。明暦二年(一六五六)に没している。

渡右衛門は、木村縫殿の注参照。

月代は、近世、露頭が日常の風となった成人男子が、額から頭上にかけて髪を剃ること。特に幕臣は月代にすることが定められていた。ここでは、忠重は閑斎と号したのだから、出家同様に頭を丸めるのが順当なのに、頭髪は月代のままであったことが描かれている。

治左衛門は、和田治左衛門のこと。立伝あり。

差料は、自分が腰に帯びるための刀。

合口(あいくち)は、鍔のない短刀。懐刀。

治部右衛門(?~寛文一三〈一六七三〉・四・二八)は右近の嫡男として『御家中系図』に記載がある。初名三左衛門で、知行五〇〇石。法名は、虚白見心。妻は小山田之知の娘。

弥左衛門(?~元禄一〇〈一六九七〉・一〇・二四)は、『御家中系図』によれば右近忠重の甥で、婿養子に迎え、鈴木氏では次男と位置づけられたという。父は姫路藩士と伝わるから、忠重同様真田氏を致仕していたのだろう。真田氏においては知行三〇〇石。法名は、月潤正海か。


夜九ツ時は、子刻。午前零時頃。

法泉寺は、長野市松代町西条にある曹洞宗寺院で、佐久市前山にある貞祥寺の末寺。永禄七年(一五六四)に国衆清野刑部左衛門尉が開基したといい、位牌が安置されている。当初は寺号を豊泉寺と号した。寺伝によれば、開山は節香徳忠というが、『貞祥寺開山歴代伝文』は全林施室とする。同一人物であろうか。ただし、『貞祥寺開山歴代伝文』の記述には問題が多い。鈴木忠重が中興開基であるといい、本書にある菩提所という記述と一致する。明和八年(一七七一)に焼失し、安永二年(一七七三)に本堂が再建された。

羽田六右衛門は、立伝あり。

明六ツ時は、卯刻。午前六時頃。

鈴木三郎は、鈴木主水の注参照。

高館は、現在の岩手県平泉町の地名。源義経が自害した衣川館の異称として、『義経記』などにみえる。

瀬下若狭

瀬下若狭は、武田氏滅亡後に昌幸に仕えたという(『真武内伝附録』)。本書の記述は、『真武内伝附録』とほぼ同様である。第一次上田合戦(神川合戦)で武功を立てたことは、『上田軍記』にもみえる。

小幡将監

小幡将監重信(?~寛永一七〈一六四〇〉・七・二六)は、西上野最大の国衆小幡信真の甥という。実名は当初有宗、後に重信と改めたともいう(『御家中系図』)。通称は内膳正、掃部、将監と変遷している。

国峯は、群馬県甘楽町にあった小幡氏の居城。

小幡上総介は、小幡氏当主信真(天文一〇〈一五四一〉~天正二〇〈一五九二〉・一一・二二)のこと。小幡憲重の子で、母は長野業正の娘。『真武内伝』によると、小田原合戦後に真田昌幸のもとに身を寄せ、信濃塩田郷(上田市)で死去したという。法名は、風山宗家居士。

御家中系図は、真田家臣の系図を集成したものである。冒頭の「引用書目」には記載が無いが、本書でも時々用いられている。詳細は解題を参照。

小幡左衛門尉は、実名信秀と伝わる。小田原合戦では北条方として国峯城の留守居役を務めていたが、甥の謀叛に遭って加賀へ落ちのびたという(『御家中系図』)。兄の信真は戦後真田氏のもとに身を寄せているから、重信が信秀の次男であったとしても、信真と行動を共にしたのであろう。なお、小幡信真の弟弾正左衛門尉信高(天文一二〈一五四三〉~永禄一二〈一五六九〉・一二・六)の子息は、小田原合戦後しばらくして加賀前田氏に仕えており、『御家中系図』に記された信秀の行動と類似する。

長野信濃守は、実名業正。上野箕輪城主。長野舎人の注参照。

小幡孫市(天正五〈一五七七〉~慶安元〈一六四八〉・七・一五)は、信真の末弟信秀の子で、信真の養子となったとされる。武田氏滅亡後、北条氏直から偏諱を受け、孫市郎直之を称した。小田原合戦後、徳川家康に仕え、旗本となった。当初は碓氷郡で一〇〇〇石、のち一〇〇〇石を加増されたという(『寛政重修諸家譜』)。法名は宗永、牛込保善寺(現在は中野区に所在)に葬られた。妻は禰津信政(祢津宮内大輔の注鶴千代参照)の娘というが(『家系補録　禰津氏家譜』)、孫市自身と信政が同世代である。なお実際には嫡子扱いは受けておらず、家伝文書は信真の養嗣子信定(永禄九〈一五六六〉~慶長一〇〈一六〇五〉、実父は信高)が相続し、小田原合戦後、奥平氏を経て加賀藩前田氏に仕えている。

板垣修理亮

板垣修理亮の系譜関係はよく分からない。「真田家文書」中の「御先祖御武功之書付」には、「板垣元来甲州者、後ニ真田江来ル」とだけあり(米山一政編『真田家文書』中巻一〇〇号、三七四頁)、『真武内伝附録』もほぼ同文である。『本藩廃古諸家略系』(長野県立歴史館飯島文庫)は、上杉家臣板屋修理と同一人物で、第一次上田合戦に際して援軍として派遣され、その後真田氏に仕えたという「或説」を載せるが、同書が記すように信頼できない。なお、同説は板屋修理について信濃衆とするが、板屋修理は越後衆である。

板垣駿河守信形は、正しい実名を信方という(?〜天文一七〈一五四八〉・二・一四)。信玄初期の筆頭家老として、諏方上原城代・諏方郡司を務めたが、村上義清との上田原合戦で討死した。嫡男信憲は永禄年間初頭に処断され、板垣氏には修理亮信安が養子に入って嗣いでいる。武田氏滅亡前後の板垣信安の動向は不明で、ここで立項されている板垣修理亮との関係を明らかにすることはできない。少なくとも世代からみれば、真田家臣板垣修理亮が信方の実子とは考えられない。

黒坪村は、上田市国分に所在。千曲川から神川が支流として分かれる信濃国分寺に位置する。国分寺は第一次上田合戦で上田城から徳川勢を押し戻した真田側が追撃戦を展開し、大勝した場所だが、前哨戦でも戦場になったことを確認できる。

内藤五郎左衛門

内藤五郎左衛門について、本書は『真武内伝附録』とほぼ同様の記述をしている。子孫は、保科肥後守(保科正之)に仕えたとする。松代転封後に致仕し、子孫は会津藩保科氏に仕えて武川と改姓したという。この点は、『長国寺殿御事蹟稿』に記されており、本書のほうが簡略な記述になっている。

内藤修理亮として著名なのは、内藤昌秀(大永三〈一五二三〉?〜天正三〈一五七五〉・五・二一)であろう。箕輪城代・西上野郡司として、信玄・勝頼のもとで上野支配を担った。ただし、男子がおらず、保科正俊の次男昌月(まさあき、天文九〈一五四〇〉～天正一六〈一五八八〉・五・二五）を養子に迎えている。武田氏滅亡後、昌月は北条氏に従属し、嫡子直矩（天正七〈一五七九〉～寛文四〈一六六四〉）は北条氏滅亡後、井伊氏に仕えている。このうち昌秀・昌月は修理亮を称し、直矩は五郎左衛門尉を称している。真田家臣五郎左衛門が箕輪城代内藤氏の子息とすれば、昌月の次男で、兄と同じ通称を用いたことになろうか。

坂巻夕庵

坂巻夕庵（？～寛永一三〈一六三六〉・六）は、医者としても真田氏に仕えた人物。「御先祖御武功之書付」によると、伊那郡出身であったという。通称平治、木曾馬籠嶽合戦で戦功を立てたというのは、本書と同じである（『真田家文書』中巻一〇〇号、三七六頁）。大坂の陣に際し、信之の病気を知った本多忠政・忠朝兄弟（信之正室小松殿の兄弟）が、見舞い状を夕庵に送っているのは、侍医だからだろう。信之の次女見樹院殿など、様々な治療に携わっている。夕庵自身は、寛永一三年三月には体調を崩したらしい。四月一日、子息虎松に知行三〇〇石の相続が安堵されている。虎松は五月には元服して助六と名乗り、知行五〇〇石相続と決まった。夕庵の死去は、その翌月である。

室賀兵部少輔御誅伐については、木村土佐守の注参照。

上杉中納言景勝御退治は、秀吉死後、「五大老」上杉景勝に謀叛の嫌疑がかかり、徳川家康が諸大名を引き連れ会津攻めに出陣したことを指す。石田三成の挙兵を招いた。

二大老・五奉行とあるが、毛利輝元・宇喜多秀家、前田玄以・増田長盛・石田三成・長束正家の二大老・四奉行の誤り（かつ三成は隠居の身）。なお「大老」という言葉は、江戸幕府の大老を遡及して用いたもので、当時は単に「年寄」「おとな」などと呼ばれた。

御内談も有しがとあるが、三成は事前の相談をしなかったことを昌幸に詫びており、事実ではない。

異見は、意見と同じ。本来は「意見」と書いたが、中世後期から近世にかけては、「異見」のほうが多く使われた。これは「意見」という言葉が、衆義の場において出す見解に対して用いられた結果、他者とは異なる見解を表明することが多いため、「異見」が混用されるようになったと考えられている。明治時代に辞書が編纂されていく過程で、

「意見」へと表記が戻った。

上田御籠城は、第二次上田合戦を指す。戦闘が本格化する前に、徳川秀忠に西進命令が出て、結果的に真田方の勝利に終わった。なお秀忠の関ヶ原遅参の原因とされることが多いが、家康はもともと秀忠に上田攻略つまり真田討伐を命じており、秀忠はそれに忠実に従ったに過ぎない。美濃の情勢変化で急ぎ西上を命じられたが、時間的に間に合わなかっただけの話である。

木内八右衛門・山遠賀与左衛門

木内八右衛門(天文三〈一五三四〉~天正九〈一五八一〉・一一・二一)は、沼田衆で、沼田市中発知町に屋敷跡がある。天正八年閏三月、猿ヶ京衆と相談して越後上田荘荒砥山に攻め込んで、樋口(直江兼続の実家)某以下上杉勢数百人を討ち取り、北条氏政から感状を与えられた。『加沢記』では「発知宮崎の住人」とあり、天正九年の海野誅伐に際し、戸神原(沼田市戸神町戸神)へ駆け出して、女坂(沼田市岡谷町)で海野輝幸と組み打ったという。八右衛門は腕力はともかく、太刀を振るってなら負けはしないと斬りかかったが、太刀が短かったために不覚を取ったとされる。『加沢記』は享年四八とする。海野父子は、木内と田口又左衛門の死骸に腰掛けて刺し違えたという。中発知町内、木内館跡の北東の墓地にある五輪塔が、八右衛門の墓と伝わる。形状は中世にさかのぼる。

山遠賀与左エ門は、詳細不明だが、文禄四年(一五九五)二月に昌幸から鉄砲衆扶持料を宛行われた「山遠賀与五右衛門」と同一人物であろう。「岡本文書」として『信濃史料』に採録されているが(一八巻五四七頁)、「園賀」と誤読している。現在は、原本を三重県の個人蒐集家が所蔵(『思文閣古書資料目録』二五一号に写真掲載)。『沼田根元記』は、海野輝幸が木内八右衛門を切った隙をついて、「山遠賀与五右衛門」が輝幸を鑓で突き、取り囲んだ人々が太刀を浴びせて討ち取ったとする。なお『加沢記』は、小田原合戦直前の天正一七年一二月には吾妻郡で真田・北条両氏の戦闘がはじまっており、山遠岡□(欠損)五右衛門も岩櫃から出陣し敵を討ち取ったという。

海野能登守父子御誅罰は例言および矢沢薩摩守の注参照。

迦葉山(かしょうざん)は、沼田市に所在。山腹に曹洞宗の龍華院弥勒寺があり、同寺の山号でもある。海野父子は、同寺で身の潔白を訴えようとしたと伝わる。

岡野谷(おかのや)村は、現在の沼田市岡谷町。「岡谷」と書くことが一般的である。

阿難坂は、岡谷村内の地名で、女坂(おなざか)の宛字。同地で海野父子が討たれたという。

吉田政助・富沢主水

吉田政助については、詳細不明。本書とほぼ同内容の記述が、「御先祖御武功之書付」に「吉田正助」(『真田家文書』中巻一〇〇号、三七七頁)、要検討昌幸書状に「吉田庄介」の軍功として記される。

富沢主水も、「御先祖御武功之書付」および要検討昌幸書状に吉田とともに与良を討ち取ったと軍功を記される。

碓氷峠は、信濃佐久郡と上野碓氷郡の間にある峠。長野県軽井沢町と群馬県安中市にまたがる。中世になると上信国境を越えるルートとなるが、険阻であり、東山道および近世中山道における難所であった。

松枝の城は、松井田城のこと。群馬県安中市に城址が所在。天神山の尾根に築かれ、北を東山道が通り、南には近世中山道松井田宿が置かれた上信国境を結ぶ要所。武田時代は小山田虎満・昌成父子、北条時代には大道寺政繁が城将を務めた。

大道寺駿河守は、実名政繁(?~天正一八〈一五九〇〉・七・一九)。大道寺氏は伊勢宗瑞に従って京から下向してきた北条氏の重臣で、代々鎌倉代官・河越城将を務めた。政繁は松井田城将を兼ね、小田原合戦時には、前田利家・上杉景勝率いる北国勢(東山道軍)を迎え撃つが、四月二〇日に開城。逆に前田勢の案内役を務める。戦後、北条氏宿老としての責任を取る形で、秀吉から切腹を命じられた。

与良与左衛門は、「御先祖御武功之書付」に「小諸」と注記され、要検討昌幸書状に「信州佐久郡住人依良入道宗源」とある人物であろう。天正一〇年一〇月の北条・徳川和睦成立後、佐久郡国衆は上野退去を強いられており、小田原合戦時に本領奪回を試みた国衆もいた。『御家中系図』は、与良小山城主与良遠江守定長と同一人物とする。与良城跡は小諸城の東側、小諸市小諸甲与良に所在。武田氏滅亡後北条氏に従い、大道寺政繁に属したが、小田原合戦で昌幸と戦い、湯本仁左衛門または赤沢加兵衛が鉄砲で打ち落とし、富沢主水に首を取られた。子息は小諸に帰住し、上田近所の寺で手習いを教えていることが信之の耳に入り、召し抱えられたという。『滋野世記』『滋野通記』は、信之がその境遇を不憫に思ったためとする。なお両書とも、「元来甲州侍」とあるが、武田旧臣という意味合いであろう。

坂本の町は、上信国境碓氷峠の上野側入り口に位置する宿場町。群馬県安中市松井田町の西端に所在。峠を越えれば軽井沢宿である。永禄九年(一五六六)の武田家朱印状に名が見え、天正元年(一五七三)には、信濃・上野を往還する伝馬役を務めていた町場であると確認できる。戦国期には交通上の要衝として栄えていた様子が窺える。

窪田荘助

窪田荘助(?〜慶長五〈一六〇〇〉・一二?)については、『真武内伝附録』に本書と同様の記述がある。

依田何某は、上田城請取にあたった徳川家臣。上田城請取は、諏方頼水・大井政成・依田信守・依田盛繁・依田(伴野)守直が行っており、このいずれかを指す。

角右衛門は、昌幸の高野山配流に供奉した窪田角左衛門のことであろう。九度山では、昌幸・信繁とは別に屋敷を構えた。慶長一六年の昌幸の死後に帰国し、翌一七年八月、信之から知行一〇〇貫文を与えられた。一八年六月に一〇〇貫文を加増され、この時本領返付を受けたようである。

山名信濃守

山名信濃守は、実名義季と伝わる(『加沢記』)。沼田衆のひとり。永禄初頭に沼田氏が上杉派と北条派に分裂した際、上杉派の隠居顕泰(万鬼斎)を支持し、上杉謙信に従属したという。真田氏のもとでは、子息主水義胤とともに、下川田城を守った。天正一〇年に中山城が北条勢に攻め落とされた後、援軍として禰津幸直が入城し、山名氏は北曲輪に移った。『加沢記』はこの時の城将を山名主計とするが、主水の誤記だろう。天正一三年九月、山名主水は禰津幸直とともに大竹要害に身を潜め、空城となった下川田城を攻める北条勢の背後を突くが、鉄砲にあたり討死したという(『加沢記』)。

下河田(しもかわだ)は、現在の沼田市下川田町にあたり、

「下川田」とも書く。沼田防衛のための城が築かれていた。天正一八年・文禄二年と、真田信之による検地帳が残されている。城跡内薬師堂裏に『加沢記』の著者加沢平次左衛門の墓がある。

白井(しろい)は、群馬県渋川市白井にあった城郭。白井長尾氏の本拠であったが、永禄一〇年に真田幸綱が攻略した。武田氏滅亡後、北条氏に従属していた白井長尾憲景が取り返し、北条方の拠点城郭となる。

塚本肥前守は、立伝あり。

高野車之助は、立伝あり。

原郷左衛門

原郷左衛門昌賢(元亀三〈一五七二〉〜慶長二〇〈一六一五〉・五・七)は、父海野幸貞が昌幸に討たれた際、八歳であったという。生母が矢沢頼綱の娘であるため、姉妹とともに助命された。『加沢記』は幼名太郎とするが、これは元服後の仮名であり、また本書に記された仮名久三郎と相違する。大坂夏の陣で討死した。法名は、高風清月(蓮華定院『過去帳月坏信州小県分第一』)。伯父矢沢頼幸によって供養が営まれている。

海野中務は、矢沢薩摩守の注参照。

矢沢薩摩守は、立伝あり。

気象は、気性に同じ。

祢津主水は、立伝あり。

柴田刑部

柴田刑部については、「真田大坂陣略記」に本書と同様の記述がある。「真田家文書」中の「御先祖御武功之書付」(『真田家文書』中巻一〇〇号)に、「高名之者」とある一方(三八一頁)、同文書中の「高名帳」には討死・手負双方に記載があり、合戦時には情報が錯綜していた様子が窺える。

飯島一之丞(市之丞、?〜慶長二〇〈一六一五〉・五・七)は、信濃小県郡丸子の御岳堂村(長野県上田市丸子地区)を本領とする真田家臣で、初代市之丞の子。慶長五年、昌幸の高野山配流にも従ったが、翌年には帰国して信之に仕えている。知行高一〇〇貫文に達する重臣。大坂夏の陣で討死した。法名は、真月源宗居士(蓮華定院『過去帳日坏信州小県分第一』)。子息正九郎(庄九郎)が跡を嗣ぎ、三代目市之丞を称したが、寛永七年(一六三〇)に出奔し(「四十八騎牢人」事件)、故地御岳堂村で帰農した。

塚本肥前守

塚本肥前守は、事蹟から沼田衆と思われる。天正一〇年に矢沢頼綱が北条方の津久田城を攻撃した際、武者奉行を務めたという(『加沢記』)。軍記類はこの合戦を六月とするが、一〇月の誤りの可能性が高い。天正一四年一月、昌幸から小県郡武石(上田市)で一〇貫文・佐久郡岩村田(佐久市)で四〇貫文を与えられた。ただし、佐久郡は真田領内ではないから、いわゆる空手形である(当時、昌幸は佐久郡侵攻を計画していた)。あわせて知行地における普請役を免許されている。天正一七年の豊臣秀吉の裁定で、北条氏に引き渡された沼田領三分の二に本領があったらしい。信之から、信濃伊那郡箕輪のうち小河郷(小河内、長野県箕輪町)九〇貫文の替地を与えられている。小田原合戦後、沼田領が信之のもとに返付されると、上野岡谷(沼田市)で一〇貫文を加増され、同心一〇人を安堵されている。

山名信濃守は、立伝あり。

沼田家御断絶は、天和元年(一六八一)の沼田藩真田氏改易と藩主真田信直の奥平家預け置を指す。

塚本治右衛門

塚本治右衛門については、『真武内伝附録』にほぼ同様の記載があり、それを踏襲したものと思われる。

癩病は、ハンセン病のこと。中世においては、近代以降とは異なる理由から、厳しく差別された。

春原権助

春原権助(?〜天正一八〈一五九〇〉)について、『家系補録　春原氏家譜　表柴町・石切町両家』は実名幸重とする一方、「系譜詳ならす」と記す。忍城攻めで討死したとするのは、本書と同様である。一方『御家中系図』は「春原権之助幸攄」を春原惣左衛門幸則(立伝あり)の次男で、六左衛門幸尚・孫左衛門幸利兄弟の父とする。

若殿原(わかとのばら)は、大熊五郎左衛門の注参照。

春原六左エ門(?〜慶長二〇〈一六一五〉・五・四)は、『家系補録　春原氏家譜　表柴町・石切町両家』は実名幸尚、「系

譜詳ならす」と記す。『御家中系図』は権之助幸攄の嫡男とする。慶長六年に同心が飯島市之丞に付け替えられているから、第二次上田合戦では昌幸に従ったとみられる。その後信之に登用され、慶長八年三月に小県郡長瀬・練合・塩川（いずれも上田市）の代官に任じられた。知行地は代官を務めた塩川と本海野（東御市）で六五貫五〇〇文を与えられている。大坂夏の陣で、弟孫右衛門とともに討死した（『真田大坂陣略記』他）。『家系補録』は、長瀬村の地蔵堂に六左衛門の墓があり、「春原六左衛門尉　元和元年五月四日」と裏面に命日が刻まれていると模写する。『御家中系図』によると、法名は宗心。子息六左衛門幸範はまだ幼少であったため、成人までの間、生母（六左衛門幸尚室）が扶持を与えられたという。

横谷左近

横谷（よこや）左近は、『加沢記』によると吾妻郡最大の国衆岩下斎藤憲広に従っていたという。真田幸綱の岩下城攻略で、武田氏に属した。天正八年、昌幸が東上野に出陣した際には、「御馬廻」とあり（『加沢記』）、真田氏の与力に付されたものと思われる。

与惣左衛門尉について、『本藩廃古諸家略系』は「大坂討死、此横谷上州吾妻郡滋野党也」と記す。「大坂討死」は子息惣右衛門（立伝あり）と混同したものだが、横谷氏が松代藩において滋野一族と認識されていたことの裏付けはとれる。

横谷は、現在の群馬県東吾妻町松谷（まつや）に所在した城郭。なお、横谷村は明治八年に松尾村と合併したため、現在の字表記は松谷となっている。

松尾・林両村は、それぞれ東吾妻町松谷・長野原町林に比定される。松尾村は明治に横谷村と合併し、現在の字名になっている。林村は、もとは羽尾氏が領した。

横谷惣右衛門・湯本三左衛門

横谷惣右衛門幸秀（?～慶長二〇〈一六一五〉・五・七）は、『真田大坂陣略記』でも、上野衆（「沼田侍」）で討死した人物と記される。記されている内容は本書とほぼ同様で、湯本三左衛門の「伯父」として、三左衛門の大言壮語を諌めたものの、三左衛門の武功を聞いて悔しさのあまり討死した旨が記される。ただ、本書でもあるように、左近は「親」とも記されており、系譜関係はよくわからない。また、「真田家文書」にある夏の陣の交名には、討死衆として記載がない。

左近は、立伝あり。

湯本三左衛門は、『御家中系図』によると実名幸綱。湯本又兵衛の次男で、三郎右衛門尉の弟とする。湯本氏の系譜関係について、『御家中系図』は、三郎右衛門尉の家督を継いだとみられる源左衛門を三左衛門幸綱の弟とするから、系図にある又兵衛が初代三郎右衛門尉なのかもしれない。大坂夏の陣では、源左衛門が右備えの鉄砲頭を務めた（『真田大坂陣略記』『御家中系図』）。したがって源左衛門のほうが嫡流であるとみたほうがよい。『御家中系図』では、湯本三郎右衛門について「今草津ニ子孫アリ」とし、源左衛門について「子孫不知」と注記するから、湯本嫡流家は沼田藩に仕え、沼田藩改易後も草津に留まったとみてよいだろう。次に述べる注とあわせ、湯本氏の系譜関係を仮に復元すると略系図のようになろうか。

本書および『真田大坂陣略記』によると、三左衛門の生

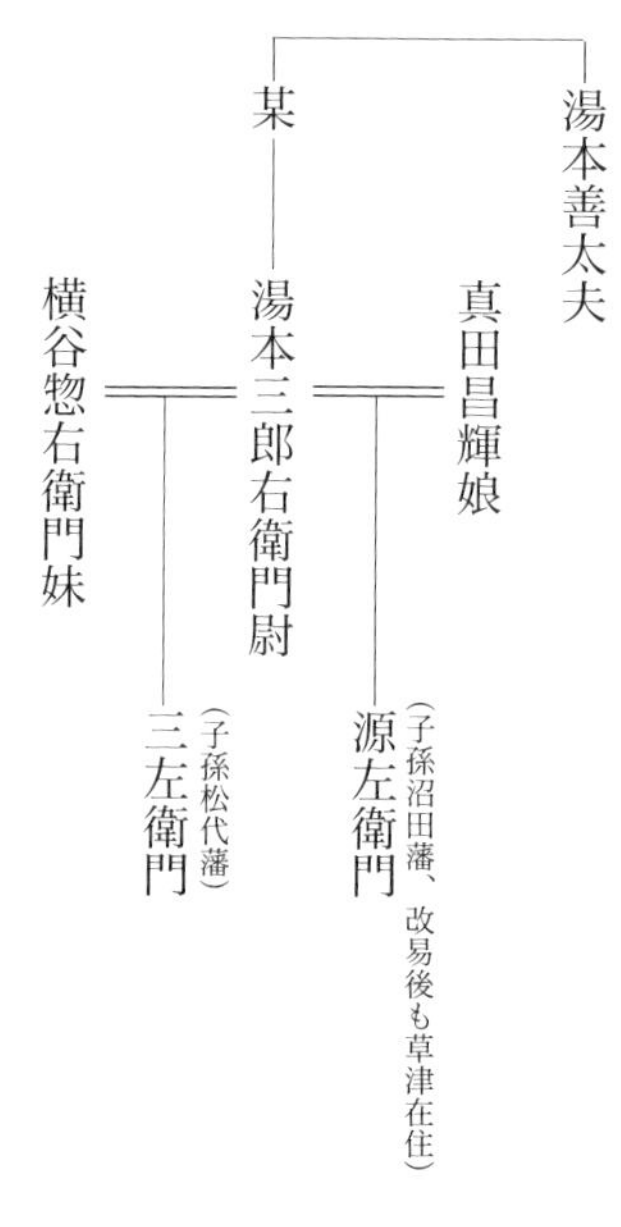

湯本氏略系図

母は横谷氏であったらしい。三左衛門は叔父横谷惣右衛門から大言壮語を戒められたが、結局一番の高名を立てて（『真田大坂陣略記』）、手傷を負った。『真田大坂陣略記』の記述は、本書と概ね一致する。この三左衛門の系統が、松代藩士として存続することになる。

三郎左衛門尉は、湯本三郎右衛門尉の誤伝である。仮名は小次郎。父は岩下斎藤氏に属した草津の土豪で、斎藤憲広が謀叛した後、武田氏に従う。その際、家督を相続したようで、武田氏から草津の本領を返付されている。天正三年の長篠合戦で伯父善太夫が戦傷死したため、湯本本家の家督を嗣いだ。以後、三郎右衛門尉でみえる。武田氏滅亡後

はいち早く真田昌幸に属し、草津温泉の管理を安堵されるとともに、羽根尾城将に任じられるなど、重用された。しかし、天正一二年に上杉景勝が羽尾源六郎に本領奪回を命じた際、それに呼応して一時真田氏を離叛している。慶長六年、信之から草津温泉入湯料(湯銭)からの上納を免除されたため、入湯料はすべて湯本氏の得分となっている。この頃には家老と呼べる立場にあった。信之の舅である本多忠勝は毎年のように草津湯治を計画しており、三郎右衛門尉どころか妻も忠勝と親しく交際している。なお、この妻は真田昌輝の娘という伝承がある(湯本貞賢墓碑銘)。元和八年の松代転封時には、嫡子とみられる源左衛門が家督を相続しており、それ以前に隠居したと思われる。

草津は、群馬県草津町に位置し、温泉地で知られる。温泉としての確実な初見は文明一八年(一四八六)の常光院尭恵の入湯だが、それ以前にも本願寺蓮如の入湯が由緒書に記される他、行基や源頼朝による開湯伝説がある。

斎藤左大夫・依田兵部・山本清右衛門

斎藤左大夫の本書における記載は、『武林雑話』を元にしているようである。左大夫は大坂夏の陣にも参陣し、負傷している。『本藩廃古諸家略系』に「斎藤佐太夫」とみえ、信之の三男真田信重の傅役であったという。近世の小県郡高梨村(上田市西内)に温泉があり、その付近に霊泉寺(上田市平井)という寺が所在する。佐太夫はこの寺を信重の屋敷とするよう進言し、認められたという。元和八年の松代転封に際し、老齢を理由に隠居を申し出て認められ、嫡男新蔵以下の子孫は、代々霊泉寺の旧信重屋敷に居住したという。ただ実際には、真田信吉に仕えており、元和三年・六年に知行宛行を受けている。子息とみられる源左衛門も、寛文八年(一六六八)に信直から知行宛行を受けており、沼田藩に仕えたため、松代藩では動向が分からなくなったと思われる。これら真田氏発給文書三点は、佐倉藩堀田家臣熊谷氏に伝来しているが、伝来の経緯は詳らかではない。

依田兵部が相木市兵衛尉の子で、第二次上田合戦で活躍したことは、『御家中系図』にもみえる。本書の記述は、『武徳安民記』『武林雑話』を元としており、特に前者は、物見に出た理由として徳川方が上田領を放火し、刈田を行ったためとする。

相木市兵衛尉は、阿江木常林を指し、信濃佐久郡相木郷（北相木村・南相木村）を本拠とする国衆（支配領域は川上村まで及ぶ）。阿江木常喜の子。妻は山県昌景の娘、妹は真田昌輝の妻と伝わる。「天正壬午の乱」では北条氏に属し、北条・徳川間の和睦後も徳川方の依田信蕃に抵抗した。最終的に上野に退去し、北条氏に仕えた。館林に居住した可能性があるが、確定はできない。小田原合戦に際し、旧臣を糾合して本領復帰を試みるが、依田康国に敗北した。

山本清右衛門の働きも、『武徳安民記』『武林雑話』にみえる。なお『改撰仙石家譜』によると、徳川秀忠に上田攻め中止の命が届き、難路である役（えん）の行者越（ぎょうじゃごえ）で西上した際、昌幸の伏兵にあった。信之がこれに当たろうと陣を進めたところ、昌幸は清右衛門を派遣して「信之を厚遇してくれて感謝するが、既に上方に味方してしまっている。しかし秀忠を害するのは本意ではないので、しかるべき将を残してくれれば安全な道を通しても良い」と秀忠を挑発し、激怒させたという。

小野治部右衛門忠明・辻太郎助・朝倉藤十郎・中山助六・戸田半平・鎮目市左衛門・太田甚四郎・斎藤又右衛門は、「上田七本鑓」とされる面々である。

上田七本鑓は、慶長五年（一六〇〇）九月の第二次上田合戦で活躍した徳川方の諸将を指す。中山照守、小野忠明（御子神典膳）、辻久吉、鎮目惟明、戸田光正、斎藤信吉、朝倉宣正からなり、太田吉正を加えることもある。実際には軍法に違反した抜け駆け行為であったため、いずれも処罰されている。

小野治部右衛門忠明（永禄一二〈一五六九〉？～寛永五〈一六二八〉・一一・七）は軍規違反を咎められ、吾妻郡で蟄居している。一般に、神子上（みこがみ、御子神）典膳の名で知られる。伊東一当斎に弟子入りし、徳川幕府剣術指南役となっている（一刀流、いわゆる「小野派一刀流」の祖）。下総・上総で六〇〇石を与えられたが、秀忠の怒りをかって、大坂の陣後に閉門処分となった。

辻太郎助（元亀二〈一五七一〉～慶長二〇〈一六一五〉・一・二一）は、実名久吉。秀吉が取り立てた木村清久の家臣であったが、小田原合戦後は家康に仕えた。やはり吾妻郡で一時蟄居している。相模・下総で七七〇石を領する旗本となった。

朝倉藤十郎・中山助六は、木村土佐守の注参照。

戸田半平（元亀元〈一五七〇〉～慶長一八〈一六一三〉・六）は、実名を光正といい、三河国衆戸田憲光の末流で、重元の子。刈田奉行となるが、応戦して処罰され、上野吾妻郡で蟄居処分となった。その後、大番頭となるが、まもなく死去。ただし、『寛政重修諸家譜』は、蟄居中の「七本鑓」の宛所に「戸田半十」とあることから、半平光正ではなく、その叔父半十郎重康（永禄九〈一五六六〉～慶長七〈一六〇二〉・七・二六）とみるのが妥当だが、『寛永諸家系図伝』の記述をみだりに改めるわけにはいかない（のでそのままにしておく）、と註記している。

鎮目市左衛門（永禄七〈一五六四〉～寛永四〈一六二七〉・七・一四）は、実名惟明。武田旧臣で、鎮目村（山梨県笛吹市春日居町）の出身。母は甘利虎泰の娘と伝わる。なお、鎮目村は甘利氏の知行地である。戦後、吾妻郡で蟄居処分となっている。赦免後、一六〇〇石を領した。元和四年、佐渡奉行に任じられて金山経営に尽力し、名奉行と讃えられている。

太田甚四郎（永禄六〈一五六三〉～寛永一五〈一六三八〉・三・二）は、実名吉正。一般には上田七本鑓には数えない。

斎藤又右衛門（永禄二〈一五五九〉～慶長一五〈一六一〇〉・一一・三）は、実名信吉。越中城生城を拠点とした国衆斎藤信利の弟という。佐々成政に叛して没落した後、徳川家康に仕官。上総で四〇〇石を与えられた。戦後、吾妻郡で蟄居処分となっている。子孫は旗本として存続した。

高野車之助

高野車之助については、諸史料の記述が一致しない。『加沢記』によると、天正一五年二月中旬、上野国衆由良国繁と北条氏邦の家老猪俣邦憲が沼田攻撃を試みたという。矢沢頼綱が森下（群馬県昭和村）へ迎撃に出た際、率いた家臣として「高野車」の名が見える。また、『上田軍記』が第一次上田合戦の参陣者として「高野某・車某」と併記しており、あるいはこれも高野車之助のことかもしれない。ただし『御家中系図』は、「高野車」について、三好氏旧臣で、豊臣秀次に仕えた若江七人衆「高野越中守武政」の子であるとする。秀次事件後、高野越中守は石田三成に召し抱えられたが、関ヶ原合戦で三成が滅亡した後、子息「車」が上野で牢人生活を送り、真田信吉に召し抱えられた。その後、大坂の陣で鉄砲に当たって討死したという。『本藩廃古諸家略系』も、大坂の陣で討死と記す。したがって早くから昌幸に仕え、北条氏との攻防で討死したとする本書の記述とは相違が大きい。この点は、小屋右衛門七の伝で異説として載せられており、河原綱徳も判断がつかなかったようだ。なお松代藩士としての高野車之助は、高野車之助武貞(蒡叟、文政元〈一八一八〉～明治四〇〈一九〇七〉・六・二)が著名である。佐久間象山・山寺常山に師事し、明治維新に際しては藩の督学に挙げられ、軍事に携わった。『蒡叟雑鈔』『松代藩史稿』『松代藩慣行概略』など多数の著作を著している。

乱妨は、略奪の意。

乱取りは、物品の略奪に加え、人間も拉致すること。乱取り被害者の多くは、下人(げにん、隷属身分)として売り払われることになる。戦国期の戦場で広くみられた慣習であった。

沼須は沼田市内の地名。沼田城下の南に位置し、南東は片品川を越えると勢多郡となる。沼田台地とは大段丘崖によって分けられ、片品川河川敷と段丘面に立地する。

金剛院は、海王山善福寺という天台宗寺院。元和二年、真田信之の命で沼田城下(沼田市坊新田町)に移転するが、それ以前は沼須に所在した。『関八州古戦録』によると、上杉謙信との越相同盟に際し、北条氏康が派遣した修験は金剛院の者であったという。

塚本肥前守は、立伝あり。

小野子(おのこ)は、吾妻川の左岸・小野子山の東南麓に位置する(渋川市)。北条領であり、天正一〇年一〇月に真田昌幸が折田軍兵衛に占領後の宛行を約束している。

飯塚大学は、白井長尾氏の家臣。先祖である大学(寛正五年〈一四六四〉没)の供養塔が天文一七年(一五四八)に築かれ、小野子に残る。高さ一四一センチメートル、幅八八センチメートルとかなり規模が大きい。

小屋右衛門七

小屋右衛門七は、『上田軍記』に第一次上田合戦の参陣者として名が見える。本書で河原綱徳が記しているように、『御家中系図』によると、大坂の陣に際し、「高野車」とともに討死したという。したがって右衛門七についても、二説が併存しているといえる。

樋口角兵衛

樋口角兵衛(?~承応四〈一六五五〉・三)は、池波正太郎『真田太平記』で活写され、著名であろう。本書は小説における人物造形の下敷きのひとつとみられる。寛永一〇年の分限帳に、知行二〇〇石と記載がある。『御家中系図』によると、「とへん」は入道号で、後に法体となったという。法名は浄道。

源頼光(天暦二〈九四八〉~治安元〈一〇二一〉・七・一九)は源(多田)満仲の子で、摂津源氏。藤原道長の近臣として栄えた。酒呑童子退治の逸話などで伝説化される。異母弟の頼信が河内源氏の祖、頼朝直系の先祖である。

渡辺綱(天暦七〈九五三〉~万寿二〈一〇二五〉・二・一五)は、いわゆる「頼光四天王」の筆頭格で、渡辺党の祖。

姆(うば)は、本書では傅役を意味する。

樋口下総守は、詳細不明。勝頼の近臣で下総守を称した人物としては、高遠衆の小原下総守がおり、それと混同したものか。なお、『本藩廃古諸家略系』は「天正三乙亥五月討死」とする。『御家中系図』によると、長篠合戦に際し、勝頼を諫めたが聞き入れられず、切腹して果てたという。妻が昌幸正室山之手殿の妹であるという記述は、『御家中系図』『松代家中系図』にもみえる。

大谷刑部少輔は、吉継(永禄八〈一五六五〉~慶長五〈一六〇〇〉・九・一五)のこと。秀吉の有力奉行で、真田信繁の舅。越前敦賀五万石の大名。若年より皮膚病、後には眼病に悩まされ、文禄三年(一五九四)末より屋敷にて療養生活に入った。秀吉死後に政界復帰し、徳川家康を支える形で豊臣政権存続を図るが、関ヶ原の戦いでは石田三成に与し、敗死した。なお、生年は永禄二年とされることが多いが、これは軍記物に依拠したもので、『兼見卿記』の記載より永禄八年が正しい。生母は、北政所の侍女東殿であることが確定しており、青蓮院門跡坊官大谷泰珍との関係も検討されている。

来国俊は、鎌倉時代の刀工(仁治元〈一二四〇〉?~?)で、「来国俊」の三字銘と、「国俊」の二字銘のものがあり、早くも室町期には同名異人がいたとする説が生じていた。なお、信繁所持と知られる来国俊は脇指で、大坂の陣に際して秀頼から拝領したものである。信繁死後、正室竹林院殿(大谷吉継の娘)が所持していたが、浅野長晟に捕らえられ、来国俊は没収されて浅野氏に与えられた。ただし本書では二尺四寸とあるから、脇指ではなく刀を意味している。

大谷殿は、大谷刑部少輔吉継のこと。

博奕(ばくえき)は、博打のこと。

打かけは、相撲のきまり手の一つ内掛(うちがけ)のこと。四つに組んだ時、一方の足を相手の内股に絡めて引くと同時に、体を相手にのしかけて倒す技。

得物は、ここでは得意技の意。

忠吉卿は、徳川家康の四男で、尾張清須藩主松平忠吉(天正八〈一五九〇〉・九・一〇〜慶長七〈一六〇七〉・三・五)を指すが、大坂の陣に際してはすでに死去している。したがって、その後を嗣いで尾張藩主となった家康九男徳川義直(慶長五〈一六〇〇〉・一一・二八〜慶安三〈一六五〇〉・五・七)を指すと思われる。

傍輩(ほうばい)は、同じ主君に仕える同僚の意。

地方(じかた)は、ここでは知行地の意。

手代(てだい)は、代官の下で吏務遂行につとめる役人。幕府の場合は、百姓から登用されたが、藩の場合は諸藩で異なる。松代藩では、郡奉行—代官—手代という編成をとった。

下輩(げはい)は、身分の卑しい者、または自分より目下の者を指して用いた。

天下の大法(だいほう)は、法として明文化されていなくても、慣習によって動かしがたい規範となっているものを指す。

いろふは、漢字で書けば「綺」となる。口出しする、干渉するなど、妨害行為を指す。

仙石越前守は、仙石忠政(天正六〈一五七八〉〜寛永五〈一六二八〉・四・二〇)を指す。ただし真田氏の松代転封と仙石氏の上田入部は元和八年である。また越前守は父秀久以下仙石氏歴代が多く称した官途だが、忠政は兵部大輔に任官しており、越前守ではない。

押領(おうりょう)は、知行地・年貢などを他者から強引に奪い取ること。ここでは強引に相続した生母の旧領を指すか。

見つがずは、「見継」の否定形。「見継」で支援するの意だから、援助しないことを指す。

小山田壱岐守は、真田昌幸の長女村松殿の婿小山田茂誠(永禄四〈一五六一〉または五～寛永一四〈一六三七〉・八・三)のこと。昌幸・信之からは、真田苗字の使用を許されている。子孫は松代藩次席家老として続いた家柄であり、上田時代は村松郷(長野県青木村)を中心に三一三貫四〇〇文を領していた。松代転封後は嫡子之知が九六八九石を領しているから、この間に隠居したものと思われる。墓所は、真田家菩提寺長国寺境内に、正室村松殿と並んでいる。法名は、霊雲院殿龍山恕白居士。なぜ本書に立伝されていないかは、解題で検討した。なお、一門待遇であるためか、内政に関与した形跡がほとんどない。

期は、「ごす(る)」と読み、待つ、期待するの意。

大熊靱負は秀行のこと。大熊五郎左衛門の注参照。

常田図書は、真田幸綱の弟隆永の系統である。ただし隆永嫡男道堯には実子がなく、河原隆正三男永則を養子に迎えている(以下、『御家中系図』)。しかし永則は天正三年の長篠の戦いで、その子永之は慶長二〇年の大坂夏の陣で討死してしまった。そのため、再度河原綱家の四男(または五男)を養子に迎えた。実名は永信(?～正保三〈一六四六〉・一・二七)と伝わる。小兵衛、のち忠兵衛と称したという。ところが、寛永七年(一六三〇)、「四十八騎牢人」に加わり、脱藩して上田に帰国し、隠棲してしまった。その後、図書と名乗りを改めたという。本文中の記述をみると、樋口・小山田は遠路訪ねている様子だから、上田で牢人暮らしをしている永信を見舞ったのだろう。その後、子息なく死去したようである。法名は、功山常順。なお、常田氏の家督は、大坂の陣後に生まれた永之の実子之信(元和元〈一六一五〉～元禄二〈一六八九〉・一・二七)が願い出て嗣ぐこととなった。一四歳の時というから、永信脱藩の二年前となる。慶安元年(一六四八)に一〇〇石を与えられた。

十三夜の月見とあるのは、この夜の月は八月一五日の月(中秋の名月、芋名月)に次いで美しいとされ、「のちの月」と呼ばれてしばしば月見の宴が催された。豆名月・栗名月ともいう。

木村帯刀は、木村縫殿の注参照。

舞々(まいまい)は、烏帽子・直垂・大口袴を着用し、楽器を用いずに扇で拍子をとりながら、武士の英雄譚を謡い、舞めぐる芸能者。幸若舞の太夫。

法楽の舞は、神仏に奉納するための舞。

幕揃は、演目の名。武家の幕紋（家紋）を続けて謳うもの。

尾籠（びろう）とは、礼儀をわきまえない無礼な様を指す。

春原六左衛門は、春原権助の注に掲げた六左衛門幸尚の子。六左衛門幸範（?~寛永一二〈一六三五〉・一一）。初名角八。法名は如月宗鉄か（以下、『御家中系図』）。父が大坂の陣で討死した際は幼少であったため、生母に知行が与えられ、成人後一五〇石を安堵された。『御家中系図』に「室樋口氏」とある。これが角兵衛の姪であろう。樋口氏は夫に先立たれ、慶安二年（一六四九）八月二日に没した。法名は、法誉勝順か。なお本書は春原惣左衛門の孫とするが、『御家中系図』では曽孫となっている。

鶉（うずら）は、キジ科の鳥。平安時代以来、肉・卵とも食用として知られ、現在はそのイメージが強い。同時に、古来鳴き声が賞美され、応徳三年（一〇八六）成立の『後拾遺和歌集』において秋の景物とされた。江戸中期、明和・安永年間（一七六四~一七八〇）頃には、鳴き声の優劣を競う「鶉合わせ」が流行した。

蓮乗寺は、山号を久竜山といい、身延山久遠寺末の日蓮宗寺院。海津城（松代城）築城に伴い、現在地（長野市松代町御安町）に移転した。境内に、海津城代須田氏や佐久間象山の墓がある。

森五左衛門

森五左衛門（?~寛永一八〈一六四一〉・一・二四）は、寛永一〇年の分限帳に知行四〇〇石と記載がある。没年は『本藩廃古諸家略系』による。法名は、月山浄江居士。西条法泉寺に葬られたというのは、本書と同様である。

大野主馬は、実名治房（天正四〈一五七三〉または五~?）。大蔵卿局の子で、大野治長の弟である。大坂の陣に際しては、冬の陣の和睦後も主戦論を唱えたようで、夏の陣を招いた。五月七日の決戦に際しては、真田信繁・毛利吉政（一般にいう勝永）と合議して慎重に戦うよう軍令を出している。戦後行方不明となり、慶安二年（一六四九）に改めて捜索命令が出されている。

塙団右衛門（永禄一〇〈一五六七〉?~慶長二〇〈一六一五〉・四・

二九)は、実名直之と伝わるが、勝忠が正しい。加藤嘉明の家臣であったが、関ヶ原合戦に際し主君と対立して出奔。大坂の陣に豊臣方として参陣し、夏の陣で討死した。

蜂須賀阿波守(天正一四〈一五八六〉・一・二～元和六〈一六二〇〉・二・二六)は、実名至鎮(よししげ)。蜂須賀小六正勝の孫で、家政の子。妻は徳川家康の養女。関ヶ原で徳川方に属し、阿波徳島藩の初代藩主となる。大坂冬の陣では、木津川口砦を急襲して占拠し、戦いの火ぶたを切った。慶長二〇年一月に松平姓を下賜される。大坂の夏の陣後、淡路を加増されるが、早逝した。

西条村法泉寺は、鈴木右近の注参照。

水科新介

水科新介は、『上田軍記』『真武内伝附録』によると、第一次上田合戦で奮戦した者の中にその名が見える。『真武内伝附録』『滋野通記』では、小田原合戦に際し、冽石から撤退する際の殿軍を務めた点が特記されている。

盤根石(はねいし)は、大熊勘右衛門の注参照。

大熊勘右衛門は、立伝あり。

祢津主膳は、立伝あり。

舟越五平次

舟越五平次に関する本書の記述は、『真田大坂陣略記』とほぼ同様である。そこでは舟越は「牢人」と明記されている。また、信之が春原兄弟以下譜代家臣の訴えに得心したという記述はなく、返事が出される前に出奔したとだけある。

春原六左衛門は、春原権助の注参照。

巻之三　注

祢津宮内大輔

祢津宮内大輔昌綱（?〜元和四〈一六一八〉・一・二九）。小県郡の国衆禰津（ねつ）氏の当主。禰津常安の甥で、母は真田幸綱の娘と伝わる。初名信光という説は、米山一政氏旧蔵『系図写』にもみえるが、「信」は武田氏の通字だから、それを捨てて格下の「昌」字偏諱を受け直すとは考えにくい。誤伝であろう。「天正壬午の乱」に際しては、徳川氏から北条氏に寝返り、徳川方に転じた真田昌幸の攻撃を受けている。望月信雅とともに北条氏が退去した小諸城を手土産に上杉景勝に従おうとするが失敗。徳川氏に帰属する。天正一三年、上杉景勝に従った真田昌幸に屈服、その家臣となった。妻は武田親類衆下曾禰浄喜の娘。

宮内大輔政直は、昌綱の伯父禰津常安（?〜慶長二〈一五九七〉・一一・二〇）のこと。実名は少なくとも当初は政秀と称した可能性が高く、政直は系図でしか確認できない。このため、出家号である松鷂軒常安で知られる。隠居後も信濃飯山城将を務めていたため、「天正壬午の乱」では当初上杉景勝に属す。つまり、本領を離れ、昌綱とは完全に別行動をとっていた。その後、隠居後に生まれた鶴千代丸を伴って徳川家康に従属する。妻は武田信虎の娘で、姉妹が武田信玄の側室になっている。徳川氏の関東転封後、上野豊岡（高崎市）で五〇〇〇石を与えられた。鷹狩りの名手で『禰津松鷗（鷂）軒記』を著している。

月直（?〜天正三〈一五七五〉・五・二一）は、禰津常安の嫡男で、昌綱の従兄弟。母は武田信虎の娘。禰津氏の家督を嗣いでいたが、長篠合戦で討死した。

鶴千代（?〜慶長一二〈一六〇七〉）は、常安の隠居後に生まれた子で、実名信政。小五郎、美濃守を称した。慶長七年、群馬郡三ノ倉（高崎市倉淵町）五〇〇〇石を加増され、上野豊岡一万石の大名となった。しかし同年中に早逝してしまう。法名は、実松院真岩安法居士（『家系補録　禰津氏家譜』、米山一政氏旧蔵『系図写』）。

信忠は、常安の弟。妻は真田幸綱の妹で、養女として嫁いだという。『御家中系図』は実名信直とするが、誤りであろう。武田氏の通字「信」と禰津氏の通字「直」を組み合わせた実名信直を称した人物がいるとすれば、それは兄常安としか考えられない。病気がちであるため、出家して潜龍斎と号し、国分寺(上田市)に隠棲したという。なお、昌幸が勝頼を迎えるために岩櫃城下に築いた潜龍院を与えられ、修験となったとも伝わる。法名は、家山金高大禅定門(『家系補録　禰津氏家譜』、米山一政氏旧蔵『系図写』)。

豊岡は、群馬県高崎市に所在する。禰津常安が天正一八年に入部した。

政次は、禰津信政の嫡男。慶長七年に死去した父の跡を嗣いで、第二代豊岡藩主となった。慶長一九年の大坂冬の陣への参陣を確認できるが、間もなく早逝してしまう。法名は、隆光院殿花岩昌栄居士(『家系補録　禰津氏家譜』、米山一政氏旧蔵『系図写』)。

信直(?～寛永三〈一六二六〉・閏四・二)は、禰津信政の次男で、兄の早逝により家督を嗣いだ。元和二年(一六一六)以前の家督継承で、同年に家臣の連署状、翌三年に判物をもって榛名山に社領を寄進している。しかし彼もまた早逝し、豊岡藩は無嗣断絶となった。法名は、悟真院殿泡山幻慶居士(『家系補録　禰津氏家譜』、米山一政氏旧蔵『系図写』)。

定津院は、長野県東御市祢津にある禰津氏の菩提寺。宝徳元年(一四四九)に拈笑宗英を招き、禰津信貞が開基したという。同寺に伝わる『信州臨川山定津禅院年表』は、曹洞宗拈笑派の発展を知る貴重な史料である。

昌綱の**法名**は、通光院殿照山常徹居士(『家系補録　禰津氏家譜』、米山一政氏旧蔵『系図写』)。

祢津伊予守

祢津伊予守信秀(?～元和九〈一六二三〉・九・二)は、昌綱の次男で、家督を嗣いだ人物。妻は小山田茂誠の娘で、信之の姪にあたることは諸系図と一致する。本書は、禰津信秀を室賀正武の甥と記すが(木村土佐守の項参照)、関係がよくわからない。父昌綱の妻は、武田親類衆下曾禰浄喜の娘だから、母方の叔伯父ではなさそうである。あるいは室賀正武の妻が、禰津昌綱の姉妹であったか。

兄小次郎某は、実名不明。『家系補録　禰津氏家譜』に「早世」「没日法名詳ナラズ」とあり、男子がいなかったため信濃の本領を改易されたと記す。米山一政氏旧蔵『系図写』にも、「早世、是時本領断絶」とある。その後弟信秀が召し出され、家名が再興されたことは、本書と同様だが、召し出したのは昌幸ではなく信之とする。父である昌綱死去は昌幸没後なのだから、こちらのほうが正しかろう。

大田善大夫の苗字は正しくは太田、実名は吉正と伝わり、「上田七本鑓」とならび賞された太田甚四郎（斎藤佐大夫他の注参照）と同一人物とする説がある。大坂の陣で使番をつとめ、元和元年に相模・下総で加増を受け、愛甲郡半縄村（神奈川県愛川町）に陣屋を置いた。

井伊掃部頭直孝（天正一八〈一五九〇〉・二・一一〜万治二〈一六五九〉・六・八）は、井伊直政の次男。慶長一五年に上野白井藩一万石となり、大坂冬の陣では異母兄直勝に代わって井伊勢を指揮したが、真田丸の戦いで大敗を喫している。慶長二〇年、直勝に代わって近江彦根藩二代藩主となり、一五万石を相続した（上野安中藩三万石を直勝が相続）。夏の陣で木村重成・長宗我部盛親勢を打ち破って戦勝に貢献し、三代将軍家光の代には三〇万石まで加増された。

四ツ屋村（四津屋村）は、長野市川中島に所在。犀川が善光寺平に入る口に位置する。

浄蓮寺は、長野市川中島四ツ屋にある浄土真宗本願寺派寺院。

法名は、金凉院殿葉山源黄大禅定門か（『家系補録　禰津氏家譜』）。

祢津長右衛門

祢津長右衛門利直の系譜上の位置は不明。祢津志摩守の項に、彼の異母兄という説が記されるが、河原綱徳が検討しているように、信頼できない。『家系補録　禰津氏家譜』には、①禰津信政の弟で常安の末子（『滋野世記』）、②禰津元直の子で志摩守幸直の兄（同書異説）、③『本藩名士小伝』つまり本書の記載を引いた紙が挟まれているようだが、いずれも成り立ちがたい。米山一政氏旧蔵『系図写』は、信秀の三男として長右衛門を記すが、世代が合わない。

斥候は、敵情・地形などの状況を偵察・捜索するために派遣する少数の物見のこと。

軍配者は、本福寺の注参照。

来福寺は、立伝あり。

小野治部右衛門は、「上田七本鑓」のひとり。斎藤佐大夫他の注参照。

祢津志摩守

祢津志摩守幸直（永禄一〇〈一五六七〉？〜元和四〈一六一八〉・六・八）は、式部・助右衛門尉・志摩守を称した。禰津昌綱の弟にあたる。真田信之・信吉のもとで沼田支配に携わった家老。

右衛門尉信忠は、禰津常安の弟。同項の注参照。

伊勢山は、上田市上野の砥石城下の集落。東太郎山尾根先の傾斜した段丘上に位置する。したがって砥石城付近で遊んだことを示すか。『加沢記』は信之について、砥石城で生まれたとする。もっとも、実際には甲府城下の屋敷で生まれた可能性が高い。

定津院は、禰津氏の菩提寺。祢津宮内大輔の注参照。

法名は、清光院殿一峯金純居士か（『家系補録　禰津氏家譜』『御家中系図』）。

元直は、諸系図では禰津勝直・常安・信忠兄弟の父、つまり幸直の祖父にあたる。法名は、元山（米山一政氏旧蔵『系図写』）。河原綱徳が指摘するように、この部分の記述は、検討の余地が大きい。なお、幸直の父信忠が長篠合戦で討死したという史料も他には伝わっていない。

羽尾入道は、上野吾妻郡の国衆羽尾幸全を指す。羽根尾（群馬県長野原町）城主。娘が真田幸綱に嫁いだというが、典拠を確認できない（『群書類従』本『羽尾記』には記載が無い）。海野幸光・輝幸の兄にあたるという。箕輪城主長野業正に従い、娘を娶っている。羽尾業幸なる人物が大戸浦野氏の本領復帰を支援する文書を出しており、幸全かその子息にあたるのだろう。業幸の「業」は長野業正からの偏諱とみられる。その後は、斎藤憲広に与し、武田氏の攻撃で没落した。鎌原氏と所領相論を起こしており、それが武田氏の吾妻郡介入と、斎藤憲広滅亡のきっかけとなった。

祢津主膳

祢津主膳（？〜天正一八〈一五九〇〉）については、水科新介の項にも記載がある。『家系補録　禰津氏家譜』および米山一政氏旧蔵『系図写』にも、信忠の三男で、碓氷峠の合戦で殿軍を務め、討死したとある。ただし前者は、本書をもとに記されている。

大熊勘右衛門は、立伝あり。

祢津主水

祢津主水幸豊（?〜慶長二〇〈一六一五〉・五・七）は幸直の嫡男。官途名は主水正が正しい。大坂夏の陣で討死した。高野山蓮華定院で木村綱茂が供養を行っており、そこで付された法名は、傑山道英（蓮華定院『過去帳月坏信州小県分第一』）。本書にある光海玄性とは相違する。なお、ここで指揮を採っている矢沢頼幸は、幸豊の母方の大伯父という関係にある。

小林金大夫は、『天桂院殿御事蹟稿』に大坂夏の陣で高名を立てたとある「祢津主水内　〇〇《（ママ）》金大夫」に相当しよう。「手負」の箇所にも「祢津主水内　金大夫」と記載される。「家長」とあるのは、家宰・筆頭家老という意味と思われる。

原郷左衛門は、幸豊の母方の伯父にあたる。立伝あり。

羽田筑後守は、立伝あり。

源太は、立伝あり。

葬地不詳とあるのは、子息宮内が真田信直に仕え、沼田藩改易後松代藩へは出仕しなかったためであろう（『家系補録禰津氏家譜』、米山一政氏旧蔵『系図写』）。諸系図は、その子息の代までで記述が終わっている。

祢津三十郎

祢津三十郎（慶長五〈一六〇〇〉〜延宝三〈一六七五〉・一一）は、幸直の次男。『御家中系図』は実名幸好とする。寛永一〇年の分限帳によると、知行高は七〇〇石である。

馬場主水は、木村土佐守の注参照。

宮下藤右衛門（?〜元和二〈一六一六〉?）は、慶長一〇年から活動を確認できる信之の家老。主に勘定方や知行宛行に携わり、大坂冬の陣に際しては新規召し抱えの足軽に蔵入り地から蔵米を出すよう指示を受けている。夏の陣後、信之に大坂方内通の嫌疑がかかった際、藤右衛門尉が信繁に弾薬を融通していたという疑惑が生じ、信之の命で殺害されたというが、経緯ははっきりしない。なお、『大鋒院殿御事蹟稿』は、「幸村」が藤右衛門尉に送った書状を書写するが、信繁の花押変遷と一致せず、偽文書である。

江府は、江戸のこと。

真常公は、真田幸道（明暦三〈一六五七〉・二・二一〜享保一二〈一七二七〉・五・二七）。真田信政の六男。父の遺言により、長兄信就(?~元禄八〈一六九五〉・一一・二六)を差し置く形で(他の兄は既に死去)、わずか二歳で家督を継ぎ、第三代松代藩主となった。幼名右衛門佐、初名は信房。従五位下伊豆守。家督相続にあたり、従兄弟信直が幕閣の後押しで後継者の座を狙ったものの、信之によって未然に防がれたとされるが、事実ではない。幸道の子息は早世したため、兄信就の子信弘(寛文一〇〈一六七〇〉・一二・一二~元文元〈一七三六〉・一二・二六)を養子に迎えた。

御隠宅は、隠居所のこと。信之は柴(長野市松代町柴)において隠居生活を送っていた。

伊賀守様は、真田信吉の次男信直(信澄・信俊、寛永一二〈一六三五〉?~貞享五〈一六八八〉・一・一六)。一般に信利の名で知られるが、誤り。この時は初名信澄を称しており、割書に「信澄君」とある通りである。ここでは家督を望んで信之と争った様(「真田騒動」)が描かれているが、実際には信之との関係は良好で、死去直前まで見舞い状を送っている他、信之死去後の形見分けは、信直が差配している。ただ、幸道家督相続に際し、沼田領は松代藩から分知され、沼田藩として立藩される。しかし信直の失政により、天和元年(一六八一)に改易され、自身は奥平家預け置となった。

酒井雅楽頭は、実名忠清(寛永元〈一六二四〉・一〇・一九~延宝九〈一六八一〉・五・一九)。雅楽頭系酒井氏四代目で、上野厩橋藩主。信政死去時には老中職にあった。後に大老となり、その権勢は死去後に「下馬将軍」と渾名される程であったが、実態との乖離も指摘される。また、以下の記述の割書で「此頃御大老也」というのは、時期が合わない。またこの割書で「信澄君の御外祖父」とあるのも事実ではない。信吉の正室は忠清の祖父忠世の娘で、忠清の娘ではない。また、信直の生母は酒井忠世の娘ではなく、真田家臣依田氏の娘慶寿院であるという。沼田藩改易と、酒井忠清の権勢という伝承が絡み合って、御家騒動の話が創作されたとおぼしい。

二の丸様は、信之の次女見樹院殿(文禄四〈一五九五〉~寛文一三〈一六七三〉・六・一〇)を指す。生母は小松殿。幼名は於千世・まさ・於たいなど諸説ある。信濃飯山藩主佐久間安政の嫡男勝次に嫁いだが、元和二年に勝次が早逝したため帰国し、「西之台殿」と呼ばれた。この時落飾したという。真田氏の松代転封後は、松代城二の丸に入ったため、

「二の丸様」と称された。その際、倉科村(千曲市)で三〇〇石を与えられている。信之隠居にあたっては、父に従い柴村に移り住んだ。川中島合戦で討死した武田信繁の墓を作った人物である。なお、割書で「佐久間家断絶の後御引取」とあるが、佐久間家の断絶は勝次の弟安長・その子安次が相次いで早逝し、寛永一五年に無嗣断絶になったためであり、上田時代に帰国したという所伝と矛盾する。この直方の申し出については、『大鋒院殿御事蹟稿』所引「赤沢光永留書別冊」に同様の記述がある。

大室村善福寺は、長野市松代町大室に所在する曹洞宗寺院で、禅福寺と書くのが正しい。南方にある奇妙山北面の滝から大瀑山と号する。信之の娘台子によって、承応元年(一六五二)に中興開基されたという。

西条村法泉寺は、鈴木右近の注参照。

恩田越前守

恩田越前守(?~慶長一九〈一六一四〉)は、沼田顕泰(万鬼斎)の家臣として『加沢記』に名前がみえる。永禄初年に沼田氏が上杉派(隠居顕泰)と北条派(家督弥七郎)に分裂した際、顕泰を支持し上杉謙信に従属したという。恩田氏が沼田衆であることは、永禄四年に上杉謙信が作成した「関東幕注文」に沼田氏の「家風」(家臣)として「恩田孫五郎」「同与右衛門尉」の記載があることで裏付けがとれる。『加沢記』『沼田根元記』は、この時越前守が守備したのは長井の要害(後掲永井坂の要害参照)とする。大坂冬の陣で、子息左京とともに討死したという(館山市立博物館寄託「恩田家文書」)。元和三年(一六一七)、次男とみられる左門が沼田で知行を宛行われ、以後真田信吉に仕えている。しかし、天和元年(一六八一)、沼田藩が改易となったため恩田庄兵衛は牢人し、本貫地恩田村に隠棲した。子孫は享保一四年(一七二九)、沼田に入部した本多正矩に召し出され、本多氏に従って駿河田中、安房長尾と移った。家伝文書は、館山市立博物館に寄託されている。

沼田平八郎景義は、矢沢薩摩守の注参照。

恩田伊賀守は、本能寺の変後、ただちに昌幸に服属を申し出て、本領安堵を受けている。天正一三年の第一次上田合戦の戦勝を、信之から伝えられている一人。秀吉による「沼田領裁定」で、沼田が北条氏に引き渡されたことで、北条氏に仕える。沼田城将猪俣邦憲から、沼田一門和田氏の名跡相続を許され、和田伊賀守を称した。小田原合戦後は、真田氏に帰服し、恩田姓に戻している。なお伊賀守系の「恩田家文書」中世分一巻は、現在真田宝物館が所蔵している。

阿曽の要害は、群馬県昭和村橡久保（とちくぼ）の小字安岨（あそ）に築かれた城砦。片品川の対岸は沼須であり、沼田防衛の重要拠点であったが、天正一六年九月に落城した。以後、北条氏の重要拠点となる。

金子美濃守については、例言の注参照。実名は泰清と伝わる（『加沢記』）。

小渕勘助は、阿曽出身の地侍であったらしい。『加沢記』では「大渕勘助」と記される。金子美濃守の妹婿であったと伝わる。北条方の樋口惣左衛門に討ち取られたという（『金沢古蹟志』）。

星野図書助は、もと沼田氏の家臣。永禄初年の沼田氏の内訌で、顕泰に与したという（『加沢記』）。その後は上杉氏を経て、最終的に昌幸に服属したものと思われる。『加沢記』によれば、この戦いで大渕（小渕）勘助とともに華々しく討死したという。同書は、天正一〇年一〇月二三日のことと

する。

鎌田の要害は、勢多郡森下城の異名。群馬県昭和村森下に位置する。天正一三年九月、北条勢によって攻略された。

白井は、山名信濃守の注参照。

加藤駿河は、加藤丹波の誤りであろう。『加沢記』は、鎌田の城（森下城）の守将とする。天正一〇年、北条氏邦の攻撃を受け、一〇月二二日に切腹して果てたという。なお、『沼田根元記』は一〇月二八日に城を枕に討死したとする。

千喜良与兵衛は、『加沢記』によれば恩田越前守の郎党である。撤退に際し、誤って越前守に斬られそうになったが、冷静に「味方打ちをするな」と言葉をかけて退いたという。なお千木良氏は、沼田付近の下川田村（沼田市下川田町）の土豪として所見があり、『下河田検地帳』に一族の名が散見する。

沼須は、高野車之助の注参照。

永井坂の要害（長井坂城）は、勢多郡に位置する城郭で、上杉謙信の関東出兵に際し、沼田と厩橋をつなぐ拠点として活用された。渋川市赤城町棚下に所在。北条氏が真田領沼田を攻撃する拠点になっている。『加沢記』によると、恩

田越前守が放棄した後、北条氏邦は渋川市赤城町宮田の須田加賀守を本城に入れたという。

羽田筑後守

羽田筑後守について、『本藩廃古諸家略系』は羽田入道の子と記す。それによれば吾妻郡国衆で、本姓は寺尾といったという。しかし羽田入道の娘が禰津志摩(幸直)の母と記されていることを勘案すると、ここでいう「羽田入道」は「羽尾入道幸全」のことである。両者を同一人物とみなすことには無理があり、信頼できない。『真武内伝附録』は、本書と同じく長野信濃守の同族とする。河原綱徳は『長国寺殿御事蹟稿』において、武田家臣羽田治郎右衛門の子で、武田氏滅亡後に昌幸に仕えたとする。子孫は和田宿(長野県長和町)に居住し、信之の朱印状を数点所持していると指摘している。

長野信濃守は、長野舎人の注参照。

和田宿は、長野県長和町にあった宿場。和田村内の中山道沿いに位置し、慶長七年に整備されたという。周辺諸村から住民を移住させ、中町・下町に上町を加えた三町構成となった。

羽田源太

羽田源太(?〜慶長二〇〈一六一五〉・五・七?)は、筑後守の次男で、雅楽の弟という(『本藩廃古諸家略系』)。ただし『天桂院殿御事蹟稿』は討死したのは雅楽であるとしており、河原綱徳が類推するように、同一人物の可能性がある。討死の経緯については、本書祢津主水の項参照。

羽田六右衛門

羽田六右衛門は、筑後守の孫で、雅楽の子であると伝わる(『本藩廃古諸家略系』)。信之死後、真田信直(信澄)が差配した形見分けの執行を命じられた一人である。寛永一〇年の分限帳では、三〇〇石の記載がある。

長野采女(元和二〈一六一六〉〜貞享四〈一六八七〉)は、江戸時代の神道家。真田家臣長野長門が大坂の陣で没した後に生まれたという(『長野采女在原吉門先生行業記』)。それによれば、箕輪城主長野氏の末裔を称し、真田家を致仕した後、神道家となった。『先代旧事本紀大成経』なる書物を黄檗宗黒瀧派の祖潮音道海（寛永五〈一六二八〉～元禄八〈一六九五〉）に持ち込んで出版させ、広く読まれた。しかし伊勢外宮・内宮の訴えにより幕府で詮議がなされ、天和元年（一六八一）に「偽書」として出版停止が命じられ、采女を含む関係者は処罰された。

畸人伝は、『近世畸人伝』のこと。正編は伴資芳（伴蒿蹊、享保一八〈一七三三〉～文化三〈一八〇六〉）が著し、寛政二年（一七九〇）に刊行された。「隠士石臥」の記事は、正編第二巻に収録されている。

沼津は、現在の静岡県沼津市。戦国時代から宿場町として整備されていた。

塚原主膳

塚原主膳（?～天正一八〈一五九〇〉）が、信之の従兄弟で、忍城攻めで討死したことは、『滋野世記』以下『大鋒院殿御事蹟稿』に引用されている諸書や、『本藩廃古諸家略系』において一致している。しかし、信之との関係は不明である。

赤澤嘉兵衛

赤澤嘉兵衛については、本書においても引用されているエピソードで知られる。『真武内伝』によると、武田氏滅亡時の逃避行に際し、信之・信繁兄弟が言った冗談を真に受けて、断崖絶壁にかかった橋から飛び降りたという。話を聞いた昌幸は激怒して兄弟を叱責し、さらに嘉兵衛も勘気を蒙った。その後、第一次上田合戦で首二つを討ち取り、帰参を許されたという。なお『御家中系図』は細川政元の被官赤沢宗益（朝経）の曾孫とするが、信頼できない。

遠州浜松合戦は、天正三年五月の長篠城攻撃に際する遠江侵攻を指すか。

栂野（とがの）は、沼田市戸鹿野に比定される。『加沢記』によると、古くは栂野と書いたというが、戦国期には「戸加之」など宛字が用いられるようになっていた。地名の由来は、利根川・片品川に挟まれたとがった地、尖野であるという。

鳫が沢（雁ヶ沢）は、横谷村（群馬県東吾妻町松谷）の東端に位置する。この地から吾妻川の河谷は深く険しくなり、吾妻峡を形成している。なおここでは「沼田街道に」とあるが、甲斐から岩櫃に向かう道中が問題となっているのだから、沼田と厩橋を結ぶ沼田街道沿いの地名ではおかしい。

盤根石(はねいし)は、大熊勘右衛門の注参照。

松枝は、吉田政助・富沢主水の注参照。

栃原武助は、慶長一五年(一六一〇)三月に、新井弥兵衛とともに信之から沼田統治に携わるよう任じられた人物。正月以来の状況を改めるよう命じられているが、具体的な役割は、文書の欠損により明らかにできない。その際、同心二〇人を預け置かれた。同一九年二月、幕府から越後高田城普請役を賦課された際には、信之から白井(渋川市)まで材木を運ぶよう指示された。寛永四年(一六二七)一一月、三七石の加増を受けている。

龕(がん)は、死人を納める棺のこと。本書では、初出箇所を誤って「合」と「龍」に分けて書いてしまっている。

岩崎玄蕃之敬は、『真田家御事蹟稿』『本藩名士小伝』編纂時の岩崎氏当主。

溝口家は、越後新発田藩であろう。改易された諸大名の牢人を多く召し抱えた。

主馬(?~延宝四〈一六七六〉六・一三)は、母方の祖父岩崎清左衛門の養子となった。清左衛門の子息二人が、早逝したためである。慶長一一年より、信之の奉行人として活動がみられる。『御家中系図』は実名之直とし、信之から偏諱を受けたとするが、寛永一三年に山野井之政と出した連署状の署判には「元直」とある(『大鋒院殿御事蹟稿』『信濃史料』二六巻五五八頁)。誤写の可能性も残り、今後の課題といえる。寛永元年、松代転封後の新知行として五六〇石六斗を与えられた。法名は、嶽雲宗参ヵ(『御家中系図』、最後の一字が判読困難)。

藤兵衛は、立伝あり。

赤澤藤兵衛

赤沢藤兵衛安経のこのエピソードは、『真武内伝追加』にも記されている。なお、同書には、父嘉兵衛のものとして伝わる栂野の橋から飛び降りて、信之から叱責された話が、藤兵衛のものとする異説も記されており、どれが正しいのか分からないとする。

原町は、群馬県東吾妻町原町に比定される。当初、岩櫃付近の市は平川戸町であったが、慶長一九年の岩櫃城破却に伴い、原町の整備が始まり、平川戸町から移転したという。**善導寺**は、山号を普光山といい、貞治年間(一三六二～六八)創建とされる浄土宗寺院。浄土宗西山派の談義所として、東国布教の拠点となっていた。天文年間に川戸村(東吾妻町)から郷原(同前)に移ったが、慶長一九年の岩櫃破却に伴う城下町整備により、現在地の原町(同前)に移転した。

玉川伊予守

玉川伊予守秀正(永禄八〈一五六五〉～承応元〈一六五二〉・九)の記述は、『真武内伝附録』を踏襲したものとなっている。**平井備中守**は、もと六角家臣。信長の上洛時に、近江箕作城に楯篭もって抵抗したことが『明智軍記』にみえる。以下に記された経歴が正しければ、高島郡の新庄氏(高島七頭)の一族か。高島郡新庄城主新荘伊賀守が浅井氏に追われて出奔したという伝承がある(『滋賀県物産誌』)。**新荘**(新庄)は、近江に複数地名がある上、平井備中守を城主とする所伝を持つ城がない。仮に滋賀県高島市新旭町新庄に比定しておく。

織田七兵衛尉信澄(永禄元〈一五五八〉?～天正一〇〈一五八二〉・六・五)は、織田信長の弟信勝(信成、一般にいう信行)の子。発給文書の署判はいずれも「信重」で、信澄と署判した文書は残されていない。苗字は津田とも称した。浅井長政を離叛し、高島郡新庄城主となった磯野員昌の養子。天正四年頃に家督を継承したものと思われ、高島郡支配を開始する(養父員昌は、天正六年に出奔)。妻が明智光秀の娘であったため、本能寺の変への関与を疑われ、織田信孝・丹羽長秀に攻め滅ぼされた。

尾地玄蕃頭は、越智(おち)玄蕃頭家秀(?～天正一一〈一五八三〉・八・二六)のことであろう。大和国衆越智家増の養子で、天正二年に家督を嗣いだ。織田信重(信澄)との関係は不明。本能寺の変後は秀吉に従ったが、家臣に殺害された。

千貫櫓は、大坂城内の櫓。本能寺の変後、織田信重(信澄)はここに楯篭もって攻め滅ぼされた。

平方は、山城国とあるが、該当する地名がない。河内国枚方(ひらかた、大阪府枚方市)の誤りではないか。淀川・京に近い要衝の地であり、近江から大坂に駆けつけようとしたのであれば、この地を通る。

藤島友重は、刀工。初代は来国俊の弟子とされ、加賀に移住した。戦国初期までに五代を数える。

山中の城は、静岡県三島市、箱根山西麓に北条氏が築いた山城。小田原城の守りを固めるため、永禄年間頃に築城されたと推定されている。障子堀など、北条氏の築城技術を駆使した遺構が整備されている。小田原合戦時、北条氏は山中城を防衛拠点にする戦略をとったが、羽柴（豊臣）秀次率いる大軍を前に一日で落城してしまった。

宝蔵院は、奈良興福寺の僧侶宝蔵院胤栄（大永元〈一五二一〉～慶長一二〈一六〇七〉・八・二六）。十文字鎌槍を得意とし、宝蔵院流槍術の創始者となった。

金房兵衛尉政次は、奈良の刀工。奈良が宝蔵院流の本拠地であったため、十文字鑓を多く造っている。

大和大納言は、秀吉の異父弟羽柴（豊臣）秀長（天文九〈一五四〇〉・三・二～天正一九〈一五九一〉・一・二二）のこと。大和郡山城主として、大和・和泉・紀伊の三ヶ国で七三万四〇〇〇石余を領した。兄秀吉を支えたが、晩年は病勝ちで、早逝した。家督は甥で養子となった秀保が嗣ぐが、彼も早逝し、大和羽柴家は断絶となった。

増田右衛門尉は、実名長盛（天文一四〈一五四五〉～慶長二〇〈一六一五〉・五・二七）。秀吉の有力奉行。羽柴（豊臣）秀保が早逝した後、大和郡山二〇万石を与えられ、旧臣を多く召し抱えた。したがって秀正が長盛に仕えたのは、秀保の死後であろう。「五奉行」のひとりとなり、秀吉死後は家康に近い立場にあったが、関ヶ原では「西軍」に荷担し、改易される。大坂の陣に際し、嫡子長次が大坂に入城したため、自害を命じられた。

安南府城は、朝鮮平安南道の道府である平城（ピョンソン）を指すか。

長国寺は、長野市松代町田町に所在する真田氏の菩提寺。曹洞宗寺院で、山号は真田山。元和八年の松代転封に際し、真田郷にあった菩提寺長谷寺を、名称を変えて移したもの。万治三年に信之の霊屋が建立されるなど（国指定重要文化財）、歴代藩主の墓が並ぶ他、敷地内には小山田氏・恩田氏など真田氏重臣の墓も点在する。なお上田市真田町の長谷寺には、真田幸綱夫妻および昌幸の墓がある。

梅翁院は、長野市松代町松代にある曹洞宗寺院。玉河右京およびその両親の菩提を弔うために建立された。山号は芳谷山。開山は、長国寺六世稟室大承で、真田氏に招聘された。開基は、右京とされている。なお玉川伊予守の妻の法名は、智光院殿であるという。

左門は、信之隠居後も側近として柴に付き従った。真田信直(信澄)が信之に書状を送る際には、左門を介している。信之死後、信直が差配した形見分けの実務を担った。万治三年(一六六〇)九月一一日、高野山蓮華定院に信之の供養を依頼した(『真田御一家過去帳』)。

亀子(?~寛文一一〈一六七一〉・一一・五)と同一人物とされる右京は、信之死後の形見分けで、金子一〇〇〇両を与えられた女性である。亀子は万治元年一〇月一七日、蓮華定院に信之の供養を依頼した(『真田御一家過去帳』)。同帳には「玉河右京信女　諱清華院殿」とあり、ここからも女性であり、かつ出家したことの裏付けがとれる。本文中に記載される肖像画は、蓮華定院に現在も伝存し、霊宝館に寄託されている。なお、一般に昌幸のものとされる肖像画と対幅になっており、箱書きには信之像である旨が記される。亀子が舅の肖像画を自分のそれと対幅にするとは考えられないから、伝昌幸像は、実際には信之像であったことになる。ただし信之・亀子(右京)像を奉納したのは、彼女本人ではなく、紀州藩に仕えた兄織部の実子伊右衛門正武が正しい(肖像画箱蓋裏書銘)。亀子は寛文一一年に没し、梅翁院に葬られた。法名は、清花院殿または梅翁院殿正覚妙貞大姉。同院内に墓がある。

山井大蔵

山ノ井大蔵は、実名之政。寛永元年(一六二四)より信之の奉行人として所見がある。実名については、「海野家文書」一九号(山中さゆり「海野家文書」『松代』二九号、二〇一五年)の署判より之政と確定できる。「之」は信之からの偏諱であろう。『信濃史料』は「高政」とするが(二六巻五五八頁)、誤読である。姓は、「山野井」とも。なお本書に記されたエピソードは、『大鋒院殿御事蹟稿』にも記載がある。そこでは「山野井大内蔵」と記される。この場合の読みも、「おおくら」になるだろうか。寛永一〇年の分限帳には、「山野井権之丞」が一二〇石持ちとしてみえる一方、大蔵之政の名は確認できない。『本藩廃古諸家略系』は、その養父とみられる山野井内蔵助(後、三右衛門に改称)について、真田信之正室小松殿の付家臣で、本多氏から送られた人物とする。『大鋒院殿御事蹟稿』所引「諸家盛衰記」は、この付家臣の通称を「山井大蔵、後、三左衛門」とする。高齢になったため、周囲から養子をとることを進められたが、養子に能力が無ければ「禄盗人」になってしまうと固辞し、寛永七年九月二六日に死去したという。同様の記述は、他史料にもみえる。法名は、清誉涼月居士。大英寺の墓石には、「山井三左衛門」と刻まれていたという。このように、伝承にかなり混乱がみられる人物だが、総合的に考えれば、小松殿の付家臣山野井大蔵が、生前に養子として之政を迎え、通称大蔵を譲り渡して、自身は三左衛門に改名したということになろうか。なお山井大蔵之政は、奥への披露をつとめており、信之にかなり近い人物であったことは間違いない。

長井四郎右衛門

長井四郎右衛門が、信之隠居に従ったことは、信之の形見分けを差配した真田信直(信澄)から、実務を任されたひとりであることで裏付けがとれる。殉死した鈴木右近の遺族に、金二〇〇両を引き渡す役目を担った。万治元年一〇月一七日、他の家臣とともに、蓮華定院に信之の供養を依頼している(『真田御一家過去帳』)。『本藩廃古諸家略系』は、知行六〇〇石取で、江戸屋敷詰を命じられた際、道中で死去したとする。子息はなく、妻に二〇〇石が安堵され、養子を迎えて家を続けたとする。同時代史料と整合性がとれないから、本書に記される四郎右衛門の子息にあたるか。**長井摂津守**については、他史料で確認をとることができなかった。

天正十三年壬午とあるが、壬午は天正一〇年の干支である。一般に当時の人は干支で年代認識をすることが多いから、天正一〇年頃とみるべきか。あるいは、武田旧領をめぐって争われた天正壬午の乱(天正一〇年)から、第一次上田合戦(同一三年)までがひとつの混乱期として認識されていたのかもしれない。

児玉三助

児玉三助に関するこのエピソードは、『大鋒院殿御事蹟稿』でも諸史料から引用されている。そのうち「諸家深秘録」には、「軽キ侍」とある。蕉雨逸人著『風流ばなし—詩歌俳諧名人即詠』（求光閣、一八九五年）において「狂歌を能くす」人物としてこの話が紹介され、「初めには　金九両（くりょう）と　ありしかど　その場になって　五両けん（ご了見）か」と重ねて詠んで、信之を大いに笑わせたとある。本書において「一説に」とある話を受けてのものだろう。

紙衣は、古くは「かみぎぬ」と読んだが、中世末から「かみこ」と読むようになった。文字通り、紙で作った衣服。上質の厚く漉いた和紙に柿渋を塗り、何度も日に乾かし、夜露にさらしてもみやわらげて、衣服に仕立てたものをいう。もともとは、律宗の僧侶が用い、その後貴賤問わず使用されたが、近世には廉価であるため貧しい人々が身にまとった。渋柿を塗るため意外に丈夫で、軽くて温かいので、防寒具や老人の衣服としても使用されたという。

森大学助

森大学助忠時（天正三〈一五七五〉～寛永一八〈一六四一〉・四・五）は、近世初期の弓術家で、吉田流（日置流）雪荷派伴道雪の門人。徳川忠長に仕えていた際、三十三間堂で四三四本の矢を通したという。主家改易後、松代藩に預けられ、その後松代藩士となった。

加藤肥後守忠清は、加藤清正（永禄五〈一五六二〉・六・二四～慶長一六〈一六一一〉・六・二四）またはその子忠広（慶長六〈一六〇一〉～承応二〈一六五三〉・閏六・八）が該当しよう。清正はいわゆる「賤ヶ岳の七本鑓」のひとり。遠縁であった秀吉に取り立てられ、関ヶ原後に肥後隈本五二万石の国持ち大名となった。猛将というイメージが強いが、むしろ築城や治水の手腕を評価すべきであろう。死後、三男忠広が家督を嗣いだが、家中統制に失敗し、寛永九年（一六三二）に改易となった。後述するように、森大学助は忠広に仕えていたが、途中で致仕したようである。

駿河大納言忠長卿（慶長一一〈一六〇六〉・六・一～寛永一〇〈一六三三〉・一二・六）は、徳川秀忠の三男。甲府藩、のち駿河藩五五万石を領した。寛永九年、不行跡を咎められて改易され、翌年自害した。

吉田流は、弓術の一派。永正四年（一五〇七）、日置流の祖日置弾正正次の門人で、近江佐々木氏の一族吉田上野介重賢を開祖とする。吉田流出雲派、吉田流印西派（いんざいは）、吉田流左近衛門派、吉田流雪荷派など、分派が多い。

大学助は、雪荷派に属す。なお、本項内の伴喜左衛門の注を参照。

桑名の渡しは、東海道唯一の海上路。尾張熱田宮宿（愛知県名古屋市熱田区）から伊勢桑名宿（三重県桑名市）までを渡し船でつなぐ。距離から、「七里の渡し」とも呼ばれるが、その場合でも桑名宿側のみを指すことも多い。海難事故が多い、東海道上の難所であった。

水主（かこ・すいしゅ）は、船頭・楫取など役付き以外の水夫すべて指す語。専門職というよりは、漁村の領民が「水主役」という形で徴発され、反対給付として漁業権を認められることが多かった。

楫取（かんどり）は、古代・中世における船舶運航全般の責任者。近世の船頭に相当する。中世末以降は別に船頭の役が設けられ、「楫取（舵取）」は航海責任者として船頭を補佐する役に変化し、「かじとり」と呼ばれるようになる。

石見守正直は、寛永頃に活躍した備前岡山の刀工。備後三原出身。

天国（あまくに）は、古くより大宝年間（七〇一～七〇四）頃に活躍したとされる伝説の刀工。平家の重宝小烏丸が彼の作とされ、現在は御物となっている。ただ小烏丸の制作年代は、平安時代後期とみられ、実在も含めよくわからない。

加藤肥後守は、忠広のこと。加藤忠広と徳川忠長は同年に改易されていることから、途中で加藤家を致仕したとしなければ辻褄があわない。

伴喜左衛門は、伴（ばん）道雪（?～元和七〈一六二一〉）のこと。苗字は「番」とも書く。江戸時代初期の弓術家で、吉田重勝（雪荷）に師事し、道雪派を立てた。細川幽斎（丹後田辺）・松平忠吉（尾張）・松平忠明（大和郡山）に仕えている。

和田治左衛門

和田治左衛門（慶長四〈一五九九〉～万治元〈一六五八〉）の事蹟には不明な点が多いが、本書からすれば、元和九年に松代藩御預けになり、後家臣に取り立てられたようである。

越前家は、徳川家康次男結城秀康（天正二〈一五七四〉・二・八～慶長一二〈一六〇七〉・閏四・八）に始まる幕府御家門。

一伯侯は、結城秀康の嫡男松平忠直（文禄四〈一五九五〉・六・一〇～慶安三〈一六五〇〉・九・一〇）の隠居号。第二代福井藩主。大坂冬の陣では真田丸の戦いで大敗を喫したが、夏の陣では真田信繁を討ち取る功績を立てた。しかし不行跡が重なり、元和九年に将軍秀忠に隠居を命じられ、出家して一伯と号した。その後豊後へ配流され、同地で没した。

直基卿は、結城秀康の五男松平直基（慶長九〈一六〇四〉・三・二五～慶安元〈一六四八〉・八・一五）のこと。秀康が養子に入った結城晴朝（天文三〈一五三四〉・八・一一～慶長一九〈一六一四〉・七・二〇）の養子となり、結城氏を嗣ぐ。苗字は松平に改めたが、家紋は結城氏のものを用い、先祖供養も引き継いだ。越前勝山藩三万石から転封のたびに加増され、姫路藩一五万石に国替えと決まった直後に死去。

竹越山城守は、実名正信（天正一九〈一五九一〉・一・二一～正保二〈一六四五〉・四・三〇）。生母は家康の側室となり、尾張藩主徳川義直を生んでいる。家康の大御所時代の側近で、慶長一二年、異父弟徳川義直の付家老となり、元和五年、美濃今尾（岐阜県海津市平田町）三万石を領した。今尾は揖斐川沿いだが、内陸部にあり、本文の逸話については検討の余地が大きい。

竹生（たけぶ）**村**は、信濃水内郡の地名。現在の長野県小川村内に比定される。

首供養は、みずからが討ち取った首に対し行う供養。武田遺臣反町大膳がみずからの武功を書き連ねた『反町大膳訴状』に、天正一八年の小田原合戦後、今まで討ち取った首三三の首供養を羽林寺（双林寺か、渋川市）で行い、長帳に記して同寺に奉納したという記載がある。

川越は、埼玉県川越市。松平直基自身は川越に転封となったことはなく、四代後の当主朝矩（とものり）が寛延二年に前橋藩に入部し、洪水の被害のため居城を川越に移したことに始まる。直基が大和守に任官したのは元和五年、一五万石に加増されたのは正保元年に出羽山形に転封となった際である。したがって、この部分の記載もかなり混乱がみられる。

信重君は、真田信之の三男で（慶長四〈一五九九〉～正保五〈一六四八〉・二・二三）、寛永一六年に兄信政が沼田に移った後を受けて、埴科郡において一万七〇〇〇石を領した。子息なく、没後所領は松代藩に返上されている。解題参照。

小川次郎右衛門

小川次郎右衛門（?～寛永一六〈一六三九〉・六・一〇）は、二

郎右衛門とも書く。実名については、古文書からは裏付けがとれない。実際には出浦昌相の吹挙により、慶長一二年（一六〇七）に信之に仕え、一二月に知行三〇貫文を与えられている。本書に記されたエピソードは、「小川家古書」にみえる。寛永元年、松代転封に伴い、九〇石を与え直された。その後は、信之の上洛供奉者の借金返済処理や新田開発指導・検地奉行など、奉行人として活動している。法名は、惟海院月山久心居士。長国寺に葬られた。

馬場主水については、木村土佐守の注参照。

坂木は、坂城とも書く。長野県坂城町。

八幡村は、本八幡（ほんやわた）村のこと。長野県千曲市。東に千曲川が流れる。地名の由来は、当地が石清水八幡宮領であり、八幡社（武水別神社）が勧請されたことに由来すると思われる。本八幡というのは、近世に千曲川対岸に向八幡村が分村した結果とされる。

八幡の別当神宮寺は、八幡村内の武水別（たけみずわけ）神社の別当寺。武水別神社は、更埴地方随一の神社で、木曾義仲が戦勝を祈願したことが、『源平盛衰記』に記される。天保年間に八幡社から改称。同社の別当寺は、天台宗東叡山末神宮寺である。

翁物語は、来福寺の注参照。

伊木彦六

伊木彦六（寛永一二〈一六三五〉～元禄一二〈一六九九〉・三・五）の本書の記述は、『真武内伝附録』を踏まえたものとみられる。『本藩廃古諸家略系』によると、大坂牢人伊木三郎右衛門の次男で、実名は尚正と伝わる。母は太田嘉右衛門養女。寛永七年、父の知行の内一五〇石の相続を安堵される。法名は、実誉信西法師。

三郎右衛門（慶長三〈一五九八〉～寛永二〇〈一六四三〉・一〇・二？）は、実名尚重と伝わる（『本藩廃古諸家略系』）。尾張出身で、古世を名乗っていたが、母が伊木七郎右衛門の妹であったため、大坂入城後に真田信繁のすすめで伊木苗字に改めたという。一方『真武内伝附録』は初名庄次郎、七郎右衛門の実子とする。大坂落城時一八歳であったという。法名は凍翁良雪居士。西条村法泉寺に葬られた。

伊木七郎右衛門（永禄一〇〈一五六七〉？～寛永一二〈一六四五〉・一・二九？）の実名は、常紀・常重・常氏・尚遠・遠

雄など諸説あり、確定できない。秀吉に仕えて馬廻となり、黄母衣衆に選ばれたという。関ヶ原合戦で西軍に属したが、その後も秀頼に仕えた。大坂冬の陣では真田信繁勢の目付を務めた。夏の陣後、羽柴(豊臣)氏の古参家臣であることから赦免され、片桐且元・孝利父子に招かれて大和龍田で蟄居し、剃髪して有斎と号した。致仕後、京極高広の客分となり、宮津で病死した。法名は、軍雄院殿竿臣常旗居士であるという。宮津城下智源寺に墓がある。

左平次は、彦六の兄で、実名は尚次と伝わる(『本藩廃古諸家略系』)。寛永七年(一六三〇)、父の知行の内二〇〇石の相続を安堵された。その後、通称を改めたとされるが、『真武内伝附録』は祖父と同じ七郎右衛門、『本藩廃古諸家略系』は助左衛門と一致しない。沼田藩に仕えたため、天和元年(一六八一)の同藩改易により真田氏を離れる。その後、毛利氏に仕えた。

小膳(?~元禄一一〈一六九八〉・八・五)は、彦六の弟。『真武内伝附録』によると、知行取りではなく、「小姓切符」で奉公したという。小膳は、信之隠居に際しても、隠居所柴に小姓として付き従った(『本藩廃古諸家略系』)。その後、沼田藩に出仕し、信直に仕える。知行一〇〇石を与えられ、安太夫と号し、苗字を長野と改めた(母である太田嘉右衛門養女は、長野氏出身)。『本藩廃古諸家略系』によると、天和元年(一六八一)の沼田藩改易後は松代に移住し、春田伊三郎と名乗る軍学者として名声を博した。法名は、光泰亮先か。願行寺に葬られた。

御安口(ごあんぐち)は、松代城下から南に進んで、地蔵峠方面へ向かう道筋に築かれた郭門。長野市松代町御安町にあたる。源頼朝に寵愛された御安御前(尼飾城主東条義年の娘)が、帰住したことから付いた地名であるという。

山本八郎兵衛

山本八郎兵衛(?~天和四〈一六八四〉・一二・一九)は、初名を理左衛門、次いで又兵衛と称した。八郎兵衛は、父の通称を襲名したものである。幼少時に真田百助に仕えたというから、彼よりやや年長であったのだろう。法名は、法岩常真。なお、父子で同じ八郎兵衛を称しているため混乱するが、ここで立項されているのは子息の八郎兵衛である。したがって、本文中に出てくる「真田伊豆守」は、後で「真常公」と記されるように、信之ではなく幸道を指す。本書の中では、やや異例の立伝といえる。

左大夫（?〜延宝五〈一六七七〉・四・二五）は、信政に従って松代に入った一人である。ただし『御家中系図』では、佐太夫ではなく「八郎兵衛」と記載される。父の又兵衛も、沼田領主時代の信政に仕えていた。真田信政没後、信政末子幸道への家督相続という遺言が守られなければ、「亡君ノ供ヲナスヘシ」（追い腹を切るという意であろう）という意見に賛同したひとりとして、『円陽院殿御事蹟稿』に記載がある。もっとも、幸道の家督相続に信直（当時は信澄、信政の兄信吉の子で沼田領主）が異論を唱えたという話は、幸道家督相続後の信直と信之の円満な関係から、事実とは見なしがたい。ただ、信政付家臣であったことは確認できる。法名は、行峯道可（『御家中系図』）。

百助君は、真田信政の四男信副（?〜承応三〈一六五四〉・六・一七）。夭折し、迦葉山に葬られた。法名清涼院殿即巌良心大居士。なお、百助は信政自身の幼名。「御末男」とあるのは、信福死去時点では、五男源太郎・六男幸道が生まれていなかったためだろう。

榎坂は、江戸の溜池（港区赤坂）の堰堤そばの傾斜面を指す地名。慶長一一年、浅野幸長が溜池を造成した際、側の斜面に榎を植えたことからその名がついたという。

山口修理亮殿辻番所は、榎坂にあった山口氏の番所。和学者・戸田茂睡（もすい）の江戸名所巡り『紫の一本（ひともと）』（一六八二年成立）によると、「溜池の上、山口修理亮の屋敷の前の坂をも榎坂と云ふ、大きなる榎あり」とある。辻番所とは、辻斬り横行への対策として、寛永六年（一六二九）に江戸市中の武家屋敷町の辻々に設けられた。辻番人が配置され、路上や一定地域の警備をさせた番所である。山口氏は、常陸牛久藩一万五〇〇〇石の大名。織田信雄の家臣山口重政（永禄七〈一五六四〉・二・二五〜寛永一二〈一六三五〉・九・一九）を初代とする。本項で出てくる修理亮は、二代弘隆（慶長八〈一六〇三〉・六・一一〜延宝五〈一六七七〉・九・五）か、三代重貞（寛永一八〈一六四一〉〜元禄一一〈一六九八〉・五・一三）であるとみられる。

真常公は、松代藩三代藩主真田幸道のこと。祢津三十郎の注参照。幸道は明暦三年（一六五七）生まれだから、まだ二〇歳前後の出来事と思われる。

徒士(かち)は、江戸時代において、諸藩における武士身分のひとつ。幕臣では、御家人に相当する。単に徒、また歩行とも書く。侍と異なり、騎乗および御目見えが許されない。また、知行取りではなく、扶持米取りであった。足軽・中間と異なり、士分として扱われたが、足軽が徒士になることは比較的容易であったものの、徒士から侍になることは難しかった。ここで幸道が、格別な働きを評価して徒士から侍に取り立てたのだから、侍らしい働きをしたところでいまさら恩賞の対象とはしないと述べていることには、このような背景がある。

原半兵衛正盛は、松代藩に仕えた甲州流の軍学者。原正盛の通称「半兵衛」は、松代藩家老原氏が代々用いた通称、「正」字も近世原氏の通字である。したがって原正貞(浄貞斎)次男の曾孫正盛(寛文六〈一六六六〉~宝暦六〈一七五六〉・一一・一二)が該当すると思われる(『御家中系図』『家系補録　原氏家譜　十人町』)。正盛は初名昌明、正盈。町奉行、郡奉行、職奉行といった要職を歴任している。法名は、寂静院廓誉浩然元説居士か。孫の正武が明和七年(一七七〇)に不行跡を咎められ、永暇・奉公構(他家への仕官禁止)処分となった。このため、原氏の家督は正盛の弟正泰の系統に移ることになる。割注で「此家断絶なり」とあるのは、この事態を指す。

山本八郎兵衛の没年と、原半兵衛正盛の生年を勘案すると、この会話がなされたのは八郎兵衛の最晩年で、原半兵衛が一〇代の頃と推測される。松代藩家老である鎌原重孝(元禄四〈一六九一〉~享保二〇〈一七三五〉・八・二)を門弟とした。重孝は当時摩滅してしまっていた山本勘助(正しくは菅助)の墓を再建しようとしていたが、享保二〇年に志半ばで没してしまったため、嫡男重栄(しげよし、享保一〇〈一七二五〉~宝暦六〈一七五六〉・一二・八)によって元文四年(一七三九)に成し遂げられたという(『海津舊顕録』、元松代藩士堤俊詮編、明治一三年〈一八八〇〉成立、真田宝物館より刊行。また『鎌原氏家譜』にも同様の記載あり)。

甲州流軍学者は、小幡勘兵衛景憲(尚縄、元亀三〈一五七二〉~寛文三〈一六六三〉・二・二五)の系譜を引く軍学者。景憲は海津城二の曲輪を守備していた小畠虎盛(大熊備前守の注参照)の孫で、『甲陽軍鑑』の編者である。

山寺佐五左衛門

山寺佐五左衛門（天文五〈一五三六〉～天正三〈一五七五〉・五・二一）が、武田信繁の「ミうち」で、首級を奪い返したことは『甲陽軍鑑』にも記載がある。

山本勘助（明応九〈一五〇〇〉・九・二五？～永禄四〈一五六一〉・九・一〇）は、正しくは菅助。出家号は道鬼か。三河出身の牢人で、築城技術を買われて武田信玄に仕えた。かつては『甲陽軍鑑』など二次史料にしか見えないことから、非実在説が有力だったが、近年関連文書が多数確認され、川中島方面で活動した足軽大将であることが明らかになった。第四次川中島合戦で討死。

諸角豊後守（？～永禄四〈一五六一〉・九・一〇）は、自身の署判では「室住豊後守虎光」とある。ただし嫡男昌守を始め、一族は「両角」を称している。第四次川中島合戦で討死した。『甲斐国寺記』は武田信昌（信玄曾祖父）の六男とするが、誤り。

八幡原は、最大の激戦となった第四次川中島合戦の舞台。長野市小島田町田中。

山寺正左衛門（？～寛永一七〈一六四〇〉・九・二九）は、師岡源兵衛・太田加右衛門尉とともに、寛永一四年に「松城領分奉行職」に任じられ、相論裁許を任されている。

師岡源兵衛（？～承応二〈一六五三〉）は、北条氏に仕え、中山城番として真田氏と争った赤見山城守（？～寛永二〈一六二五〉・七・九）の子。真田氏に仕えるにあたり、白井長尾氏の家老師岡氏の家名を嗣いだ。実名は重俊と伝わる。仕官時期は不明だが、小田原合戦直後の可能性がある。小身で奉公を続けていたが、慶長一九年一〇月より蔵米五貫文と綿五〇〇文を与えられた。その後加増を受けたようで、寛永一〇年の分限帳には三五〇石とある。

太田嘉右衛門は、加右衛門尉のことであろう。元和五年（一六一九）より所見がある。寛永一〇年の分限帳では「太田嘉右衛門」とあり、一七五石と記載されている。

丸子三右衛門

丸子三右衛門（？～元和四〈一六一八〉・六・二四）は、丸子の国衆だが、丸子氏当主良存との関係がよくわからない。国衆としての丸子氏は天正一一年に昌幸に叛し、制圧されている。三右衛門は昌幸から滋野一族の惣領である海野苗字を許された人物。『御家中系図』が丸子平内の子とする一方、依田肥前守の子息とも伝わるが(『海野系図』)、肥前守は佐久郡国衆依田信蕃の一門に同じ通称の人物が存在する上、戦国初期の当主肥前入道慶珎は武田氏の佐久郡攻めに抵抗している。武田・真田両氏から重用された背景を含め、今後の検討課題である。死去三ヶ月後の元和四年九月一四日、嫡子喜兵衛に跡職相続が認められている。

信濃源氏は、信濃に土着した清和源氏の総称。ここでは依田荘の領主というから、源(多田)満仲の五男源満快流であろうか。

依田の荘は、長野県上田市の旧丸子町域を中心とする依田窪地方一帯を指す。

馬場美濃守信房は、正しい実名を信春という(永正一一〈一五一四〉?~天正三〈一五七五〉・五・二一)。元は教来石氏という地侍で、信玄に抜擢され、武田氏宿老馬場氏の名跡を嗣いだ。信濃牧之島城代として、上杉謙信への押さえと飛驒・越中国衆との外交を担当した武田氏の宿老。長篠合戦で殿軍を務め討死した。

鞠子城は、丸子城の宛字。上田市腰越に所在した。第一次上田合戦に際し、上田城から撤退した徳川勢に包囲されたが、真田氏が守り抜いた。

新発田は、新発田重家のこと。上杉景勝に謀叛を起こしていた。矢沢但馬守の注参照。

喜兵衛(?~寛永元〈一六二四〉・一二・九)は、初名藤八。慶長七年に、丸子の御料所から五〇貫文を与えられたのが初見。真田昌幸の官途名喜兵衛尉を与えられたというが、喜兵衛改名が確認できるのは元和二年だから、信之より名乗りを許されたことになる。寛永元年に加増され、知行高一〇〇〇石となるが、なぜかこの時は丸子苗字に復している。同年死去。法名は、雲叟良□(『御家中系図』によるが、判読困難)。男子なく、海野氏の家督は弟の宮内が嗣いだ。妻は、本書においては本多忠勝娘とあるが、『真武内伝追加』『御家中系図』は忠勝孫娘で小松殿(信之室)の姪とする。

河原右京亮

河原(かわら)**右京亮綱家**(?~寛永一一〈一六三四〉・七・二一)は、河原隆正の四男。河原綱家は、信綱・昌幸の従兄弟にあたる。本書割注に「実は河原隆正の弟の子」とあるが、諸系図実子で一致しており、何かの誤りであろう。天正元年(一五七三)一一月、真田信綱の加冠で元服し、又次郎綱家を称した。綱家に宛てて真田一門が書状を出す際は、苗字が記されないことが多い。これは河原氏が真田一門待遇を受けていたことを示唆する。長篠合戦で三人の兄が討死したため、家督を嗣いだ。天正六年頃から一七年まで左衛門尉、慶長二年より右京亮を称した。関ヶ原に際しては大坂城留守居役を務める。松代転封後の知行高は五〇〇石。

丹波守隆正は、綱家の父で、真田幸綱室の兄。長篠合戦後、真田の町屋敷・年貢について、嫡男宮内助が信綱より宛行われていたと申告し、昌幸から安堵を得ている。なお、高野山蓮華定院で子息の供養を行い、昌幸から朱印状を出されている「河原玄斎」は、隆正である可能性が高い。

白山寺は、四阿山(あずまやさん、白山権現)の里宮山家(やまが)神社を管理していた別当寺。上田市真田町に所在。四阿山は、真田氏の崇敬厚い山岳信仰のシンボル。

宮内助(?〜天正三〈一五七五〉・五・二一)は、隆正の嫡男。実名は正良と伝わる。

新十郎(?〜天正三〈一五七五〉・五・二一)は、隆正の次男。実名は正忠と伝わる。なお、綱家の兄は三人おり、隆正三男は常田道堯の養子となって図書助を称していた。実名は永則と伝わる。同じく、長篠合戦で討死。

真田・横尾は、上田市真田町の地名。綱家は慶長九年に、真田・横尾の「肝煎」に任じられ、治安警察権(「職方」)と田地の差配権(「田地指引」)を委ねられている。

関屋・桑野井・牧之内・保科・南平は、松代近辺の地名。関屋・桑野井(桑根井)・牧之内(牧内)は長野市松代町豊栄、保科は長野市若穂保科に位置する(南平は不明だが、菅平の誤記なら山を越えて真田町側となる)。いずれも埴科郡で、上田市真田町に隣接する。天正一三年、真田昌幸は上杉景勝に再従属した際、埴科郡坂城を宛行われており、この一帯が含まれていたものか、あるいはこれ以前に山を越えて、埴科郡に勢力を伸ばしていたかのいずれかであろう。天正一五年、河原綱家は昌幸からこれら山手一帯を宛行われている。

大蓮院殿は、信之正室小松殿(天正元〈一五七三〉?〜元和六〈一六二〇〉・二・二四)。本多忠勝の娘で、徳川家康の養女として嫁いだとされる。名前は「稲」または「子亥」と伝わる。本書では天正一四年に嫁いだとあり、これは本多氏側・幕府側の系譜類の記述と一致する。しかし、天正一四年段階では真田昌幸と徳川家康はまだ敵対関係にあり、翌天正一五年二月に昌幸が上洛して秀吉に従属し、家康の与力大名に配されたことで関係修復がなる。したがって、天正一四年輿入れというのは、考えにくい。

貝桶は、貝合わせの貝を入れる桶で、中世においては嫁入り道具のひとつであった。地貝(じがい、貝殻のうち右側)用のものと出貝(だしがい、貝殻のうち左側)用のものと二個で一組となる。貝桶を引き渡すことが婚礼行事に組み込まれており、「貝桶渡」と呼ばれた。

二大老・五奉行については、坂巻夕庵の注参照。

肺肝を砕きとは、心力のあるかぎりを尽くして考えること、心を尽くすことを意味する。杜甫の詩「垂老別」に由来する。

山田文右衛門は、豊臣期の大坂真田屋敷留守居役を、河原綱家のもとでつとめた人物。関ヶ原後は、金井善兵衛とともに、上田城下の代官をつとめている。

前島主水も、大坂真田屋敷留守居役の一人。

ほかし綿というのは、東北・関東地方で、もめん綿を、綿うち弓の弦で打ってほぐす作業を「綿ほかし」というから、そのような工程で作られた綿のことであろう。

大谷刑部少輔は、吉継。樋口角兵衛の注参照。

御家事留書は、本書および『真田家御事蹟稿』でたびたび引用されているが、該当史料の特定には至らなかった。

真武内伝付録は、木村土佐守の注参照。

瀬波駅は、洗馬の宛字であろう。長野県塩尻市大字宗賀・洗馬。中山道の宿場。慶長末〜元和二年頃に整備された。南に下ると贄川(塩尻市贄川)であり、ここから木曾郡となる。なお、洗馬は武田時代には木曾領となっており、木曾郡からはみ出す形で国衆木曾氏が確保していたと思われる。

続武家閑談は、木村高敦(延宝八〈一六八〇〉〜寛保二〈一七四二〉)が編纂した軍記物。

少将は、昌幸の正室山之手殿のものとされる朱印状奉者として所見がある。信之の乳母であったかは不明。

山田文右衛門・前島主水については、本項の注内で既述。

三沢久右衛門・赤塩甚左衛門も、関ヶ原合戦時の大坂屋敷留守居役とみられる。関ヶ原合戦後、上田籠城を続けている昌幸からの書状を、河原綱家以下の留守居役とともに受け取っており、信之が上洛して赦免工作をする旨を伝えられている。なおここで「相伝之内に」とあるのは、本書の編者河原綱徳の家伝文書「河原家文書」の中に残された文書という意味である。

小山御旅宿は、昌幸・信之・信繁父子が東山道を進軍し、小山に向かう途中であったことを意味する。三成挙兵を知った家康は、小山で評定を開き、会津征伐の中止と三成討伐を定めるが(小山評定)、三成方につくと決めた昌幸・信繁は既に上田に向かっていた。

御密談は、一般に下野佐野の犬伏(佐野市)で行われたとされる。親子三人の密談の結果、東西に袂をわかったため、一般に「犬伏の別れ」と称される。しかし実際に犬伏に布陣していたのは信之で、昌幸・信繁はまだひとつまえの天明宿に布陣していた。信之が昌幸の陣所を訪ねるほうが自然だから、「天明の別れ」と呼ぶべき、という提案がなされている。

下駄を投げつけられて前歯が欠けたというエピソードは、河原綱家のものとして著名である。これは子孫である河原綱徳自身が書き記したとみられる『綱徳家記』によるが、実際には綱家は大坂屋敷留守居役の統括の座にあり、みずから下野まで出向いたとは考えにくい。また、行軍中の昌幸が下駄を履いていたというのも奇妙であり、平和な近世社会で生み出されていったエピソードといえるだろう。

奥向の掟書とあるのは、元和三年八月一二日付真田信之朱印状写(「河原家文書」『信濃史料』二二巻五〇七頁)を指すと思われる。綱家と、安中作左衛門繁太に宛てられたもので、五ヶ条からなり、五条目に「奥の座敷に軽率に出入りしてはならない。ただし掃除以下についてはきちんと申し付けること」という条文がある。ただこれは、小松殿付になったためではなく、江戸屋敷留守居役として与えられたものである。五条目も、綱家・繁太が、信之の家族らが暮らす「奥」に出入りすることを禁じた条文と読むべきであろう。

綱家の**法名**は、陽春院殿華□(一文字風化により読めず)長閑大居士であると、河原家墓所にある綱家墓(五輪塔)に刻まれている。墓所は上田に所在するが、周辺には寺はなく、墓石のみがたたずんでいる。

『本藩名士小伝』解題

丸島和洋

『本藩名士小伝』巻之一冒頭部分（真田宝物館所蔵）

一　『本藩名士小伝』の史料的考察

1　記主河原綱徳の略歴

『本藩名士小伝』（以下、適宜本書と記す）は、松代藩士河原綱徳《かわらつなのり》によって編纂された中近世移行期真田氏家臣の伝記である。

河原綱徳は寛政四年（一七九二）、松代藩家老河原氏の家に生まれた。(1) 通称を舎人といい、君山党陰および園柱と号している。長く藩政を司り、学問振興にも意を尽くした鎌原桐山(2)（重賢、貫忠、安永三〈一七七三〉～嘉永五〈一八五二〉）に儒学や漢学を学び、山寺常山(3)（文化四〈一八〇七〉～明治一一〈一八七八〉）や佐久間象山（文化八〈一八一一〉～元治元〈一八六四〉）と同門であった。

そもそも河原氏は、真田氏の実質的初代である真田幸綱（一般にいう幸隆）の妻で、真田信綱・昌幸兄弟等の生母である泰運（雲）院殿（明治の追号、後述）に連なる。泰運（雲）院殿の兄河原隆正（玄斎ヵ）の子息はみな真田氏に重臣として仕えたが、長男宮内助正良・次男新十郎正忠および常田氏に養子入りしていた三男図書助永則が、天正三年（一五七五）の長篠の戦いで討死してしまった。そのため、真田氏が崇敬する山家神社の別当寺白山寺に入寺していた四男綱家が還俗し、家督を嗣いだ。

なお常田氏は真田幸綱の弟隆永が養子入りしたとされる家で、その後、河原綱家の兄、さらには綱家の子息と、河原氏から二度養子が入っている。これらを勘案するに、戦国期の河原氏は、一門にかなり近い待遇を受けていたといえる。(4)

綱徳は、この河原綱家の子孫であり、本書において、綱家の伝記が最後に載せられているのは、彼自身の家意識の表れであろう。

河原綱徳の家禄は五〇〇石で、用人、旗奉行、中老、城代を歴任した上で家老職についた。大平喜間多編『松代町史』は「人物史」の項で、「幼より穎悟(えいご、すぐれて悟りのはやいこと。さとく、かしこいさま:筆者注)長じて学に志し、好んで史乗を繙き古今成敗のことに精通してゐた」「人となり沈毅寡言人の好みて短きを発き論難自ら快とする者を忌む。又風月を愛すと雖も常に節約を尚び奢慾を戒めた。故に深く藩主に重んぜられたといふ」と評している。(5)

天保九年(一八三八)、松代藩主真田幸貫(寛政三〈一七九一〉・九・二~嘉永五〈一八五二〉・六・八)の命により、『真田家御事蹟稿(先公御事蹟稿)』の編纂を命じられた。綱徳四七歳の時である。綱徳は七年かけて編纂事業に取り組み、天保一四年一二月二三日、正編六二巻および附録図一九本を献上した。この際には、学問の師であり、藩老でもあった鎌原桐山が体裁を勘案し、堤俊詮が文献博捜を手伝ったという。(6)

弘化四年(一八四七)三月二四日の善光寺大地震に際しては、家老として復興・救済に尽力し、真田氏の家紋である六連銭《むつれんせん》の付いた鞍と鐙を下賜された。綱徳は地震の被害についても詳細な記録を残しており、『むしくら日記(むし倉日記)』四巻としてまとめられている。(7)綱徳が冒頭に付した凡例によると、この書名は虫倉山(現長野市中条・同鬼無里・長野県小川村の境界に位置)付近で被害が甚大であったことによるとある。さらに嘉永七年(一八五四)一一月四日の安政東海地震についても、『虫倉後記』一巻としてまとめている。(8)

万延元年(一八六一)七月、病気を理由に家老職を辞して家督を嫡男綱明に譲って隠居した。『真田家御事蹟稿』編纂は、正編呈上後も続編の編纂を続けていたが、その完成をみることなく、慶応四年(明治元年、一八六八)二月二日に死去した。享年七七。

『真田家御事蹟稿』続編編纂は、松代藩士飯島勝休《かつよし》(文化一二〈一八一五〉~明治二一〈一八八八〉)に受け継がれたが、明治五年五月一五日の松代町大火によって、綱徳自筆稿本は焼失してしまった。幸いにも、勝休の手許に稿本が残されており、それをもとに編纂が再開され、明治八年六月二八日に続編一二巻三幅が真田氏に献上されている[9]。なお、飯島勝休旧蔵本に『君山合偏』[10]『御事蹟類典』[11]があり、現在長野県立歴史館に収蔵されている。「君山」が綱徳の号であることはいうまでもない。いずれも、河原綱徳が出所であるといい、『真田家御事蹟稿』編纂時に集めた史料を筆写して集成したものといえる。

綱徳の著作は他にも多数あり、『園柱茶話』四巻および今回翻刻した『本藩名士小伝』が知られている。

2　『本藩名士小伝』の成立の前提

『本藩名士小伝』は、自序によると、『先公の御事蹟』つまり『真田家御事蹟稿』の編纂史料を集めた際、藩士(家臣)の事蹟も多く知りえた。歴代当主に関わる部分は『真田家御事蹟稿』に記したが、そうでないものは省いた。しかしこれを後世に伝えないのは惜しいことなので、適宜伝記を作っていったところ、いつのまにか数冊になった。そこで嘉永二年(一八四九)春、公務の合間をぬって、鎌原貫忠(桐山)に校正を願い、三冊に仕上げたという。

綱徳が意識したか定かではないが、結果的に紀伝体の形をとったともいえ、『真田家御事蹟稿』が「本紀」、『本藩名士小伝』が「列伝」にあたることになろう。

『真田家御事蹟稿』は、幸綱・信綱・昌幸・信之・信政という戦国〜近世初期の歴代当主と、有力一門(信繁・信吉および正室(昌幸室山之手殿、信之室小松殿)の伝記からなる。松代藩三代藩主幸道の伝記は編まれていないから、信之死去までが調査範囲といえる。ただ続編においては信吉次男で五代沼田領主・初代沼田藩主となる信直の伝記も編まれているから、史料そのものはもう少し先まで集めていたと思われる。

このような修史事業の「余録」として編まれたものだから、家臣列伝といっても、基本的に昌幸・信之の家臣が中心である。綱徳は「例言」で本書の編纂姿勢について、「禄の高下」「功績の有無」「残された事蹟の分量」にかかわらず、気がついてとりまとめた順に並べたとする。ただし、初めに功績があっても後に不義な行いをしたものや、後に功績を立てても、当初不義な行いをしたものは省いたという。具体例として、海野長門守(輝幸)・金子美濃守(泰清)が挙げられている。

また大坂の陣で功績を挙げたり、討死した者でも、事蹟が伝わらない者は立伝しなかったとも述べる。幕末期の真田氏において、最後に参加した戦争である大坂の陣の忠功が強く意識されたことがうかがえよう。信繁に従って大坂に籠城した高梨内記・采女父子および青柳青庵が立伝されていることは、「本紀」たる『真田家御事蹟稿』において、信繁伝が『左衛門佐君伝記稿』、その付伝として嫡子「大助君伝記」が立伝されていることと併せて、注目に値する。大坂の陣における信繁の働きは、幕府および真田本家に敵対したものであっても、真田氏の歴史を讃える上で欠くべからざるものと認識されていたわけだ。文久三年(一八六三)に小山田之堅が、信繁から実姉村松殿、および義兄小山田茂誠・之知父子に宛てた書状を木版刷りにし、小山田一門に配布したことも[12]、同様の意識に基づくものであろう。

本書の記述をみると、藩士による私撰史書『真武内伝附録』『真武内伝追加』の記事からの引用が眼に付く。また私撰の史家といえる松代藩士落合保考(重郷、慶安四〈一六五一〉~享保八〈一七二三〉)[13]の著作が散見される他、編纂にあたっては『真田家御事蹟稿』同様、鎌原桐山の協力を仰いでいる。つまり『本藩名士小伝』の成立過程を考える上では、私撰を含めた松代藩の歴史書・修史事業との関係を認識する必要がある。適宜注で触れているが、改めて整理しておきたい。

まず、綱川歩美氏の研究[14]に学びつつ、落合保考『御当家御武功之記』[15]をみてみたい。保考はもともと地誌類の編纂を進めており、特に著名なのが『つちくれかゝみ』[16]で、宝永三年(一七〇六)に成立したものを、享保一七年(一七三二)に編纂し直している。わざわざ再編をしたのだから、この間に編纂方針の変化があったことになるだろう。現状の『つちくれかゝみ』は純粋な地誌だが、綱川氏によると、『反求館座右　巻二十二』（内題「塊鏡」）が宝永三年段階の『つちくれかゝみ』の草稿と考えられるという。そこには、各地で活躍した戦国時代の部将や土豪の武功が書き挙げられている[17]。

『御当家御武功之記』は正徳元年（一七一一）の成立で、岩崎正胤という老臣の手になる聞書を再編纂したものであるという。なお同時代に桃井友直（硯水）が編纂した『沼田軍記』（本書が引用する『沼田記』はあるいはこれか）と内容の重複がみられ、桃井も岩崎の聞書を眼にした可能性が高いという。

この『御当家御武功之記』は、真田氏当主のうち幸綱・昌幸・信之と信繁の武功を取りまとめたもので、幸綱・昌幸の活躍に比重がある。保考によれば主家の事蹟・武功を知ることは家臣にとっての喜びであり、またそれ自体が忠義であるという。幸綱・昌幸の活躍の記載が中心なのは、岩崎正胤が「故老君」つまり信之から聞いた話をもとに聞書をとりまとめたためと思われる。信之が、自身の武功よりも、祖父や父の働きを中心に回顧したというのは、ごく自然な行動と見なしうる。

成立年代は不明だが、保考は『松代家中系譜』という松代藩士の系図も編纂している[18]。したがって保考の関心は、藩士（家臣団）の歴史にまで拡大している。この系図をみると、生没年や戒名の記載よりも、事蹟の注記に主眼があるように思われる。保考にとって重要であったのは、いかに歴代の松代藩士が真田氏に忠節を尽くしたのかにあったのだろう。『松代家中系譜』を増補した大日方直貞（?～天保八〈一八三七〉）が付した後序には、「落合保考先生物すきにして、古事を綴り置れし内小本壱冊有之」とあり、あくまで私的に編纂されたものであった。『御当家御武功之記』をみても、子孫のためにまとめたという認識が記されている。

いっぽう『真武内伝』は、竹内軌定（元禄六〈一六九三〉または七～延享三〈一七四六〉）が柘植宗辰（元禄四〈一六九一〉～宝暦一二〈一七六二〉）の協力を得て編纂した真田氏の歴史書である[19]。全五巻で、享保一六年（一七三一）に成立した。『御当家御武功之記』成立の二〇年後ということになる。「真田家文書」の一部を書写している点が注目され、これは藩主から文書の閲覧を許されたことを意味する。そればかりか、第一次上田合戦で徳川方であった岡部長盛宛家康感状まで書写しており、藩の正史でこそないが、広範な協力を得た私撰史書といえるだろう。

記載内容は、真田信之の松代転封と、信政の家督相続までとなっている。信之・信政で区切りをいれているのは、三代藩主幸道が死去したわずか四年後の成立のためであろう。北沢正誠氏所蔵本には『真武内伝追加』一巻が付されており、これに家臣の略伝がある。[20]

ただ『真武内伝追加』については、信政死去・幸道家督から四代信弘(付伝として早逝した嫡子幸詮)、五代信安の伝を記した後、その付伝として「当主公」つまり六代幸弘(本文中では初名の幸豊)が天明三年(一七八三)に従四位下に叙位されるまでが記される。この頃の成立と思われ、次に述べる『真武内伝附録』よりも遅い点、注意を有する。また附録の花押集には七代幸専(写本によっては八代幸貫)まで記載があるから、その後も増補は続いたようである。

『真武内伝附録』は柘植宗辰の手による『真武内伝』の増補版[21]であり、宝暦一二年(一七六二)九月に成立した。なお宗辰はこの書を息子に渡した後、同年一二月に死去している。「拾遺」を集めたと跋文にあるように、『真武内伝』と同様に、信之死去で終わっており、幸道の伝記はない。また、やはり簡略ながら家臣の列伝もある。

桃井友直の『滋野世記(松城通記)[22]』は、「引用書目」の筆頭に挙げられている。享保一八年の成立であり、海野氏の先祖について簡単な列伝を記した後、幸綱・昌幸・信之・信政・幸道・信繁の伝を立てている。その後、短いながら受発給文書を収めた巻および系図、さらには『沼田軍記』『上田軍記』を収録している。ここで注目したいのが、この体裁が『真田家御事蹟稿』のそれにかなり近いという点である。やはり真田氏当主宛の文書が書写されており、藩の協力を得た私撰史書である。一方で沼田を領した信吉や信直の伝はなく、逆に死去して間もない幸道の伝がある。ただし記載内容は家督相続をめぐる動きが中心で、家督相続後の記事は数行に過ぎないから、立伝したというにはやや苦しい。

ただ、本書および『真田家御事蹟稿』に引用される『滋野世記』の文章が、桃井友直撰であることは、後者に明記されているが、刊本の底本となっている高遠進徳図書館本『松城通記』(『蕗原拾葉』所収、現在は伊那市立図書館に移管)からは該当箇所を確認できないことが多い。『滋野世記』自体の書誌学的検討が必要であろう。

なお堀内泰氏によれば、『滋野世記』に収められている『上田軍記』も、桃井友直の著作である可能性が高いという。[23]たしかに氏が論拠とするように、「真田家文書」や「矢沢家文書」(『真武内伝附録』所収、同書によると享保一六年の上屋敷火事で焼失)、「恩田家文書」が書写されており、家老の文書まで調査している点は無視できない。同じく「私ニ云、此事ハ安房守昌幸伝記并伊豆守伝記ト見合ナハ、事正シカルヘキ也」など「昌幸伝」「信之伝」の参照が前提とされている点も、本書の著者が別に真田氏の史書を記していることを示す。そうであれば、『上田軍記』とは、二度にわたる上田合戦に特化した「史書」ということになるだろう。

松代藩は、寛政期に修史事業に手をつける。その契機は、幕府から『寛政重修諸家譜』編纂のための系図提出を求められたことにあった。以下は、小関悠一郎氏の研究に学びつつ、論を進めたい。[24]この時、松代藩が提出した史料には、『御家来諸事之御書付写帳』が含まれている。具体的には、矢沢・禰津・大熊氏が拝領した家康文書の写で、小関氏は「幕府の編纂事業が、重臣クラスの先祖・家への意識に直接影響を与えるものだったことを示唆して」いるとする。従うべきだろう。幕府は、その後文化年間にも系図提出を求めており、その際にも真田氏の系図編纂が行われている。

文化一二年(一八一五)、松平定信の子が真田氏に養子入りし、文政六年(一八二三)に家督を嗣いだ。彼こそ、河原綱徳に『真田家御事蹟稿』の編纂を命じた真田幸貫である。同じ年、鎌原桐山が家老職に就任する。同年一一月、江戸在府中の幸貫は、松代に帰国したばかりの桐山を、「御系譜并御旧記御用掛」に任じた。この時の系図編纂も幕命によるものであり、完成した系図は文政八年に幕府に提出されている。

系図編纂にあたり、鎌原桐山は六一種もの史料を集めた。そこには、落合保考の『真田家御系図御武功記』つまり

『御当家御武功之記』や、柘植宗辰の『真武内伝附録』、桃井友直の『滋野世記抄』も含まれている。松代藩士が私的に編纂してきた史書が、公的な修史事業に活用されている様子がわかる。

その後幸貫は、独自に藩の修史事業に乗り出すことになる。小関氏は、幸貫の修史事業を、彼が実父松平定信の影響のもと、先祖崇敬・武芸奨励・武備充実・凶作対策といった諸政策と関わるものと位置づける。

この修史事業こそが、天保九年(一八三八)に河原綱徳に命じられ、鎌原桐山が補佐した『真田家御事蹟稿』の編纂である。したがって、綱徳の史書編纂は、松代藩士の手で進められてきた歴史書編纂が、幕命によって行われた寛政・文化・文政期の修史事業によって活用され、その延長線上に展開したものと評価しうる。はじめての本格的な藩の修史事業ではあったが、決して孤立したものではなかった。

原田和彦氏は、『真田家御事蹟稿』編纂開始に先立つ天保四年、幸貫が「真田家文書」の再整理を行ったことを指摘する。[25]ただ大規模な変更が加えられたわけではなく、宝暦一三年の本格的整理を基本としている。宝暦の整理で作成された『宝暦入注文』が、明治にいたるまで「真田家文書」の基礎台帳であった。

幸貫は『宝暦入注文』を基本としながら、『天保記』という新たな台帳を作成した。『天保記』の記載は、『真田家御事蹟稿』で引用されているものの、その後活用された形跡はないという。このため原田氏は、天保四年の整理を『真田家御事蹟稿』編纂のための準備作業と位置づけた。卓見であろう。

こうして藩命で編纂された『真田家御事蹟稿』の余録として、河原綱徳は『本藩名士小伝』を編纂することになる。その際にも、鎌原桐山の助力を仰いでおり、『本藩名士小伝』も、松代藩における史書編纂の歴史上に位置づけられるものといえる。

ただ、藩命で編纂された『真田家御事蹟稿』が藩士の目に触れることがなく、主に藩の世子の教育で用いられたのに対し、『本藩名士小伝』は他の史料から引用されている場合があるという大きな相違点がある。

小関氏は、『真田家御事蹟稿』の編纂が、河原綱徳に藩士先祖への興味を惹起して『本藩名士小伝』が編纂され、さらに編纂に協力した藩士一般にも一定の影響を与えたとする。

これは決して間違いではないが、早くに落合保考が『松代家中系譜』を編纂している他、寛政期に『御家中系図』なる藩士系図が成立しており、綱徳がそれを参照していることを見落とすべきではない。筆者自身は折りに触れ用いてきたが、今まで書誌学的解説をしてはこなかった。

『御家中系図』は、全一二冊からなる松代藩士の系図である[26]。他の系図に比べると、比較的記載内容が細かく、命日や法名が、夫人も含めて記されている上、受給文書まで書写されている。収録は「いろは」順で、寛政年間(一七八九〜一八〇一)頃の家臣団の系譜が、昌幸・信之期にさかのぼって把握することができる。

巻初に付された注釈によると、本書は興津湖山が編纂し、望月氏が増補したものという。たしかに幕末の記載が、異筆で追記されている。興津湖山は、方副《まさすけ》(享保三〈一七一八〉〜享和二〈一八〇二〉・三・二〇)の隠居号であるという[27]。岡野正澄の三男で、興津正辰《まさとき》の婿養子となった。養父正辰は興津流軍学の祖で、方副もそれを受け継いで大成するとともに、神道を学んで心学(陽明学に神道・仏教の趣旨を調和総合した実践道徳)も修めた。元文三年(一七三八)、正辰の死去により二一歳で家督を嗣ぎ、宝暦三年(一七五三)八月に隠居している。『御家中系図』のうち、興津氏の系譜部分冒頭には、「享保二十卯年江戸麻布谷町御上屋敷出火之節、隣家ヨリ焼出(略)系図其外此トキ焼失、翌辰之年正純死ス、九十一歳、翌巳九月ヨリ正辰病気、翌午ノ正月廿九日正辰五十六歳ニ而死、方副妻十五歳故、委細不知、尤酒井修理大夫殿ニ同姓有之由、咄申候由、我等二十一歳ヨリ四十六年心苦シ取集記之、諸家之中系迚モ、或ハ其家ニ求、或ハ諸寺之過去帳、又ハ古キ反古、又ハ老人等ニ尋求ルコト四十余年」とある。なお宝暦三年に家督を継いだ興津正実とその子息武兵衛(権右衛門)まで同筆で、武兵衛の実名盛正などが後筆である。また方副・正実については、没年記載がないから、注釈のいうように正副編纂とみてよいだろう。

右に引用した記述を見る限り、『御家中系図』の編纂動機は、興津方副(湖山)が家督継承に際し、養家の系図が焼失して何もわからないため調べ始めたという、ごく単純なものであったようである。それを調べていく過程で、いつしか他家の系譜にまで関心を寄せるようになったのだろう。孫娘の一人が寛政八年(一七九六)に死去した記事までを同筆で記していることからすると、最晩年まで編纂を続けたことになるだろう。続けて「此書一覧、々人誤有之処、或ハ紙ノ間ニ書付入給候様、奉希候、尤格上以下ハ院号有之モ除キ候、格式以上ハ院号印シ申候」と記して文章を結んでいる。誤りがあったら直して欲しい、ただし身分によって法名は院号まで記すかどうか区別したというもので、興津氏の系譜解説が事実上『御家中系図』全体の序文になっている。

『御家中系図』は、『家中家譜』七帙、『家系補録』一五冊、『家中家譜』六括とともに、真田氏の家扶《かふ》であった宮下劭氏が管理していた。松代藩次席家老の「小山田家文書」の中に、明治五年一一月八日に『御家中系図』から小山田氏系図を転写した『御家中系図抄録』が残されていること[28]や、河原綱徳が『真田家御事蹟稿』『本藩名士小伝』編纂に利用していることを踏まえれば、松代藩士の間では知られたものであったと思われる。各藩士の所蔵文書が多く書写されており、『御家中系図』編纂にあたって、興津湖山は藩士の家を訪ねて古文書調査までしているのだから、当然だろう。ただ文字の崩れがひどく、判読が困難な箇所が少なくないのが難点といえる。

他の三種も宮下氏が管理していた松代藩士の系図だが、網羅的なものではない。ただ、『御家中系図』同様、いずれも所蔵文書が書写されている。このうち『家系補録』は、家老クラスの重臣についてかなり詳細な情報を書き込んだもので、しっかりとした作りになっており、『御家中系図』と並んで史料的価値が大きい。対象は、小幡・原・大日方・禰津・赤沢・出浦・石倉・矢沢・鎌原・春原の各氏である。ただし、それぞれの家で作成したものを集成したようで、原記主は異なる。たとえば『大日方氏家譜』は大日方直貞(天保八年没)、『鎌原氏家譜』は天保六年(一八三五)に鎌原貫忠つまり桐山が編纂したものである。なお大日方直貞も、編纂にあたって『滋野世記』『真武内伝』などを参照している。また、筆跡が『御家中系図』に類似している点も、検討事項である。

いずれも国文学研究資料館がマイクロフィルム撮影を行っており、紙焼による閲覧が可能である。[29] ただ内容目録は、同館図書室に備えられている「マイクロ収集史料目録」に拠るしかない。

なお、藩主真田氏の系図『御系譜稿』は、真田氏当主幸俊氏が所蔵されている。筆者は真田幸俊氏所蔵本については未調査の状況だが、旧松代町真田新氏所蔵の『真田系譜考』上下および附録『御分流御系譜稿』三冊の謄写本(明治四三年作成)が、東京大学史料編纂所に架蔵されている。[30] 奥書によると、「感応公」つまり真田幸貫の命を受け、堤俊詮[31]が編纂し、明治四年に献上したものであるという。真田幸俊氏所蔵本は、その後も書き継がれている。

したがって、松代藩士の間では、寛政期には既に先祖の忠功への関心が高まっていたと思われ、『真田家御事蹟稿』編纂で本格化したとみたほうがよいのではないか。『本藩名士小伝』編纂は、その期待に応えたものであったといえる。

ただ不思議なことに、前述の小山田茂誠・之知父子については、本書に立伝されていない。例言末尾で、「たまたま理由があって記した者もあれば、名が知られていても事蹟が伝わらない者は記さない」としているが、小山田氏は松代藩次席家老の家柄である。また樋口角兵衛伝など、茂誠が登場する伝もあるから、彼の存在が意識されなかったわけではないだろう。

ただし、出浦昌相の嫡男幸吉(幸久)や安中繁太など、他にも立伝してしかるべき人物であっても、伝がない人物は少なくない。これは、本書そのものが当初から「藩士列伝」を作る目的を持って編纂されたものではなく、気がついた分を適宜まとめたという編纂過程によるものといえるだろう。

特に小山田父子については、立伝されていない理由を推測できる。実は河原綱徳は『真田家御事蹟稿』を編纂するにあたり、「小山田家文書」の悉皆調査を行っていないらしく、「小山田家文書」は一部しか書写されていない。『君山合偏』「御判物之部」にも、「小山田家文書」は所収されていない。藩主の命令によって行われた修史事業において、なぜこのような事態が生じたのかは不明だが、『御家中系図』も同様で、「小山田氏系図」については古文書の書写がみられない。

つまり綱徳は、小山田茂誠・之知に関する十分な情報を有していなかったといえる。『真田家御事蹟稿』においても、茂誠は昌幸長女村松殿の記述の中で、簡単に触れられるに過ぎない。だから本書でも、小山田父子の立伝は、史料不足から見送られたものと思われる。

3 『本藩名士小伝』の諸本と史料的性格

本書の内容は、『真田家御事蹟稿』と比べると、エピソードを中心とした叙述となっており、読み物として面白い。反面、史料的客観性は、『真田家御事蹟稿』よりも劣るといわざるを得ない。本書も『真田家御事蹟稿』と同様に、冒頭に引用書目が付される。しかし『真田家御事蹟稿』が、典拠史料を明記しつつ、綱徳の見解を記述したのに対し、本書の地の文には、典拠史料への言及がない。異説がある場合に、触れられる程度である。

したがって本書を扱う際には、典拠史料が何かを意識する必要があるだろう。気がついたものは注に記したが、むろん網羅にはほど遠い。なお注執筆に利用した史料の書誌情報は、紙幅の都合上、注には書き切れなかったため、第三節で一部を述べる。

本書は、現在三種類伝本が確認されている。まず調査の過程で、①「河原家本」の存在が明らかになったことは、大きな成果であった。第一丁目に「河原家図書」の朱印が捺されており、河原氏に伝わったことが明らかなものである。今回の翻刻に際しては、この①「河原家本」を底本としている。

筆跡は、『真田家御事蹟稿』と一致しており、河原綱徳自筆である可能性が高い。ただし、本文中で「龕」という字を「合」と「龍」に分けて書いてしまった箇所があることを鑑みると、自筆原本とみるよりは、自筆写本と位置づけたほうがよいかもしれない。写本作成時には、意味を考えずに写すから、こうしたミスがしばしば起こる。ただし、本書自体が、他史料を総合して編纂されたものだから、原本でも起こりうるミスではある。

この点を考える上で注意したいのは、出所は河原家だが、綱家の子息の代に別れた分家で、綱徳とは別家である点である。幕末維新期の当主河原理助正方の出した文書は、「真田家文書」に散見される。系譜関係は必ずしも明確ではないが、『御家中系図』をみると、河原綱家の五男角左衛門の孫(小野喜平太の弟で、婿養子)が「河原利助」を称している(?〜享保一六〈一七三一〉・七・二九)。この系統と思われるが、残念なことに『御家中系図』では途中で記載が途絶えている。

ただ、真田宝物館学芸員山中さゆり氏から、理助正方は、『御家中系図』に記載のある最後の当主隼人進正忠(隼人丞正恒とも)の子息であるとご教示を受けた[32]。正方には男子がおらず、上原管兵衛の次男を養子に迎えた。これが理助正誼である。なお理助系の「河原家文書」には、本来「上原家文書」と呼ぶべき文書群が混入している。正誼の養子入りと、実父上原管兵衛が刃傷沙汰を起こして上原氏が減知を受けた結果らしい。

理助正方の養子理助正誼(安政三〈一八五六〉・四・一〇〜昭和五〈一九三〇〉・七・一三)[33]は、文武両道で知られ、明治元年(一八六八)の会津戦争では、松代藩軍監となり、栃尾口では総督府参謀を務めた。明治四年、廃藩後の旧藩士の生計を助けるため、松代融通方(後の松代融通株式会社)を設立した他、同五年に桑紙製造に着手し、同一三年松代牧畜会社創立、同一四年魚類繁殖会社創立委員となって鮭・鱒の殖産を図るなど、実業家として手腕を発揮している。

このように現在「河原家文書」は、綱徳系と理助系の二家に分かれて所蔵されている。両文書群を区別するため、本稿では仮に「河原綱徳家文書」「河原理助家文書」と呼ぶこととしたい。このうち「河原理助家文書」が、平成二八年(二〇一六)に真田宝物館へ寄贈され、その中に①「河原家本」『本藩名士小伝』が含まれていたわけだ。

①「河原家本」は、茶系統の表紙が付され、竪帳和綴じになっている。「本藩名士小伝巻之一」などと木版刷りの題簽が付され、立派な装丁といえる。表紙右上には「河原蔵書」という黒印が捺され、「文庫七　12の1」「文庫七　12の2」「文庫七　12の3」という書き込みがみられる。この印は、河原理助家の先代当主河原正太郎氏が家伝文書を整理する際に付されたものであるという。また和書を積み重ねた際にみえる「地」の部分には、「本藩名士小伝巻之一」などと記されている。

ただ、真田宝物館に寄贈されたばかりであり、分量が膨大であることも手伝って、「河原理助家文書」の全貌は明らかにはされていない。「河原綱徳家文書」ではなく「河原理助家文書」に本書が伝わった経緯についても、両家の交流の結果であるとは思われるが、今後の調査・研究が俟たれる。

次に、飯島勝休による写本②「飯島文庫本」が長野県立歴史館に所蔵されている。(34) 各巻の奥書には巻一「嘉永五年壬子六月十八日謄写飯島氏源勝休(花押)」、巻二「嘉永五年壬子六月廿二日謄写飯島与作源(花押)」、巻三「嘉永五年壬子六月廿六日手写飯島与作源(花押)」とあり、河原綱徳の生前に一冊ずつ写していったことがわかる。

書写は正確で、①「河原家本」に比べて崩し字も平易である上、誤記を直した箇所もあり、こちらのほうが読みやすい。次に述べる③「丸山史料本」とあわせて、一般に用いられてきたものである。

やはり竪帳和綴じ装になっており、題簽は「本藩名士小伝　上」と上中下で付されている。目視した印象では、書写時に付された題簽である。もっとも、①「河原家本」の忠実な書写であるため、中には「巻之一」などと書かれている。表紙は擦れて痛んでおり、紙の繊維がよれている。中に「松代藩飯島勝休書章」という朱印が捺され、当初段階の整理がわかる。

その後、県立長野図書館に寄贈されたため、冒頭の丁に「飯島文庫」「飯島忠夫氏寄贈」「県立長野図書館　昭和三十年三月二十三日　89410～89412」といった印が捺され、巻末にも「県立長野図書館蔵書之印」という印が押捺されている。これにより、県立長野図書館への寄贈時期は、昭和三〇年(一九五五)、飯島忠夫氏によるものであるとわかる。表紙には、整理ラベルとして「飯280 29 1〜3」が貼られている。言うまでもなく、「飯」は「飯島文庫」の略である。現在は、「飯島文庫」そのものが長野県立歴史館に移管され、「飯島勝休史料」として整理されている。

最後が、③「丸山史料本」である。[35]「丸山史料」は、丸山清俊による書写史料群の総称を指し、昭和三二年に県立長野図書館に寄贈されて「丸山文庫」と命名され、長野県立歴史館移管後は「丸山史料」「丸山清俊史料」と呼ばれている。[36]

丸山清俊は、文政四年(一八二一)六月一五日、小諸領小県郡大石村(現東御市大石)の名主家に生まれた。[37] 柳治郎、作右衛門、作哉を称し、明治に入って清俊を名乗る。天保八年、一六歳の時に祖父の名主代勤を命じられた。国学を好み、江戸に遊学して御家人で国学者の栗原信充(柳庵、寛政六〈一七九四〉〜明治三〈一八七〇〉)に師事した。小諸藩からも認められて苗字帯刀の免許を受け、文久三年(一八六三)には農学書等を献上している。

長野県吏員となった翌年の明治一〇年、長野県関係史料の不足に困惑していた国史編輯掛に転属となった。これにより県費による史料収集が可能になったが、任命時に既に蔵書は一〇〇書目を越えており、若年時から相当の史料を蒐集していたことが指摘されている。

以後、明治一七年一二月二四日に同掛を辞任(長男死去による)するまで、編纂事業に従事し、明治三〇年に死去している。

清俊が松代藩関係の史料蒐集にまで関心を抱いたのは、国史編輯掛転属がきっかけであろう。したがって、明治一〇年から一七年頃に、書写を行ったと考えられる。

③「丸山史料本」は竪帳仮綴じで、表紙に「本藩名士小伝 一」などと書写されているにすぎない。裏表紙も特に付されていない、ごく簡便な写である。表紙をめくったところに、「県立長野図書館 昭和 10841 1〜3」と印が捺され、

「丸216　16　1〜3」と整理番号が連番で記されている。もちろん「丸」は「丸山史料」の略であり、表紙には同じ番号がラベルで貼られている。現在は、「丸山史料」そのものが長野県立歴史館に移管され、「丸山清俊史料」古文書の部として整理されていることは、前述した通りである。

「丸山史料」は、戦前から長野県史編纂事業に繰り返し利用されており、『本藩名士小伝』の利用にあたっても、③「丸山史料本」が広く使われたと思われる。もっとも写としての質は②「飯島文庫本」に比して劣るものの、大幅な異同があるわけではないから、いずれを参考にしたかの確定はできない。

『本藩名士小伝』は、以前より長野県内で存在が知られ、利用がなされてきた。前述した『家系補録』には、『本藩名士小伝』からの引用と記した題簽が貼られており、松代藩士間においても、知られた史料であったと思われる。ただし、昭和四年刊行の大平喜間多編『松代町史』下巻[38]、昭和二九年刊行の『更級郡埴科郡人名辞書』[39]の「河原綱徳」の項では言及がない。なお、『更級郡埴科郡人名辞書』の「河原綱徳」の項は、『松代町史』に依拠しているから、前者に記述がない以上、言及がないのは当然といえる。

『信濃史料』においても、『本藩名士小伝』からの引用はない。これは、『信濃史料』の編纂方針からすれば当然であるとともに、まだ家臣研究にさほど関心が寄せられなかった時代背景によるものだろう。

本格的な学術利用は、田中誠三郎氏が昭和五四年に刊行した『真田一族と家臣団―その系譜をさぐる』[40]がはじめてではなかろうか。昭和五六年の『更級埴科地方誌』第三巻近世編下[41]では、河原綱徳の著作として、『真田家御事蹟稿』の次に挙げられており、関心の高まりがうかがえる。

この時には、県立長野図書館に、②「飯島文庫本」、③「丸山史料本」が寄贈されている。さらに田中誠三郎氏の著作により存在が周知され、利用が活発化したものと思われる。

その後、真田氏家臣団について本格的にまとめたのが、寺島隆史氏である。寺島氏は、平成一〇年の『真田町誌』[42]、平成一四年の『上田市誌』[43]において、昌幸～信之期の家臣団を整理された。両書本文では言及はないが、『本藩名士小伝』の記述も参考にして執筆した旨、その後ご教示を賜わった。なお寺島氏が利用されたのは、②「飯島文庫本」である。ここに、真田氏家臣団の研究が本格化したと評価できる。

寺島氏のご教示を受け、筆者も再録論文集『真田氏一門と家臣』[44]の総論（平成二六年）および単著『真田一族と家臣団のすべて』[45]（平成二八年）執筆に際し、②「飯島文庫本」を利用して家臣団の整理を行った。その際、本史料を含め、注記した典拠史料についてしばしば聞かれたことを憶えている。真田家臣の系譜・伝記史料の知名度は、長野県内に留まっていたのである。これは、真田家に限らず、家臣研究への関心の低さによるものと言わざるを得ない。

しかし現在は、大名・国衆だけでなく、家臣についても研究を深めることで、組織体としての大名・国衆権力を明らかにすることが重視される段階にきている。本書の刊行も、その一助となるであろう[46]。

二　戦国～近世初期真田氏の歴史と『真田家御事蹟稿』

1　戦国・豊臣期の歴代

本書をお読みいただく上で、戦国から近世初期の真田氏歴代について、概説しておく必要があるだろう[47]。ひとつには注では書き切れなかったためでもあるが、『真田家御事蹟稿』を編纂した河原綱徳の「歴史認識」を探る意味もある。

真田氏が近世に編纂した系図では、海野棟綱の実子が真田郷（現上田市真田町）に入部し、真田幸隆と名乗ったのが真田氏のはじまりとしている。しかしこれは真田氏を滋野一族の惣領家海野氏の直系とする系譜操作であり、事実ではない。

『一徳斎殿御事蹟稿』において、綱徳もこの主張を踏襲している。藩史編纂という目的からして当然のことだが、「良泉寺記」(「良泉寺矢沢系図」)の「元祖真田右馬佐、号真田道端居士」「真田源之助様御父也」という記述も紹介している。真田氏菩提寺長国寺の位牌に、「真田道端大禅定門」があったと記した直後だから、言及せざるを得なかったのだろう。綱徳は「真田源之助」は矢沢頼綱の初名であるとのみ述べているが、頼綱は「真田幸隆」の実弟とされる人物だから、「真田道端大禅定門」は「真田幸隆」の父ということになる。つまり、はじめて真田苗字を称したのは「幸隆」ではない。

実際の真田氏は、鎌倉時代初期の海野氏当主長氏の子「真田七郎幸春」に始まる庶流家とみられる(『信州滋野氏三家系図』『群書系図部集』六─五〇五頁)。ただ、その後の足跡はほとんど不明で、戦国期に入って姿を現す。その初代が真田「幸綱」である。一般に「幸隆」の名で知られるが、同時代史料上は「幸綱」で一貫している。

以下、『真田家御事蹟稿』において伝または付伝が立てられている人物について、順に略歴を記していこう。

〔幸綱〕永正一〇年(一五一三)~天正二年(一五七四)五月一九日。

真田氏の実質的初代当主。官途名弾正忠、出家号一徳斎。『真田家御事蹟稿』では『一徳斎殿御事蹟稿』として立伝。より信頼性の高い系図をみると、海野棟綱の女婿または外孫であり、棟綱の実子ではない。実父は、「良泉寺矢沢系図」より、真田頼昌(?~大永三〈一五二三〉・三・一五、真田道端大禅定門のこと)と思われるが、実名が正しいかは定かではない。また、海野棟綱と真田幸綱の世代差はさほどないようだから、外孫とするのは難しいように思われる。

しかし幸綱の妻は他に河原隆正妹(『真田家御事蹟稿』)・飯富虎昌娘(『系図纂要』)・羽尾幸全娘がいたとされる上、男子はすべて河原隆正妹泰運(雲ヵ)院殿が生んだとされるから、確定が難しい。

天文一〇年（一五四一）五月、武田信虎・村上義清・諏方頼重連合軍の攻撃で、海野棟綱とともに上野に追われる（海野平合戦）。上野では箕輪城主（現高崎市）長野業正を頼るが、翌六月に武田信玄がクーデターを起こし、父信虎を追放したため、その後しばらくして武田氏のもとに出仕した。以後、外様国衆として処遇されるが、ほとんど身一つで亡命してきたことがかえって重視され、「御譜代同意」（『甲陽軍鑑末書』）と厚遇される。

幸綱にとっての画期が、天文二〇年五月の砥石城（長野県坂城町）攻略であったことはいうまでもない。調略により、真田氏独自で成し遂げた攻略であったようで、村上義清没落のきっかけを作った。これにより、同城付近に位置した本領真田郷に復帰する。以後は、川中島戦線で長尾景虎（上杉謙信）と対峙する。

その後、嫡男信綱とともに上野吾妻郡経略に関与した。信玄は永禄四年（一五六一）の第四次川中島合戦の後、上野進出を本格化し、箕輪城を中心に西上野の領国化に成功した。そのうち吾妻郡には、永禄七年末から八年初頭頃に岩櫃城（現群馬県東吾妻町）が築かれた。同城には幸綱・信綱父子が入って吾妻郡国衆への軍事指揮権を与えられ、上杉謙信への備えを固めたのである。

おそらくは岩櫃入城を契機として、出家して一徳斎（幸隆はあるいは法号で、「こうりゅう」と読むか）を称した。永禄一〇年、白井長尾氏の居城白井城（現渋川市）をやはり調略で攻略し、白井長尾氏との抗争が始まる。

この永禄一〇年頃までに、家督を信綱に譲って隠居した。あるいは、出家と同時かもしれない。

天正二年（一五七四）五月一九日、武田信玄の後を追うように死去した。享年六二。法名は、月峯良心庵主。菩提寺長谷寺（現上田市真田町）に葬られた。「笑傲院殿」とあるのは、追号だろう。

五人の男子（信綱・昌輝・昌幸・信尹・金井高勝）はすべて河原隆正妹（?～天正二〇〈一五九二〉・五・二〇または文禄二〈一五九三〉・八・一）が産んだ。法名は、喜山理慶大姉。長谷寺に幸綱・昌幸と並んで墓がある。明治六年（一八七三）に「泰運（雲ヵ）院殿」と追号された（『真田系譜考』）。現在、「恭雲院」という院号が流布しているが、崩し字の誤読と思われる。(48)

〔信綱〕天文六年(一五三七)～天正三年(一五七五)五月二一日

幸綱の嫡男で、真田氏二代当主。仮名源太郎ヵ、官途名源太左衛門尉。生母は河原氏。妻は高梨政頼娘於北(?～天正八〈一五八〇〉・二・一〇)。『真田家御事蹟稿』では、『信綱寺殿御事蹟稿』が立伝されている。

永禄一〇年以前に、真田氏家督と岩櫃城将(軍事指揮権のみを与えられた城代)の地位を継承した。『甲陽軍鑑』「甲州武田法性院信玄公御代惣人数事」によると、「信州先方衆」筆頭で、騎馬二〇〇騎を率い、弟昌輝の騎馬五〇騎も指揮下においていたという。これらの数字は実際の軍役高と一致しないが、他の比較材料にはなる。検討をしてみると、「信州先方衆」つまり信濃の外様国衆では第一位で、武田氏宿老に並ぶ。かなりの厚遇ぶりがうかがえる。なお、「先方(せんぽう)」とは旧敵方という意味で、武田氏において外様衆を指す用語である。

知行地も、大幅に増加していた。父幸綱の本来の支配領域、つまり海野平合戦前の本領は、真田郷を中心とする七ヶ村であったという。その村高は、信之が松代に転封となった元和八年(一六二二)段階でも一六四一貫七四〇文に過ぎない。これは数度の検地を経て上積みされた数字だから、信綱の時代にはもっと少なかったことであろう。

しかし信綱・昌輝兄弟が討死した後、弟昌幸が相続した知行高は合計で一万五〇〇〇貫文に上ったという(『長国寺殿御事蹟稿』所引『滋野世記』)。真田氏は、「信州先方衆」つまり外様国衆という扱いであったが、実質的には武田氏のもとで武功を顕し、武田氏からの加増を受けて勢力基盤を整えた存在であった。なお、おそらく信綱の代に、領内検地を実施している。

吾妻郡防衛に専念するため、信玄・勝頼の出陣に同陣したことは少なかった。天正三年の長篠合戦で、弟昌輝とともに討死した。信綱の従兄弟河原兄弟を含め、家臣も多く討死しており、真田氏の再建は弟昌幸に託されることになる。

法名は、信綱寺殿大室道也居士。打越寺(現上田市真田町)に葬られた。なお、同寺は後に信綱寺と改称している。子息与右衛門(『見夢雑録』)が幼少であったため、家督は弟昌幸が嗣いだ。娘の清音院殿(名前は「久」か)は、昌幸嫡男信之に嫁いでいる(『滋野世記』『加沢記』)。遺児与右衛門は、従兄弟信繁に従って大坂の陣に参陣した後、落ちのびたらしい。実名は貞平・貞幸・信通と諸説あるが、当時の真田氏が「信」を通字としたこと、典拠史料中ではもっとも信頼性が高い『元寛日記』にみえることから、信通の可能性が高いか。

〔昌輝〕天文一二年(一五四三)六月ヵ～天正三年(一五七五)五月二一日

幸綱の次男。仮名藤蔵、官途名兵部丞。生母は河原氏。生年は『信綱寺殿御事蹟稿』に拠ったが、『系図纂要』に記された享年を逆算すると天文一三年生まれとなる。田中誠三郎氏によると、妻は佐久郡国衆阿江木浄喜の娘という。『信綱寺殿御事蹟稿』付伝として、「兵部丞君伝記」が立てられている。

兄とともに、長篠合戦で討死した。享年は三二または三三。法名は、風山良薫大禅定門。文政年間(一八一八～三〇)に、「嶺梅院殿」という院殿号が追贈された。

討死時、嫡男信正は乳児であったという。彼の子孫の系統は、沼田藩真田氏に仕えるなど諸大名の間を転々とするが、最終的に越前松平氏に仕えたため、越前真田氏と呼ばれる。

〔昌幸〕天文一六年(一五四七)～慶長一六年(一六一一)六月四日

幸綱の三男で、真田氏三代当主。仮名源五郎、官途名喜兵衛尉、受領名安房守。一時武田親類衆武藤氏の家督を相続し、武藤喜兵衛尉を称した。なお安房守は、文禄三年(一五九四)に正式任官し、従五位下安房守となる(『駒井日記』)。豊臣姓での任官であろう。生母は河原氏。妻は山之手殿(寒松院殿、後掲)。『真田家御事蹟稿』では、『長国寺殿御事蹟稿』が立伝されている。

天文二二年に七歳で信玄のもとに人質に出された。才能を見出されて奥近習に取り立てられ、第四次川中島合戦で本陣を守ったのが初陣という(『甲陽軍鑑』)。

元亀三年(一五七二)以前に、武田親類衆武藤氏の家督を継承した。信玄からは、曾禰昌世・三枝昌貞とともに、「我が両眼の如く」と評されたという(『甲陽軍鑑』)。内々の軍議や裁判の傍聴を許されるなど、将来の重臣候補として特別待遇を受けた。つまり昌幸は、「外様」ではなく、譜代家臣として処遇されたのである。

天正三年(一五七五)に兄二人が長篠で討死したため、真田氏に戻って家督を継いだ。ただ兄二人には幼いながら男子がおり、昌幸は本来甥の成人までの「名代」(家督代行)にとどまるのが本来の筋である。しかし勝頼は昌幸に正式に真田氏の家督を嗣がせることを選択した。その際、信綱に従ってきた家臣団の不満を抑えるために、信綱の娘清音院殿と昌幸嫡男信之の縁組みを指示したという(『加沢記』)。孫の代には、女系で信綱の血が受け継がれることを示そうと考えたのである。

昌幸は武田氏譜代家臣として処遇されていたため、国衆家当主と、武田氏家老を兼ねる立場となった。このため、軍事指揮権しか与えられなかった幸綱・信綱とは異なり、行政権も付与されていく。

北条氏政との同盟崩壊後、勝頼嫡男信勝元服の祝儀として、安房守の名乗りを許された(安房守は、北条家中における上野経略責任者北条氏邦の受領名)。天正八年、上野沼田城を攻略し、岩櫃領(吾妻郡)・沼田領(利根郡)の二郡、つまり北上野を城代(「郡司《ぐんじ》」)として預かる宿老に出世した。

しかしこのわずか二年後に武田氏が滅亡を迎えることになる。昌幸は、勝頼に居城岩櫃への避難を勧めたとされるが、実際には北条氏邦とコンタクトをとろうと動き出しており、譜代家老として武田勝頼を支える責務と、国衆家当主として領国を守り抜く責任との板挟みになっている。

天正一〇年三月の武田氏滅亡後は、結局織田信長に従い、上野厩橋城に入城した滝川一益の与力となった。その際、岩櫃・沼田両城を明け渡したが、六月二日の本能寺の変により事態が急転。一益から沼田城の返還を受けており、岩櫃もおそらく同様とみられる。ここに武田勝頼から城代として預けられていた北上野は、国衆真田昌幸の領国となった。

「天正壬午の乱」と呼ばれる、天正一〇年の北条・上杉・徳川三氏の武田旧領(甲斐・信濃・上野)争奪戦では、上杉↓

北条→徳川と目まぐるしく主家を代えつつ領国の維持に成功した。しかし家康が北条氏と和睦・同盟をする際に、甲斐・信濃は徳川領、上野は北条領という「国分《くにわけ》」が定められてしまった。昌幸は北上野（沼田領・岩櫃領、以後沼田領と総称）引き渡しを拒否し、家康との関係はすぐに微妙なものになる。

翌天正一一年、上杉氏に対する防衛拠点上田城を家康に築城してもらい、後に徳川氏から譲り受ける。おそらく、沼田領引き渡しのための懐柔策だろう。

しかし昌幸は沼田領を維持すべく、小県郡をほぼ平定した後の天正一三年六月に、上杉景勝に帰参した。閏八月二日、これに怒った徳川勢を上田で迎え撃って打ち破り（第一次上田合戦、神川合戦）、秀吉からも支援の約束を取り付けた。しかし秀吉が徳川配下に戻すという腹案を示したことで上洛命令を無視し、「表裏比興者」と非難されて一時討伐対象となる。上杉景勝の嘆願などで赦免された後、天正一五年二月に上洛して大坂で秀吉に拝謁し（「大阪城天守閣所蔵文書」）、上杉氏から独立した豊臣大名（「小名」）へと取り立てられた。その際、戦時には徳川家康の指揮下に置くという与力大名という処遇を受ける。これが本多忠勝の娘小松殿が家康養女として、真田信之に嫁ぐ前提である。

秀吉の北条氏服属交渉の過程で、沼田領の三分の二（実質的には利根郡一帯）を北条氏直に引き渡す。ところが、天正一七年一〇月末、沼田に入城した北条氏邦の家老猪俣邦憲が、内紛に乗じて沼田城至近の名胡桃城（現群馬県みなかみ町）を攻略してしまったため（名胡桃城事件）、翌天正一八年に小田原合戦となる。昌幸・信之・信繁は、上野の案内をするために、前田利家・上杉景勝率いる北国勢に従い、佐久郡から碓氷峠を越えて上野松井田城（現安中市）を攻略。上野・武蔵の諸城を攻略した後、浅野長政への援軍として、武蔵忍城（現行田市）攻撃に参加し、小田原開城後も抵抗を続けていた同城の降伏を見届けることとなる。なお忍城攻めでは、昌幸・信之とも失態を演じている（『里見吉政戦功覚書』『大鋒院殿御事蹟稿』）。

小田原合戦後、沼田領三分の二が返還され、昌幸が信濃上田三万八〇〇〇石、信之が上野沼田二万七〇〇〇石の豊臣大名（「小名」）と確定する。

この他、昌幸次男信繁が秀吉馬廻として上田領から一万九〇〇〇石の分知を受け、正室として秀吉の有力奉行大谷吉継の娘竹林院殿を迎えた。信繁と昌幸の娘趙州院殿を中心に閨閥をみると、大谷吉継を介して信繁の上司である石川《いしこ》一族や、真田氏と秀吉を結ぶ「取次」石田三成とも縁戚となっていることがわかる。信之も、三成と非常に親しい関係にあり、真田一族は合計八万四〇〇〇石の小大名（「小名」）ながら、豊臣政権奉行人に深く食い込んだ姻戚関係を結んでいたといえる。

慶長五年（一六〇〇）の関ヶ原合戦では、信之が徳川方（東軍）、昌幸・信繁が石田・毛利方（西軍）と別れた。いわゆる「犬伏の別れ」だが、実際には犬伏（佐野市）ではなく、ひとつ手前の天明宿（同前）で密談し、父子の去就を分けたと指摘されている。

その後、次男信繁とともに上田城で徳川秀忠率いる徳川本隊を迎え撃ち、勝利する（第二次上田合戦）。しかし実際には、上田攻めの中止と急ぎの西上という作戦変更が伝えられた結果、秀忠が上田を去ったに過ぎず、戦ったのは数日しかない。また収穫期に戦場となった上田領は、刈田によって大きな被害を受けた。

関ヶ原で「西軍」が敗北した結果、信繁とともに高野山配流となる。当初は真田氏の宿坊蓮華定院に入ったが、間もなく山麓の九度山（現和歌山県九度山町）に移った。

その後も、赦免を目指しつつ、正室山之手殿の所領仕置きに口を挟むなど、国許と密接に連絡をとっていた。信之は取次である本多正信を介して赦免運動を行ったが、結局赦されることはなかった。最晩年には右筆もおらず、病気で筆を取ることも難しくなったようで、信繁に書状を代筆させている。慶長一六年に、九度山で死去した。

法名は、一翁干雪居士（千雪は誤り）で、生前に蓮華定院において定めてもらっていた。「長国寺殿」は明らかに松代転封後の追号であり、「龍花院殿」は沼田景泰の法名との混同であるという。墓は、屋敷地後に建てられた真田庵（現和歌山県九度山町）と、長谷寺（現上田市真田町）にある。

〔山之手殿〕？～慶長一八年（一六一三）六月三日

昌幸の正室で、村松殿（小山田茂誠室）・信之・信繁・昌親らの生母。『真田家御事蹟稿』では、『寒松院殿御事蹟稿』が立伝されている。

菊亭晴季娘など、公家出身とされることが多い。武田時代に昌幸が作成した検地帳（『真田氏給人知行地検地帳』）に「京之御前様」とあるから、京出身なのは間違いないが、結婚当時の昌幸は信玄の側近に過ぎず、到底家格が釣り合わないから、信玄正室三条殿に連なる侍女あたりが妥当ではないか。

なお昌幸は、九度山配流後に自身と山之手殿の逆修（生前）供養を蓮華定院で行っており、そこで山之手殿について「武田信玄公養子」と記させている。実は山之手殿の父といわれる菊亭晴季正室は、甲斐を追放された武田信虎が駿河で儲けた娘である。したがって、山之手殿を菊亭晴季娘とすれば、武田信玄の姪と主張できることになる。昌幸自身によって、早くから吹聴された話かもしれない。昌幸は武田氏滅亡後、自身を信玄の後継者に擬そうとした形跡がある。

天正一七年の秀吉による諸大名妻子在京命令により、京の真田屋敷に入った。関ヶ原に際しては、河原綱家等大坂屋敷留守居役に守られて、信繁の舅大谷吉継に庇護されている。

高野山配流には同道しなかったが、昌幸赦免を本多正信に働きかけていた。その後は、沼田にいる小松殿の代わりに江戸屋敷に入ったものと思われる。昌幸死後に落飾したらしく、生前から「寒松院」と号している。奇しくも、昌幸三回忌の前日に死去した。法名は昌幸の依頼で蓮華定院において定められており、寒松院殿宝月妙鑑大姉である。菩提寺は当初は自身が開基した大輪寺（現上田市）。真田氏の松代転封後、新たに大林寺（現長野市）が松代に建立され、墓も移された。

〔信尹〕天文一六年（一五四七）～寛永九年（一六三二）五月四日

幸綱の四男。仮名源次郎、加津野市右衛門尉、加津野隠岐守、真田隠岐守。実名は当初昌春、後に信尹。母は河原氏。妻は武田氏宿老馬場信春の娘。『信綱寺殿御事蹟稿』付伝として「隠岐守君伝記」がある。

永禄一二年(一五六九)の駿河深沢城(現御殿場市)攻めで功績を立て、敗走した勇将北条綱成の馬印「黄八幡」を与えられた(「真田家文書」として真田宝物館に伝来)。

天正五年(一五七七)、長篠で当主が討死した武田親類衆加津野氏に、嫡男出羽が婿養子として入った。しかし出羽はまだ幼少のため、成人まで信尹が「名代」として家督を代行することになり、加津野市右衛門尉昌春に改称。勝頼嫡男信勝元服に伴い、天正七年末~八年初頭頃に隠岐守に改める。

武田氏滅亡時は、信濃牧之島城(現長野市信州新町)に在城していたらしい(『里見吉政戦功覚書』)。牧之島城代は、舅馬場信春とその子民部少輔信忠だから(民部少輔の実名は高野山奥之院に幕末に建立された石塔によるもので、確証はない)、馬場信忠を補佐していたのかもしれない。

本能寺の変後は、兄同様上杉景勝に服属したが、北条氏への内通が露見し、昌幸が軍勢を派遣して牧之島城からの脱出を支援している。その後、徳川家康に従属し、昌幸の家康従属交渉を成功に導いた。ただ、天正一一年までは昌幸と共同歩調を取ることも少なくないため、当初は真田氏側の取次であったのだろう。

天正一八年、家康が関東に転封になった際に、曾禰昌世とともに徳川氏を致仕し、会津に入部した蒲生氏郷に仕える。この時、昌春から信尹に改名し、真田に復姓したものと思われる。知行高は当初五〇〇〇石、後に六〇〇〇石。しかし氏郷没後、蒲生氏も致仕した。

慶長七年(一六〇二)、甲斐で三〇〇〇石を与えられ、旗本となる。後、一〇〇〇石加増。大坂冬の陣では使番をつとめ、諸大名に家康・秀忠の命を伝達した。その際、本多正純の命を受けて、甥信繁の寝返り工作を行ったが、失敗している。なお、信繁の首実検は、信尹が行ったと伝わる。

寛永九年(一六三二)没、享年八六。法名は、蓮華定院においては無斎禅定門、菩提寺龍岸寺(北杜市、信尹が中興開基)においては、徳盛院殿真田無済居士と付された。子孫は旗本として続いたが、嫡流は無嗣断絶となっている。

〔信繁〕元亀三年(一五七二)ヵ〜慶長二〇年(一六一五)五月七日

昌幸の次男。幼名弁丸、仮名源次郎。文禄三年(一五九四)一一月、豊臣姓で従五位下左衛門佐に任官している。九度山で入道し、好白と号した。生母は山之手殿。正室は大谷吉継の娘竹林院殿(?〜慶安二〈一六四九〉・五・一八)。側室として、堀田作兵衛興重の妹(?〜慶長四〈一五九九〉ヵ)、傅役とみられる高梨内記の娘。また関白豊臣秀次の忘れ形見隆清院殿も妻としたというが、史料的裏付けがとれない。

『真田家御事蹟稿』は『左衛門佐君伝記稿』を立伝しており、当主以外ではもっとも手厚く扱われている。一般に実名「幸村」で知られるが、討死前日の文書でも「信繁」と署判しており、創作と考えざるを得ない。現時点では、寛文一二年(一六七二)までに成立した軍記物『難波戦記』が初出とされている。

生年は通説では永禄一〇年だが、元服年齢や最初の書状の幼い文面を勘案すると、『左衛門佐君伝記稿』所収「蓮花定院書上」(高野山蓮華定院に伝来していた覚書)から逆算できる元亀三年生まれがもっとも整合性が高い。あるいはもっと若い可能性もある。

天正一〇年、滝川一益が上野から本国伊勢へ敗走する際、人質として差し出され、その途上で木曾義昌に引き渡された。しばらく木曾に滞在し、同地から河原綱家に宛てて、幼名「弁」でかな書きの消息を送っている。昌幸が上杉景勝に再従属した天正一三年、春日山城(現上越市、ただし海津城であった可能性もある)に人質として送られる。その際、新たに昌幸に与えられた屋代氏旧領三〇〇〇貫文のうち、一〇〇〇貫文を信繁に与えるよう景勝から指示があり、屋代氏旧臣に本領安堵状を出している。この時まで、幼名「弁」でみえる。

昌幸上洛後、秀吉の人質になったとされるが、その後馬廻に取り立てられている(『大鋒院殿御事蹟稿』所引「太閤記」)。

時期は小田原合戦の後であろうか。知行地は、先述したように昌幸の上田領から分知され、慶長元年(一五九六)時点で一万九〇〇〇石。知行地支配は昌幸の家老が代行し、年貢米を換金して伏見に送ってもらっている。

馬廻としての上司石川光元《いしこ》は、訴訟受理にあたった豊臣政権奉行人「十人衆」のひとりでもあり、その弟達は秀吉死後に秀頼付家老の地位についている。また、正室竹林院殿の父大谷吉継は秀吉の有力奉行であり、石川光元の弟光吉(一般に貞清)の妻は吉継の妹である。光吉は尾張犬山一万石・木曽代官で、弟一宗とともに秀頼付家老四人衆を務めた。また昌幸の娘趙州院殿が嫁いだ宇多頼次は、石田三成の父正継の猶子《ゆうし》(相続権のない、政治的関係構築のための養子)で、その妹は石田三成と石川一宗に嫁いでいる。

こうした姻戚関係からみれば、秀吉馬廻としての信繁には、武官というより吏僚という要素が強いのかもしれない。また兄信之と同時に従五位下左衛門佐に任官している点、一万九〇〇〇石という知行の大きさ、正室が大谷吉継の娘という点をつなぎあわせると、一般に思われている以上に、秀吉から目をかけられているようにみえる。

秀吉死去一ヶ月前の形見分けでも、昌幸・信之同様に、脇指を拝領している。こうした秀吉および奉行衆との人的つながりが、関ヶ原時の去就や大坂入城を決断させた材料のひとつだろう。

九度山における「何もすることがない」生活は、かなり堪えたようで、老いを嘆く厭世的な書状が残されている。概して信繁晩年の書状は、厭世的なものが多いが、それに反して筆致は力強い。三〇代で配流の身となった信繁にとって、武家社会への復帰は悲願であったのだろう。それが大坂入城を決意させた、最大の理由といえる。

慶長一九年の大坂冬の陣に際し、大坂に入城した信繁は、「真田丸」と呼ばれる出丸を構築した。一二月四日の「真田丸の戦い」で徳川方に大勝し、武名は一気に知れ渡った。

夏の陣では家康本陣に突撃を繰り返し、「日の本一の兵《つわもの》」(「島津家文書」)と絶賛されるほどの勇名を馳せるが、三度目に力尽きて討死した。享年四四ヵ。法名は、大光院殿月山伝心居士と追号された。

本書に立伝されている高梨内記・采女父子および青柳青庵は信繁の指揮下で討死し、従兄弟の与右衛門（信綱嫡男）や近親源八郎も信繁に従い、落城時に脱出したようである。

嫡子大助は、秀頼に殉じ、五月八日に自害した。享年一四。法名は、直入全孝大居士と追号された。元服していたかは定かではないが、もし元服していたとすると、実名は幸昌ではなく信昌だろう。『真田家御事蹟稿』は、『左衛門佐君伝記稿』付伝として「大助君伝記」を立てている。

2　近世初期の歴代

〔信之〕永禄九年（一五六六）～万治元年（一六五八）一〇月一七日

昌幸の嫡男で、真田氏四代当主。初代沼田領主、上田藩・松代藩初代藩主。仮名源三郎。文禄三年（一五九四）一一月、豊臣姓で従五位下伊豆守に任官している。関ヶ原後、本姓を滋野に戻す。実名は、当初信幸、関ヶ原合戦後に信之に改名。晩年に剃髪し、一当斎と号した。生母は山之手殿。妻は信綱娘清音院殿、本多忠勝娘（家康養女）小松殿（後掲）、側室に玉川右京（亀子、本書に立伝あり）。

天正七年（一五七九）、武田勝頼嫡男信勝とともに元服し、揃ってお歯黒をつけた。「信」は武田氏からの偏諱だが、武田氏が滅亡するため、この後真田氏の通字となる。昌幸家督相続の正当性を示すため、天正三年段階で従姉妹清音院殿（?～元和五〈一六一九〉・九・二五）を正室に迎えている（『滋野世記』『加沢記』）。

武田氏滅亡後、大叔父矢沢頼綱（沼田城代）の補佐を受けながら、岩櫃城代を務める。天正一三年の第一次上田合戦では、砥石城から伏兵として出撃し、敗走する徳川勢の側面を突いて大打撃を与えた。いっぽうで沼田・岩櫃は北条氏直の攻撃に晒されており、岩櫃付近の横尾八幡城（現群馬県中之条町）の防備を強化している。

昌幸が天正一五年二月に上洛し、秀吉から本領安堵を受けたことで、沼田領(含む岩櫃領)は真田氏のものと承認される。その後、寄親である徳川家康との関係を深めるため、本多忠勝の娘小松殿を家康養女という形で妻に迎える。

秀吉による沼田領問題裁定を受け、沼田城のある利根郡を北条氏直に引き渡し、代わりに寄親家康から信濃箕輪領(現長野県箕輪町)で替地を与えられるが、「名胡桃城事件」勃発により、岩櫃の守りを堅め、家康を通じて秀吉に北条氏の非法を訴えた。これが小田原合戦の原因となる。

北条氏滅亡後、沼田領はすべて信之に返還され、上野沼田二万七〇〇〇石の大名(「小名」)となる。真田氏に対する取次石田三成とは非常に親しく、その友誼は諸大名にも知れ渡っていたほどであった。しかし関ヶ原においては、三成ばかりか、父昌幸・弟信繁とも去就を分け、姻戚である徳川家康に味方した。公私を厳しく峻別する性格を指摘できよう。関ヶ原合戦後、約束通り父・弟の旧領上田領を加増され、九万五〇〇〇石の大名となる。ただし、上田城は徹底的に破却されたため、引き続き沼田を居城とした。その上で、戦乱で荒廃した上田領復興に乗り出している。

慶長六年、実名を「信幸」から「信之」に改めているが、慶長一三年から一七年まで「信幸」に戻しており、没後に孫の幸道が蓮華定院に建立した供養塔にも「信幸」と刻まれている(蓮華定院裏手に所在)。改名は昌幸の「幸」を憚ってのものとされるが、心機一転という要素が強いのではないか。

九度山に配流された昌幸・信繁に対しては、年一〇〇両にものぼる支援金を送りつつ、井伊直政や取次本多正信を通じて赦免工作を展開した。しかし結局うまくいかず、昌幸死去時には、正信から「昌幸は公儀憚りの仁であるため、葬儀を行う前に家康・秀忠の許可を得るよう」にとのアドバイスを受けている。

ただ、慶長一〇年に秀忠に供奉して上洛した際に九度山に寄った形跡があり、生前の再会は果たせたようである。これが父・弟との永遠の別れとなった。

大坂の陣勃発時は体調を崩しており、沼田で病気療養を行っていた。非常に長命を保った人物だが、しばしば病臥し、書状に花押を据えることもままならないことが多い。この時の病気は、五年ほど続く長患いであった。しかし実弟信繁の大坂入城が疑念を招くことを危惧したためか、江戸に出府。幕府の許可を貰って江戸屋敷で療養生活を送っている。代わりに、冬の陣・夏の陣ともに嫡男信吉(生母は清音院殿)、次男信政(生母は小松殿)が出陣し、矢沢頼幸・木村綱茂・小山田之知らが補佐した。

戦後、危惧通り内通嫌疑が生じたが、信吉が速やかに軍功関係書類を提出して疑いを晴らしたといい、信之も大坂に駆けつけて信繁に与した家臣の家族に断固たる処分(基本的に死罪)で臨んだため、大きな問題となることはなかった。

元和二年(一六一六)、家康の死後に本拠を上田に移し、沼田領支配は嫡男信吉に委ねた。以後、上田復興に傾注するが、元和八年、松代(当時は松城)一〇万石に加増転封となる。沼田三万石はそのままだから、一三万石の扱いである。ただ、沼田領以外にも次男信政・三男信重に分知したため、信之の管轄は八万七〇〇〇石にとどまった。

松代転封は、一般に真田氏が幕府に忌避された結果とする考えが根強い。しかし真田氏以前の歴代藩主は徳川一門や筆頭家老酒井氏であり、信之自身が出浦昌相宛書状で述べているように、「北国の要」を任せるに足る人物としての人選だろう。信之としても、祖父幸綱の縁のある土地である。

しかし、事実上はじめての転封への不安は大きく、寛永七年(一六三〇)に中~上級家臣が大量脱藩するという「四十八騎牢人事件」が起きている。脱藩者の中には、真田一門常田永信(実父は河原綱家)、昌幸の九度山配流に同行し、大坂の陣で討死した父を持つ飯島市之丞など多くの有力者が含まれており、これが唯一の失政といえる。

嫡男信吉に先立たれたため、次男信政を嗣子とするが、若年の四代将軍家綱を奉じる幕閣は、信之は「天下の飾り」であるとして隠居願いを退け(『大鋒院殿御事蹟稿』)、ようやく隠居が許可されたのは明暦二年(一六五六)、九一歳の時であった。

ところが、信政は二年後に急死してしまい、遺言でわずか二歳の幸道が家督を嗣ぐことになる。信之はみずから後見するとして幕閣の許可を得た。その五ヶ月後の万治元年（一六五八）七月、剃髪して一当斎と号す。翌月より体調を崩し、一〇月に死去した。法名は、大鋒院殿徹巌一当大居士。墓は菩提寺大鋒寺など各地に所在し、かたわらには殉死した鈴木右近の墓がたたずんでいる。

文化一〇年（一八一三）、幸専の代に「景徳大明神」という神号が奉られ、文政七年（一八二四）、幸貫によって「武靖大明神」と改められた。そのため、本書では「武靖公」「神公」などとも呼称される。

〔小松殿〕天正元年（一五七三）～元和六年（一六二〇）二月二四日

本多忠勝の娘で、徳川家康の養女の扱いで信之に嫁いだ。豊臣秀吉が仲介したというから、戦争状態にあった徳川・真田間のわだかまりを解消し、北条氏服属交渉にあたらせようという政治的意図があったと思われる。輿入れ時期は、本多氏や幕府の系図は天正一四年とするが、昌幸の大坂出仕は翌年二月だから、天正一五年の誤りであろうか。なお、誰の養女かをめぐっては、幸道の代には幕府も松代藩もわからなくなっており、早くから混乱がみられたようだ。

「小松」は名前ではなく尊称だが、由来は不明である。真田氏菩提寺の『長国寺記』は稲姫、小松殿菩提寺の『大英寺記』は御子亥姫といったとする。

関ヶ原合戦に際し、沼田城を乗っ取ろうとした昌幸の企みを見抜き、追い返した話が著名である。

本多忠勝生前は沼田にいたようだが、幕府の体制が確立するに伴い、江戸屋敷に移った。その後、体調を崩して草津湯治に赴こうとした途中、武蔵鴻巣（現鴻巣市）で死去した。享年四八。法名は、大蓮院殿英誉皓月大禅定尼。

〔信吉〕文禄二年（一五九三）ヵ～寛永一一年（一六三四）一一月二八日

信之の嫡男で、生母は清音院殿とみられるが、小松殿の養子扱いを受けたようで、彼女を「悲母」（亡母）と呼んで供養している。二代沼田領主。幼名仙千代、仮名孫六郎、従五位下河内守。正室は酒井忠世の娘。側室は真田家臣依田氏（慶寿院殿）。『真田家御事蹟稿』は、『天桂院殿御事蹟稿』『天桂院殿御事蹟続稿』を立伝。

大坂の陣では病床の父に代わり出陣。元和二年（一六一六）に信之が上田に移ったことを受け、沼田支配を任された。なお、河内守任官は元和三年（『天桂院殿御事蹟稿』所引『滋野世記』）、寛永元年（『沼田日記』）と諸説あるが、実際には大坂冬の陣の段階で河内守を称している。

父に先立って早逝した。死因は疱瘡と伝わる。信之は、そこではじめて側室慶寿院殿との間に男子がふたり（熊之助と信直）いることを知ったという。享年四二ヵ。法名は、天桂院殿月岫浄珊大居士。沼田の天桂寺に葬られた。

〔信政〕慶長二年（一五九七）ヵ〜明暦四年（一六五八）二月五日

信之の次男で、生母は小松殿。幼名百助、従五位下大内記。四代沼田領主、二代松代藩主。正室は稲垣重綱の娘（離縁したという）。側室は二代目小野於通、および百姓五郎左衛門（召し出して高橋姓下賜）の妹（松寿院殿）。『真田家御事蹟稿』は、『円陽院殿御事蹟稿』『円陽院殿御事蹟続稿』を立伝。

関ヶ原合戦時、四歳で江戸に人質として送られたという。介添え役は、矢沢頼幸。大坂の陣では、兄に従って出陣。大内記任官は、元和三年（一六一七）とされるが、実際には大坂冬の陣の時点で「内記」とみえる。

元和八年の松代転封に際し、松代領内で一万石を分知された。寛永一一年（一六三四）、兄信政死去を受け、三代沼田領主となった甥熊之助を後見。しかし熊之助が寛永一五年に七歳で夭折したため、四代沼田領主となる。信政次男信直に配慮し、沼田三万石のうち五〇〇〇石を分知した。

明暦二年（一六五六）一〇月、ようやく信之隠居が認められ、二代松代藩主となった。翌三年八月、お国入りを遂げるが、その半年後に病死してしまった。子息のほとんどは夭折していたが、長男信就（母小野氏）ではなく、わずか二歳の末子幸道（信房、母高橋氏）を後継者に指名しての死去であった。長文の遺言状には父信之のことはまったく触れられず、家督継承の遅れに複雑な思いがあったという説がある。享年六二ヵ。法名は、円陽院殿威良一中大居士。

〔信重〕慶長四年（一五九九）〜正保五年（一六四八）二月二三日

信之の三男。実名ははじめ信頼。越後守、隼人正。生母は小松殿。妻は鳥居忠春の娘。『大鋒院殿御事蹟稿』付伝に「隼人正君伝記」がある。また、この付伝を河原綱徳自身が増補し、独立させた『正覚院殿御事蹟稿』が、菩提寺西楽寺（現長野市松代町西条）に寄贈されたようである。河原理助正誼の手による西楽寺所蔵本の写が、「河原理助家文書」に含まれて真田宝物館の所蔵に帰しており、今後の研究課題となっている。

元和八年（一六二二）の松代転封に際し、埴科郡で七〇〇〇石を分知された。寛永一六年、兄信政が沼田領主となったことを受け、信政領分も継承し、一万七〇〇〇石となる。

しかし江戸で体調を崩し、帰路の鴻巣で死去した。同地の勝願寺に葬られ、知行分は信之に収公された。法名は、正覚院殿暁誉崇山大居士。

〔信直〕寛永一二年（一六三五）ヵ〜貞享五年（一六八八）正月一六日

信政の次男。幼名兵吉、従五位下伊賀守。五代沼田領主、初代沼田藩主。生母は兄熊之助と同じく依田氏（慶寿院殿）。実名ははじめ信澄で、以後信俊、信直と改名した。信之死去時点の実名は、信澄。一般に「信利」で知られ、『徳川実紀』『寛政重修諸家譜』でも信利と書かれるが、誤伝である。正室は山内忠豊の娘。

『天桂院殿御事蹟続稿』の付伝として、「伊賀守君伝記」が立てられており、彼の記述が『真田家御事蹟稿』中、もっとも遅い年代のものとなる。

兄熊之助死去後、まだ幼少であったため、沼田領主は叔父信政が嗣ぎ、五〇〇〇石を分知されて小川（現群馬県みなかみ町）に入部した。明暦二年（一六五六）、信政の松代藩主就任に伴い、五代沼田領主となる。

信政死去時に、松代藩主の座を狙い、酒井忠清ら幕閣に働きかけたが、信之に阻止されたと言われる（真田騒動）。しかし実際には幸道家督相続後も、信之との関係は良好で、病気見舞いの書状を死去直前まで出している。信之死去に際しては、その形見分けを差配するほどであった。

寛文四年(一六六四)の「寛文印知」(四代将軍家綱代替わりに際する諸大名・公家・門跡・寺社への領知朱印状一斉発給)に際し、沼田領を正式に立藩させてもらう。これにより、沼田領は松代藩から独立した藩となった。その後、強引な検地を繰り返し、信政段階で内高四万二〇〇〇石(表高三万石)であった沼田藩を、延宝六年(一六七八)には一四万四〇〇〇石にまで引き上げる。松代藩への対抗意識が原因とされるが、話の前提となる「真田騒動」が近世の創作だから、今後の検討課題となっている。苛政に反発した「礫茂左衛門一揆」伝承も、幕末に広まったものである。

しかし不運にも大飢饉に見舞われて領内が混乱している中、台風によって江戸両国橋普請用材の調達に失敗した。この失政を咎められて天和元年(一六八一)に改易され、奥平氏に預置の身となった。貞享五年(一六八八)に宇都宮の配所で死去。法名は、春林院殿雄山崇英大居士。沼田の迦葉山に墓がある。ここに真田氏沼田藩は、信直一代で潰えた。なお幕府による再検地の結果、沼田藩の実高は六万五〇〇〇石余と認定された(お救い検地)。

ここまでが、『真田家御事蹟稿』が扱った歴代および一門となる(一部の付伝は略した)。改めて概観すると、松代藩三代藩主幸道の伝が立てられておらず、二代藩主信政は信之に先立っているから、藩祖信之に関わった人たちで筆を終えたことになるだろう。つまり『真田家御事蹟稿』とは、真田氏の歴史書というよりは、藩祖信之を中心に据えた「松代藩成立史」とみたほうがよい。

この形は、『真武内伝』『滋野世記』と同様のものである。先述したように、『滋野世記』には幸道伝があるが、家督相続時の記載が中心で、本格的なものではない。したがって、綱徳およびそれを補佐した鎌原桐山の姿勢が、それまでの松代藩士編纂の私撰史書を踏襲したものであることを、再確認できるだろう。

その余録たる『本藩名士小伝』が、昌幸・信之、特に信之家臣の列伝となっているのは、このような背景がある。

三　関連史料の書誌情報

『本藩名士小伝』が、藩命で行われた『真田家御事蹟稿(先公御事蹟稿)』編纂の余録であり、かつ松代藩内で行われた史書編纂の歴史に連なるものであることは繰り返し述べてきた。両書の編纂に際し、多数の史料を参照していることは、冒頭に掲げられた引用書目からも明らかである。しかしながら、本書の編纂動機が、藩の正史たる『真田家御事蹟稿』の遺漏という点、本書が典拠史料を明示することが少ない点は注意を要する。つまり本書を利用する際には、『真田家御事蹟稿』をあわせて参照することが望ましい。

本節では、『本藩名士小伝』には用いられなかったが、注執筆時に用いた史料について触れておく。

『滋野通記』は、寛政七年(一七九五)に松代藩士馬場政常(享保一〇〈一七二五〉〜?)が編纂した史書で、幸綱・信綱・昌幸・信之(付・信繁)・信政の伝と真田氏系図からなる。体裁は、他の松代藩士の編纂した史書に通じており、それを踏まえたものであることは、冒頭に『滋野世記(松代通記)』を転載し、跋文で「世紀簡而麤、内伝疎而猥」と批評していることからも明らかである。自筆本が親交のあった信綱寺住持に寄贈されたが、その後門外不出となったという。信綱寺は上田藩領に所在するから、河原綱徳の管見には触れなかったようである。なお、政常は松代藩の藩政改革を主導した恩田木工民親(享保二〈一七一七〉〜宝暦一二〈一七六二〉)の事蹟をまとめた『日暮硯』の記主馬場正方と同一人物であるという[49]。

『加沢記』は真田信直の右筆であった加沢平次左衛門(?〜元禄五〈一六九二〉)が、天和元年(一六八一)の沼田藩改易後に、真田氏と沼田・吾妻の関わりについて記した軍記物である。天正一八年(一五九〇)の小田原合戦で終わっている。史料批判が必要なのは当然であるが、多くの古文書が引用されていることもあり、真田氏を研究する上では欠かせない史料といえる。ただし、世に出たのは明治八年(一八七五)、北沢正誠氏が紅葉山文庫から見出し、明治一七年に『史籍集覧』に収録されて刊行された。原本は、上野利根郡政所村(現群馬県みなかみ町)の旧家増田家に伝わっていたといい、天明二年(一七八二)と天保三年(一八三二)に増田頼之・義融父子が浄書して、紅葉山文庫に寄贈した。このため、現在は内閣文庫に写本が残る。(50)

『沼田根元記』は、寛文一〇年(一六七〇)に沼田藩主真田信直の命で行われた修史事業によって成立したものとされる。(51)『加沢記』同様、天正一八年で終わっている。注意したいのは、記主が加沢平次左衛門であるという説が、萩原進氏によって提起されていることである。これが事実であれば、『加沢記』との関係を追求する必要性がある。萩原氏は『加沢記』は『沼田根元記』の草稿とするが、異同も少なくない。また、藩の修史事業であるなら、本家である松代藩が『沼田根元記』の存在をどうして把握できなかったのかなど、論点はつきない。

天和三年(一六八三)の奥書を持つ『吾妻記(上野国吾妻記)』も、右記二書と関わりが深いと萩原氏は指摘する。一方で山口武男氏は天正年間に成立した『吾妻書』が底本であるとしている。(52)いずれにせよ、『吾妻記』も近世の段階では世には知られておらず、河原綱徳が参照することはなかった。

『真田氏給人知行地検地帳』は、『真田町誌』編纂の過程で発見された。(53)天正六年ないし七年に真田昌幸が作成した検地帳の写で、『信濃史料』に収録されている『小県郡御図帳』の良質な写本である。『小県郡御図帳』は『真田家御事蹟稿』の引用書目に掲げられているが、本書の引用書目には記載がない。河原綱徳は、検地帳に昌幸家臣の記述があることには、着目しなかったようだ。

『当家中諸士略系図』(54)『本藩廃古諸家略系』(55)はともに「飯島文庫」に所収されている松代藩士の系図だが、成立過程がよくわからない。比較的早い年代で記述が終わっているが、写本そのものは新しいものである。

『鎌原氏過去帳』『鎌原氏家譜』『鎌原氏家譜徴』は、現在真田宝物館が収蔵している。[56] 戦国初期の当主鎌原幸定は、真田幸綱の弟とされる。ただ幸綱の弟とされる矢沢頼綱・常田隆永らとともに、どのように位置づけていくべきか、検討すべき課題は多い。

米山一政氏旧蔵『系図写』は、真田・禰津・望月氏の系図で、現在は長野県立歴史館が所蔵している。[57]『大熊氏系図』(現在所在不明)とともに、寺島隆史氏よりご教示を賜った。

最後に高野山蓮華定院の「供養帳」について触れておく。一般にいう「過去帳」だが、高野山子院(宿坊)の場合、追善供養よりも逆修(生前)供養が多数を占め、記されている日付も命日ではなく供養依頼日であることが多い。このため、供養依頼の整理簿という意味を籠めて「供養帳」と呼んでいる。[58]

高野山子院の檀那場形成の特徴は、大名・国衆と交渉して宿坊契約を結び、家臣・領民を一括して檀那と定めることにある。蓮華定院は、海野氏・真田氏らと師檀関係を結び、小県郡を檀那場としていた。これにより、蓮華定院の廻檀僧は真田領を回って供養依頼を集め、また高野山に登山した真田家臣および真田領の領民は、蓮華定院に宿泊することが定められる。

この関係は松代転封後も維持され、真田家臣は引き続き蓮華定院の檀那であり続けた。したがって、蓮華定院の供養帳のうち、『真田御一家過去帳』『過去帳日坏信州小県分第一』『過去帳月坏信州小県分』には、真田一門・家臣および領民からの供養依頼が多数みられ、これにより戒名や命日が判明する人物も少なくない。ただし、先述したように供養依頼日が含まれており、かつ蓮華定院の供養帳は近世に清書され直したものであるため、日付が命日か供養依頼日かの判別が難しい。一般に、供養依頼日は弘法大師の命日である二一日に揃えられることが多く、二一日付の日付は慎重に扱ったほうがよい。

なお日牌(日坏)・月牌(月坏)というのは、日牌が通年供養、月牌が月命日供養を意味し、当然前者のほうが供養料は高額となる。

このうち真田一門について抜粋して清書した『真田御一家過去帳』については、以前全文を翻刻紹介した。[59]『過去帳日坏信州小県分第一』『過去帳月坏信州小県分』については、昭和二六年に小県誌資料編纂委員会が蓮華定院で調査を行っており、抄出ではあるが翻刻がある。[60]

また真田氏関係の供養帳は、河原綱徳が整理したとみられる『御事蹟類典』『君山合偏』にも書写されている。[61]丸山史料にも含まれているが、[62]書写対象は蓮華定院所蔵の清書本ではなく、同院所蔵の下書き本のようである。清書本と下書き本ではわずかながら記載に異同があり、校合作業が必要となる。

したがって河原綱徳はこれら供養帳の存在を把握しており、『真田家御事蹟稿』の引用書目には「高野山蓮花定院過去帳」との記載がある。しかし『本藩名士小伝』編纂に際しては、蓮華定院供養帳の活用は考えなかったようである。『本藩名士小伝』は、中近世移行期真田氏家臣について把握する上で、貴重な史料である。しかし右に掲げたような、他の史料とつきあわせることで、家臣の実像により迫ることができるであろう。[63]今後、真田氏の家臣団研究が深まることを、期待してやまない。

註

(1) 以下、綱徳の略伝については、①大平喜間多編『松代町史』下巻(長野県埴科郡松代町役場、一九二九年)、②信濃教育会更級教育部会・信濃教育会埴科教育部会編『更級郡埴科郡人名辞書』(一九二九年)、③更級埴科地方誌刊行会編『更級埴科地方誌』第三巻近世編下(同刊、一九八一年)、および綱徳著作物翻刻の解題類による。個々の解題の出典は、適宜言及する。

(2) 前掲註(1)①書、中島正利「人物紹介　第十九回　鎌原桐山」(『千曲』一〇三号、一九九九年)、古畑侑亮「鎌原桐山『朝陽館漫筆』の基礎的研究—松代藩家中における記録の蒐集と伝承—」(渡辺尚志編『藩地域の村社会と藩政　信濃国松代藩地域の研究Ⅴ』岩田書院、二〇一七年)。また本書89頁注参照。

(3) 小関悠一郎「天保期松代藩における学問・知識の展開と「風俗」改革―山寺常山の交友と思想を中心に―」(前掲註(2)渡辺編著所収)参照。

(4) 戦国期の河原一族については、①柴辻俊六・平山優・黒田基樹・丸島和洋編『武田氏家臣団人名辞典』(東京堂出版、二〇一五年)、②拙著『真田一族と家臣団のすべて』(KADOKAWA新人物文庫、二〇一六年)などで一度整理している。

(5) 前掲註(1)①書。

(6) 『真田家御事蹟稿』は、小林計一郎校注『第二期戦国史料叢書2 真田氏史料集』(人物往来社、一九六六年)で部分的に翻刻された後、『新編信濃史料叢書』一五～一八巻(一九七七～一九七八年)で続編も含めた全体が翻刻された。なお、両書の解題を参照。

(7) 長野県立歴史館所蔵(米山一政氏旧蔵、自筆清書本である)。①信濃教育会編『河原綱徳稿弘化震災記 むしくら日記』(信濃毎日新聞社、一九三一年)、ついで②『新編信濃史料叢書』九巻(一九七三年)において翻刻された。両書の解題も参照されたい。なお原本の写真・翻刻は、NPO長野県図書館等協働機構「信州地域史料アーカイブ」においてインターネット公開されている。

(8) 『虫倉後記』および『虫倉後記続編』については、前掲註(7)①書所収。

(9) 『新編信濃史料叢書』一八巻(一九七八年)所収の解題参照。なお飯島勝休については、前掲註(1)②書参照。

(10) 『君山合偏』(長野県立歴史館所蔵「飯島文庫」、請求記号〇―一五/二三―一～二〇)。ただし、全巻そろっているわけではない。また、「高橋伝造収蔵資料」にも写本が含まれている。

(11) 『御事蹟類典』(長野県立歴史館所蔵「飯島文庫」、請求記号〇―一五/一七―一～三二)。

(12) 真田宝物館「史料紹介 真田幸村文書の刷物 【真田宝物館蔵 羽田桂之進資料】」(『真田宝物館だより 六連銭』二四号、一九九八年)。

(13) 前掲註(1)②③書、中島正利「人物紹介 第二回 落合保考」(『千曲』八六号、一九五五年)。「保考」は号であるが、中島氏によると、落合氏に伝わっている系図には「保考」には「やすたか」とふりがなが振られており、御子孫は「ほこう」ではなく「やすたか」と読むと述べられているという。

(14) 綱川歩美「元禄・享保期　松代藩の家中意識―落合保考を中心に―」（渡辺尚志編『藩地域の構造と変容―信濃国松代藩地域の研究―』岩田書院、二〇〇五年）。

(15) 長野県立歴史館所蔵「飯島文庫」、請求記号〇―一五／一四六―一～二。

(16) 『新編信濃史料叢書』四巻。

(17) 同書は、保考の子孫加藤反求が作成した謄写本である。内題が「塊鏡」つまり「つちくれかがみ」であり、かつなかに宝永三年～五年の年次で保考の署名がある。これをもとに宝永三年本と享保一七年本を比較すると、各地の関連人物の記述が削ぎ落とされる一方で収録地名・寺社名が増やされている。綱川氏はこれを問題関心の変化と捉えるが、地誌に特化させたものとみるべきだろう。以下に述べるように、保考はこの間に『御当家御武功之記』を編纂しており、「武功」への関心をむしろ強めている。

(18) 長野県立歴史館所蔵「飯島文庫」、請求記号〇―一五／一三〇―一～二。ただしデータベース上は「松城家中系譜」と登録されているので注意されたい。

(19) 『信濃史料叢書』（中）（歴史図書社、一九六九年）において翻刻されており、解題も所収されている。なお、前掲註(1)③書、中島正利「人物紹介　第一〇九回　竹内軌定」（『千曲』一〇九号、二〇〇一年）も参照のこと。苗字の竹内は「竹ノ内」とも。軌定は松代藩重臣恩田氏の出身で、竹内氏を嗣いだ。

(20) 『信濃史料叢書』（下）（歴史図書社、一九六九年）。東京大学史料編纂所に謄写本がある。架番号二〇七五―一一六六。

(21) 『信濃史料叢書』（中）所収。同書および柘植宗辰については、前掲註(19)で掲げた諸書を参照。

(22) 『新編信濃史料叢書』一巻に伝記部分である前半一〇巻が『松代通記』の名で収録されている。

(23) 堀内泰訳『信州上田軍記　真田昌幸父子、家臣、領民らの活躍を描く』（ほおずき書籍、二〇一五年。初出二〇〇六年）。

(24) 小関悠一郎「近世後期における「大名評判記」の受容をめぐって」（若尾政希編『「大名評判記」の基礎的研究Ⅱ』二〇〇六年度日本学術振興会科学研究費基礎研究(A)「日本における書物・出版と社会受容」課題番号一七二〇二〇一七、プロジェクト研究報告書、一橋大学、二〇〇七年）、同「真田家の系譜・事蹟編纂と鎌原桐山の思想」（渡辺尚志・小関悠一郎編『藩地域の政策主体と藩政　信濃国松代藩地域の研究Ⅱ』岩田書院、二〇〇八年）。

(25) 原田和彦「「真田家文書」について」(『信濃』五〇巻四号、一九九八年)。

(26) 国文学研究資料館史料館編『史料館収蔵史料総覧』四七一「信濃国松代真田家文書」(名著出版、一九九六年)。国文学研究資料館「史料情報共有化データベース」においては、「信濃国松代真田家文書2」という名称で登録されている。

(27) 前掲註(1)②書に「興津方副」「興津正辰」が立項されている。なお同書は湖山(方副)を岡野元澄の二男とするが、『御家中系図』の記述に従い三男とした。

(28) 「小山田家文書」のうち中世~近世初期分は、真田宝物館に移管されている。

(29) 資料記号F七五〇二。

(30) 架番号二〇七五―一〇〇六。謄写本画像はインターネット公開されている。なお、真田新氏は、箏曲八橋流の継承者真田志ん氏(故人)のことと思われる。同家は、真田信政の長男信就(松代藩四代藩主信弘の実父)の直系の子孫で、代々勘解由を称したため、真田勘解由家と呼ばれた。現在、勘解由家の家伝文書は、一般財団法人箏曲八橋流が所蔵している。本文書群が「真田家文書」とは別個のものであることは、前掲註(25)原田論文参照。

(31) 『真田系譜考』を編纂し、呈上した堤清十郎俊詮が、『真田家御事蹟稿』編纂に際し、史料博捜に協力した人物であることは先述した。同書に書写された古文書には、俊詮が模写・臨写したものが多い旨、同書冒頭の上告文に記されている。『真田家御事蹟稿』を通覧すると、本来であれば「日置家文書」として伝来すべき文書が「堤右兵衛俊詮相伝」と註記されているのが眼に付く。また大日方直貞とともに、「堤右衛門《（ママ）》俊詮」が、「真田家文書」の調査報告書を提出していることも、無視できない(国文学研究資料館寄託「真田家文書」、請求記号寄託真田家/〇〇八三八)。大日方善大夫直貞は、『家系補録 大日方氏家譜』を編纂した他、『松代家中系譜』を増補した人物だからである。彼が『真田家御事蹟稿』編纂を補佐したのは、こうした経歴が関係している。明治に入って右兵衛から清十郎に改めたのだろう。国文学研究資料館所蔵「真田家文書」には、真田昌幸宛武田勝頼書状(請求記号二六A/は〇〇〇一三―〇〇二)、同寄託「真田家文書」には、真田信之宛徳川家康御内書(請求記号寄託真田家/〇〇九三七)が含まれており、前者の包紙には「明治八年乙亥十一月堤清十郎献上」、後者の包紙には「明治九年丙子十月堤清十郎献上」とある。現状では前者はさらに「堤清十郎献上之古書二通 明治九年丙子十二月松代より逓送」という包紙が懸けられている。推測となるが、明治九年段階では、勝頼書状は家康御内書と一括されていたのではないか。以上からすると、堤俊詮は真田氏の修史事業に携わっていた関係で、明治に入って真田氏宛文書二点を入手し、献上したものと思われる。なお、原田和彦「「真田家文書」拾遺」(『信濃』五〇巻一一号、一九九八年)、および馬場廣幸「国文学研究資料館所蔵武田勝頼書状について」(拙編『【論集戦国大名と国衆13】信濃真田氏』岩田書院、二〇一四年。初出二〇一一年)を参照。

(32)『諸士　明細書・履歴書　第二　自千至力』(真田宝物館所蔵『真田家文書』一六―二―一)、明治二二年『明細書』(長野市立博物館所蔵「浦野家文書」一七号)。

(33)河原理助正誼の経歴については、前掲註(1)②書参照。

(34)請求記号〇―一五/一二二―一～三。なお本稿執筆時点において、長野県立歴史館のデータベース上は、「本藩名士小傳」と旧字体で登録されているので、検索に際しては注意されたい。

(35)請求記号〇―六/二六/一六―一～三。「信州デジくら」において、全画像がインターネット公開されている。

(36)「丸山史料」については、長野県立歴史館展示図録『信州　知の遺産の系譜―歴史を記録した先人たち―』(信濃毎日新聞社・長野県立歴史館、二〇〇九年)を参照。

(37)以下、丸山清俊については、児玉卓文「丸山清俊と蓮華定院古文書写」(『千曲』一五一号、二〇一二年)を参考とした。

(38)前掲註(1)①書。

(39)前掲註(1)②書。

(40)田中誠三郎『真田一族と家臣団―その系譜をさぐる―』(信濃路、一九七九年)。

(41)前掲註(1)③書。

(42)寺島隆史「真田氏の家臣団」(『真田町誌』歴史編(上)、一九九八年)。

(43)同「真田氏家臣団」(『上田市誌』歴史編(6)「真田氏と上田城」、二〇〇二年)。

(44)拙稿「総論　真田氏家臣団の基礎研究」(同編『【論集　戦国大名と国衆14】真田氏一門と家臣』岩田書院、二〇一四年)。

(45)前掲註(3)②拙著。なお、前後に出した著作においても、『本藩名士小伝』を活用している。

(46)地元での関心の高まりを示すものとして、小林一郎氏が矢沢頼綱・出浦昌相の部分を抜粋翻刻し、簡単な解説を付している(小林一郎「『真田丸』に登場する真田家臣たちの略伝―『本藩名士小伝』より(一)」『長野』三〇五号、二〇一六年)。

(47)以下の内容は、多くの諸研究を踏まえて執筆している。代表的なものとして、丑木幸男『石高制確立と在地構造』(文献出版、一九九五年）、柴辻俊六『人物叢書　真田昌幸』（吉川弘文館、一九九六年）、同『真田幸綱・昌幸・信幸・信繁―戦国を生き抜いた真田氏三代の歴史―』（岩田書院、二〇一五年）、小林計一郎編『真田昌幸のすべて』（新人物往来社、一九九九年）、真田宝物館「真田信之の隠居・三代藩主の擁立に関わる文書」（『松代』一二号、一九九九年）、原田和彦「「真田騒動」再考」（『信濃』五三巻九号、二〇〇一年）、同「真田信之の遺金をめぐって」（『信濃』五六巻四号、二〇〇四年）、同「真田氏の発祥とその系統」（山梨県立博物館展示図録『武田二十四将―信玄を支えた家臣たちの姿―』二〇一六年）、平山優『真田三代　幸綱・昌幸・信繁の史実に迫る』（ＰＨＰ新書、二〇一一年）、同『武田遺領をめぐる動乱と秀吉の野望』（戎光祥出版、二〇一一年）、同『天正壬午の乱増補改訂版　本能寺の変と東国戦国史』（戎光祥出版、二〇一五年）、『真田信繁　幸村と呼ばれた男の真実』（角川選書、二〇一五年）、同『真田信之　父の知略に勝った決断力』（ＰＨＰ新書、二〇一六年）、黒田基樹『真田昌幸』（小学館、二〇一五年）、同『真田信之　真田家を継いだ男の半生』（角川選書、二〇一六年）、同『「豊臣大名」真田一族』（洋泉社、二〇一六年）、同『シリーズ・実像に迫る1　真田信繁』（戎光祥出版、二〇一六年）、拙編『【論集　戦国大名と国衆13】信濃真田氏』岩田書院、二〇一四年）、同編『【論集　戦国大名と国衆14】真田氏一門と家臣』岩田書院、二〇一四年）、拙著『図説真田一族』（戎光祥出版、二〇一五年）、同『真田四代と信繁』（平凡社新書、二〇一五年）、前掲註（3）②拙著、拙稿「真田氏松代藩への道―国衆から近世大名へ―」（真田宝物館展示図録『戦国の真田』長野市教育委員会文化財課松代文化施設管理事務所、二〇一六年）、同「武田信玄・勝頼と真田三代―幸綱・信綱から昌幸へ―」（『甲斐』一三九号、二〇一六年）、同著『戦国大名武田氏の家臣団―信玄・勝頼を支えた家臣たち―』（教育評論社、二〇一六年）、同『真田信繁の書状を読む』（星海社新書、二〇一六年）、同「真田信繁書状の再発見」（『古文書研究』八二号、二〇一六年）、竹井英文「史料紹介　館山市立博物館所蔵『里見吉政戦功覚書』の紹介と検討」（千葉大学『人文研究』四三号、二〇一四年）、赤見初夫「名胡桃城奪取事件とその周辺」（『群馬文化』三二三号、二〇一五年）、寺島隆史「真田・徳川の上田合戦に関する再考―上田築城開始から第一次合戦への動きを中心に―」（『文化財信濃』四二巻二号、二〇一五年）、同「真田信之の三人の妻―最初からの妻清音院殿を中心に―」（『千曲』一六二号、二〇一七年）、堀内泰「真田信繁の「第一次上田合戦」参戦の有無について」（『千曲』一五九号、二〇一六年）がある。その他にも多くの研究を踏まえているが、すべてを紹介することは困難である。ご寛恕願いたい。

（48）　国立史料館（現国文学研究資料館）編『史料館収蔵史料目録　第二十八集　信濃国松代真田家文書（その1）』（同館刊、

一九七八年)は、真田氏所蔵『御系譜考』をもとに法名を「泰雲院殿喜山理慶大姉」とするが、『御系譜考』『真田系譜考』ともに「泰運院殿」とある。誤記であろうか。

(49) 真田町教育委員会編『滋野通記―真田一族の伝記―』(信毎書籍印刷株式会社、一九七五年)で影印化され、解説が付されている。

(50)『沼田市史』資料編I別冊が現在もっとも入手しやすい。

(51) 前掲註(44)書で翻刻され、萩原氏執筆の解題も収められている。

(52)『群馬県史料集』第三巻戦記篇(I)(群馬県文化事業振興会、一九六六年)。両氏の解説も収められている。

(53)『真田町誌調査報告書第二集　真田氏給人知行地検地帳』(一九九八年)。なお桜井松夫氏執筆の解説は、拙編『【論集戦国大名と国衆14】真田氏一門と家臣』岩田書院、二〇一四年)に再録している。なお原本とされているが、筆跡・紙質は近世後期のものである。

(54) 長野県立歴史館所蔵「飯島文庫」、請求記号〇―一五/一三三。

(55) 長野県立歴史館所蔵「飯島文庫」、請求記号〇―一五/一四一。

(56)「大平喜間多収集資料鎌原文庫」う―二四―一・四八・四九―1～三。

(57) 長野県立歴史館所蔵「米山一政旧蔵文書」、請求記号〇―一/K/七五。データベース上は「系圖寫」と旧字で登録されているので注意されたい。河原綱徳所蔵本を、飯島勝休が模写したものだという。寺島隆史「近世大名になった祢津氏―中世末から近世初頭にかけての祢津氏の動向―」(『千曲』四六号、一九八五年)において活用されている。

(58) 村上弘子「高野山高室院文書相模国月牌帳にみる高野山信仰」(同著『高野山信仰の成立と展開』雄山閣出版、二〇〇九年。初出二〇〇六年)、拙稿「高野山成慶院『甲斐国供養帳』―『過去帳(甲州月牌帳)』―」(『武田氏研究』三四号、二〇〇六年)他。

(59) 拙稿「高野山蓮華定院『真田御一家過去帳』(上)(下)」(『信濃』六四巻一〇・一二号、二〇一二年)。

(60)『高野山文書　第二集　蓮華定院過去帳(第一冊大永―寛文)』(小県誌資料編纂委員会、一九五三年)。

(61)『御事蹟類典』「高野山書類　十七」(長野県立歴史館所蔵、請求記号〇―一五/一七―一七)、『君山合偏』四二(同館蔵、請求記号〇―一五/一二三―二〇)。

(62)『高野山蓮華定院古文書并過去帳写』(長野県立歴史館所蔵、請求記号〇―六／二〇八／一一二～五、ただし四は欠番)、『小県郡過去帳　写』(同館蔵、請求記号〇―六／二二一／一)。

(63) 注執筆に際し、参照した文献を列記しておく。なお、本稿註釈で引用したものは省略した。また紙幅の都合上、主要なものに留まっていることをお断りしておく。ご寛恕願いたい。『国史大辞典』(吉川弘文館、ジャパンナレッジ版)、『日本国語大辞典〔第二版〕』(小学館、同)、『日本歴史地名大系』(平凡社、同)、館山市立博物館編『安房の人物シリーズ② 恩田仰岳　幕末維新期の兵学者』(同館刊、一九九四年)、山中さゆり「小幡氏伝来文書について―その由緒と家譜編纂を中心に―」(『松代』二二号、二〇〇九年)、同「禰津家文書について―戦国期における真田家家臣の動向―」(『松代』二八号、二〇一五年)、同「海野家文書について」(『松代』二九号、二〇一六年)、原田和彦「真田信之文書の基礎的考察」(『市誌研究ながの』一八号、二〇一一年)、寺島隆史「武田氏滅亡後の室賀氏の動静と真田昌幸―屋代秀正の動きも合わせて「室賀謀殺」に至るまで―」(『信濃』六四巻一一号、二〇一二年)、拙稿「『下河田検地帳』二点(上)(下)―真田信幸の沼田領文禄二年検地―」(『信濃』六六巻二・四号、二〇一三年)、同「大坂の陣で討ち死にした真田信繁家臣と信之家臣」(『武田氏研究』五四号、二〇一六年)、赤見初夫「馬庭念流に集団入門した沼田城主真田信之の家臣」(『群馬歴史散歩』二三四号、二〇一四年)、柴辻俊六・平山優・黒田基樹・丸島和洋編『武田氏家臣団人名辞典』(東京堂出版、二〇一五年)、黒田基樹『増補改訂　戦国大名と外様国衆』(戎光祥出版、二〇一五年)、外岡慎一郎「大谷吉継年譜と若干の考察　付・関係文書目録(稿)」(『敦賀市立博物館研究紀要』三〇号、二〇一六年)、同『シリーズ・実像に迫る2　大谷吉継』(戎光祥出版、二〇一六年)、土佐博文「佐倉藩士の家に伝わった沼田藩真田家知行宛行状」(『千葉史学』六八号、二〇一六年)、真田宝物館展示図録『戦国の真田』(長野市教育委員会文化財課松代文化施設管理事務所、二〇一六年)、中澤克昭『人をあるく　真田氏三代と信濃・大坂の合戦』(吉川弘文館、二〇一六年)、柏木輝久著・北川央監修『大坂の陣豊臣方人物事典』(宮帯出版社、二〇一六年)、山中さゆり・米澤愛「新出の真田家関係文書について」(『信濃』六九巻四号、二〇一七年)。

【戦国～近世初期真田氏略系図】

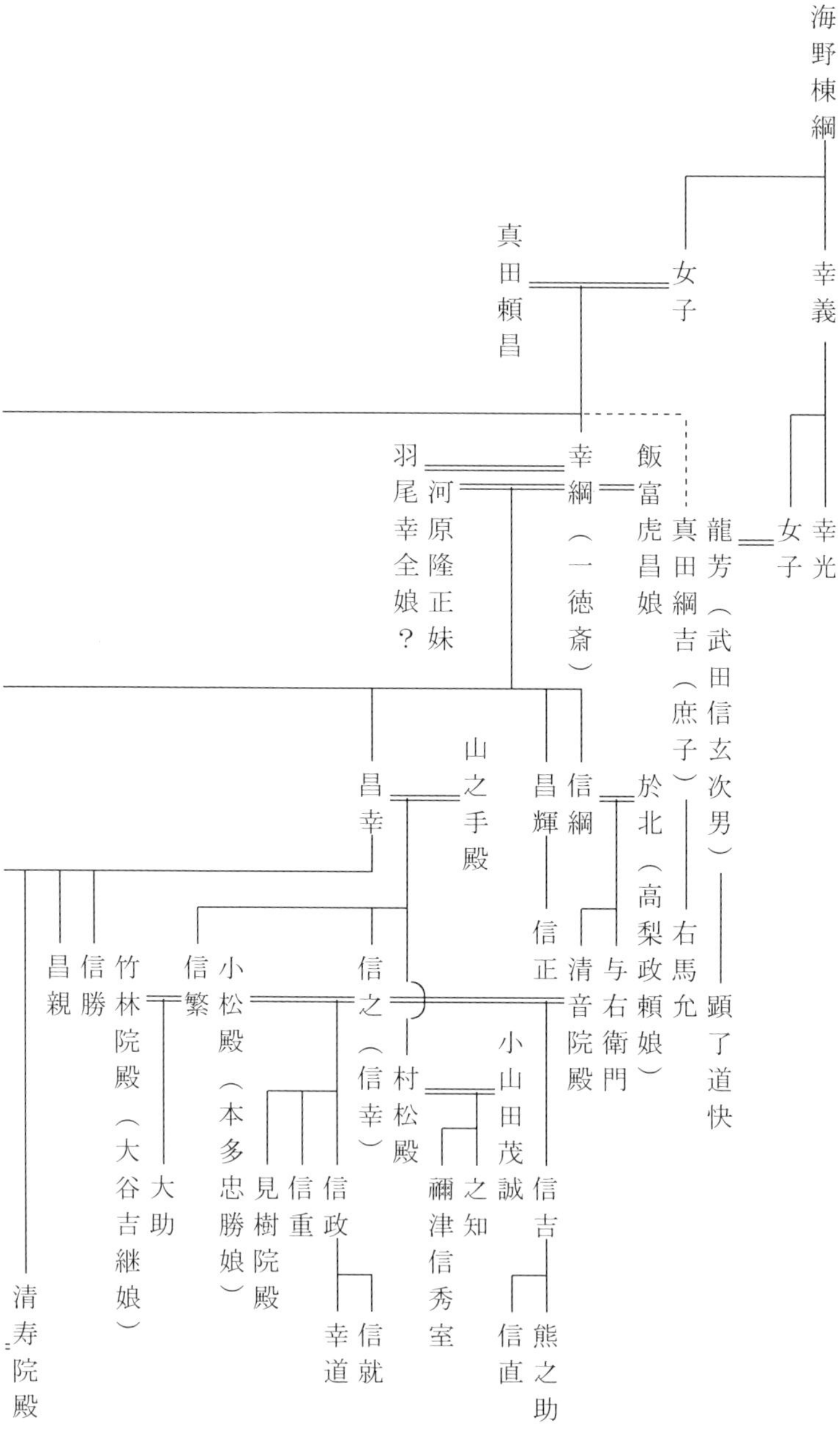

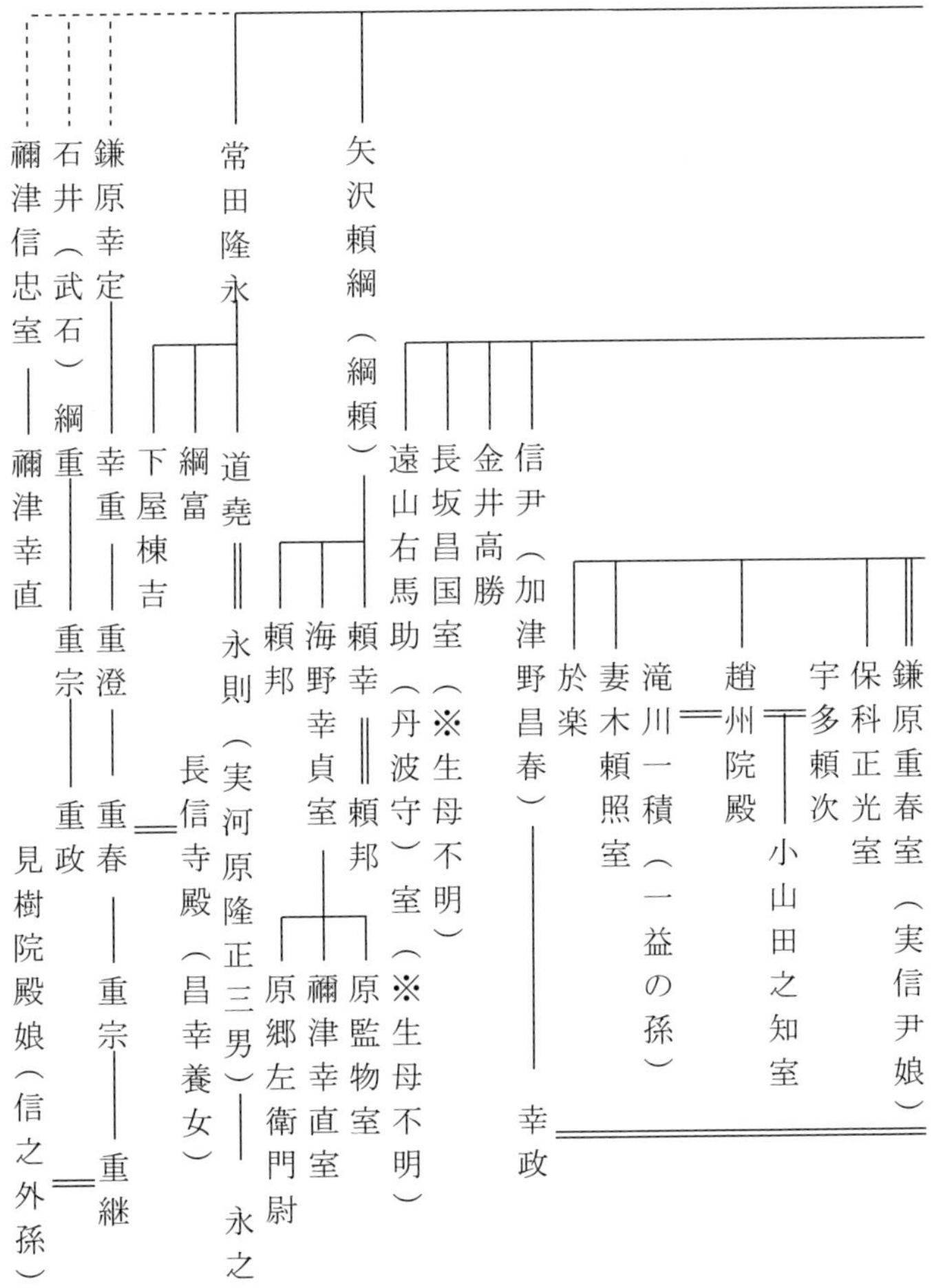

※＝は婚姻・養子関係、-----は一部系図にのみ見える者および推定を示す
※海野棟綱の娘が嫁いだのは、頼昌ではなく幸綱の可能性がある

【近世松代藩真田氏略系図】※丸数字は松代藩当主の代数

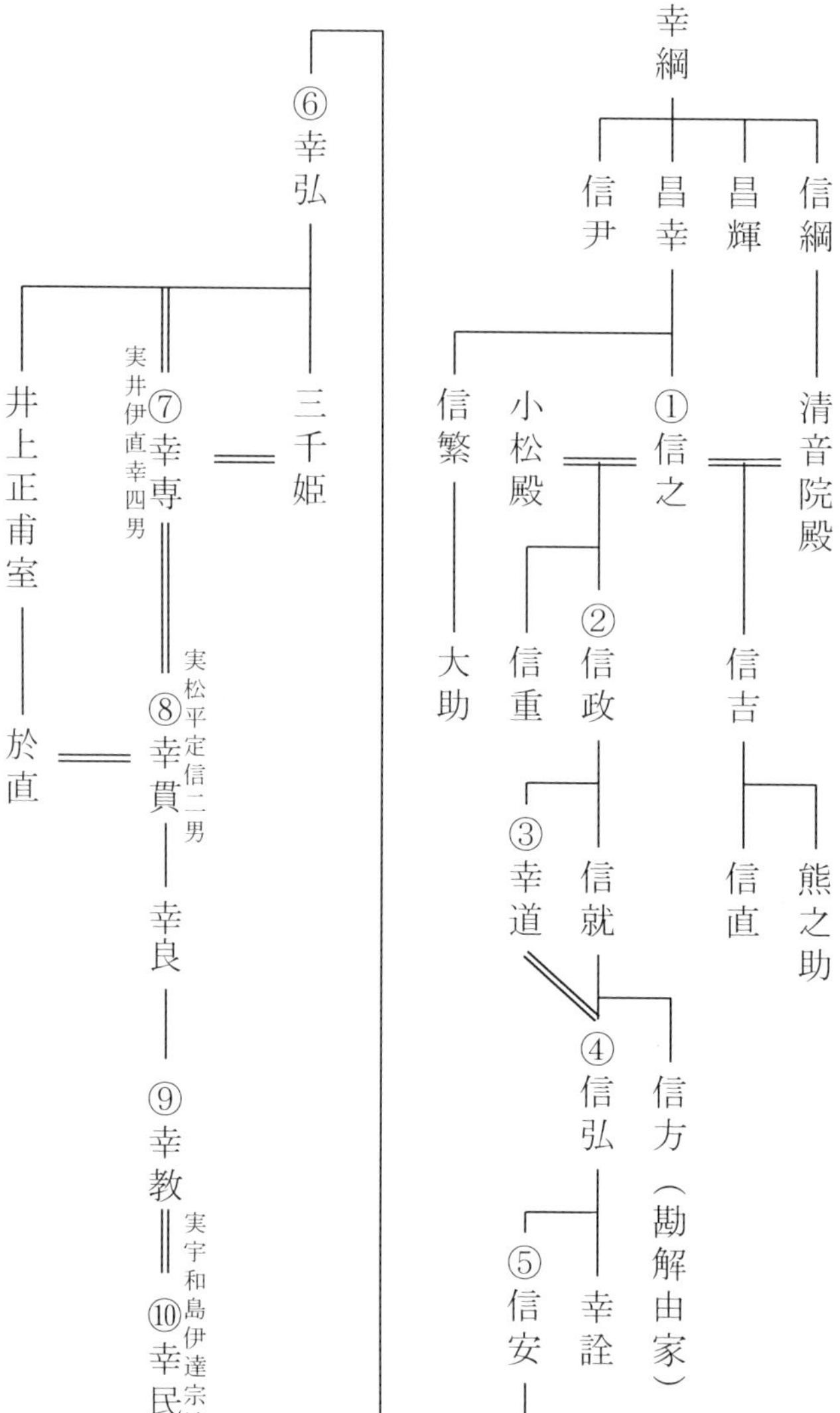

【禰津氏略系図】

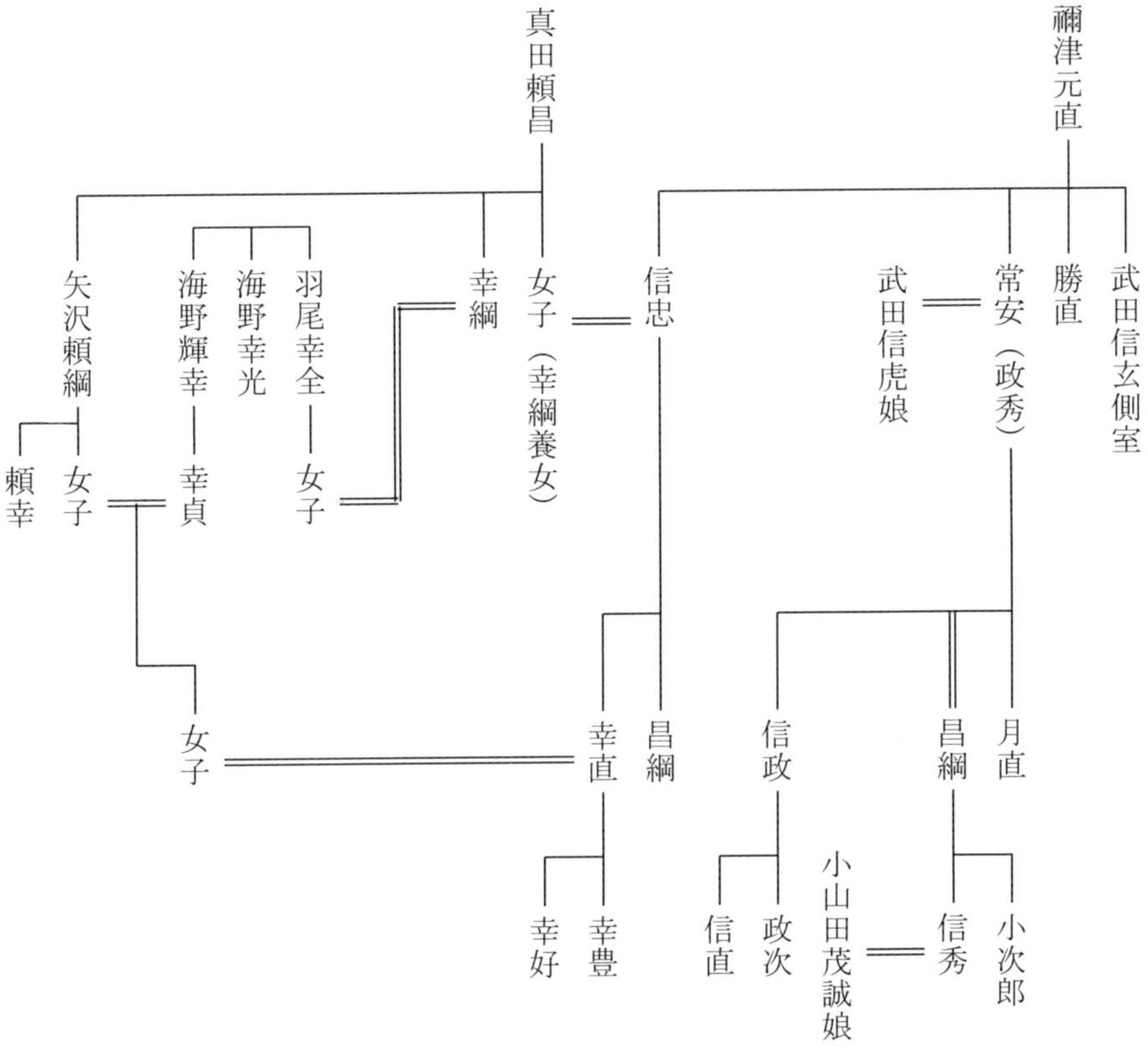

※禰津信忠室は、幸綱と羽尾幸全娘の間に生まれた実子とも伝わる。

【河原氏略系図】

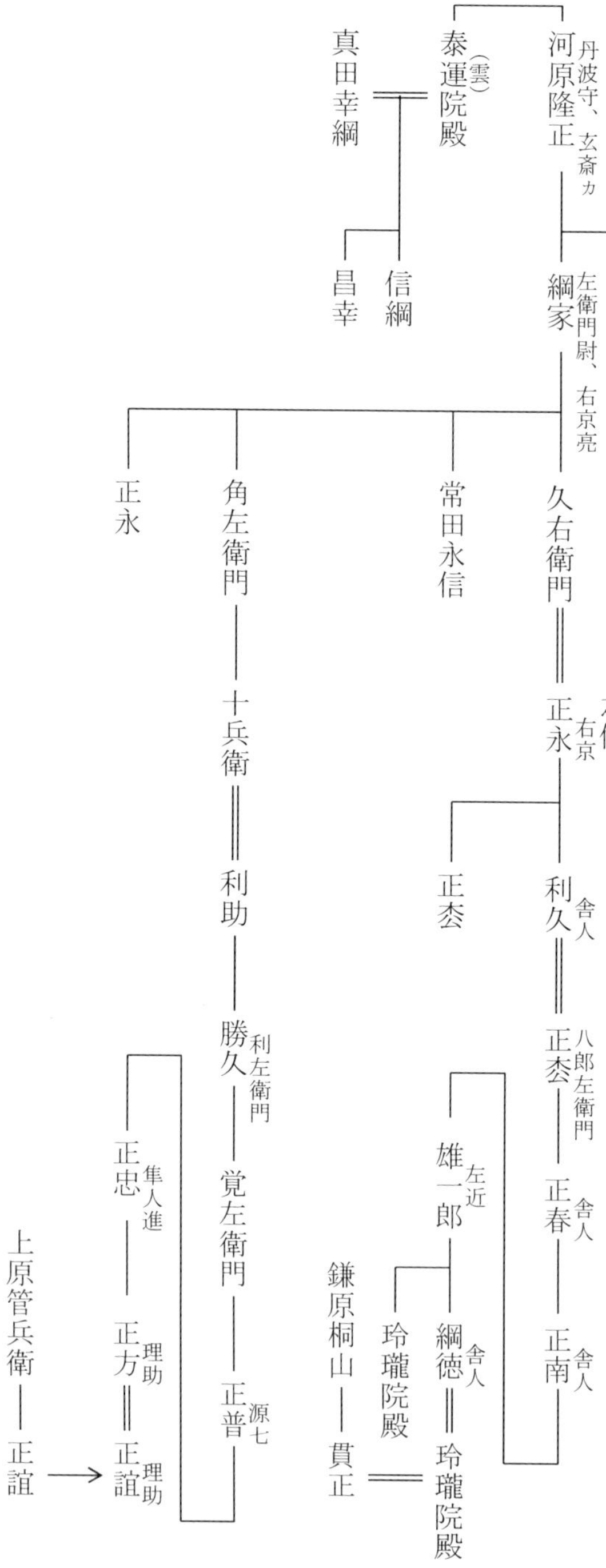

河原隆正 丹波守、玄斎カ
泰運院殿（雲）
真田幸綱
信綱
昌幸
宮内助正良
新十郎正忠
常田永則
綱家 左衛門尉、右京亮
永之
永信
之信
久右衛門
常田永信
角左衛門
正永
正永 右京
十兵衛
利久 舎人
正枩
利助
正枩 八郎左衛門
勝久 利左衛門
正春 舎人
雄一郎 左近
正南 舎人
覚左衛門
綱徳 舎人
玲瓏院殿
鎌原桐山
貫正
玲瓏院殿
正忠 隼人進
正方 理助
正普 源七
正誼 理助
上原管兵衛
正誼

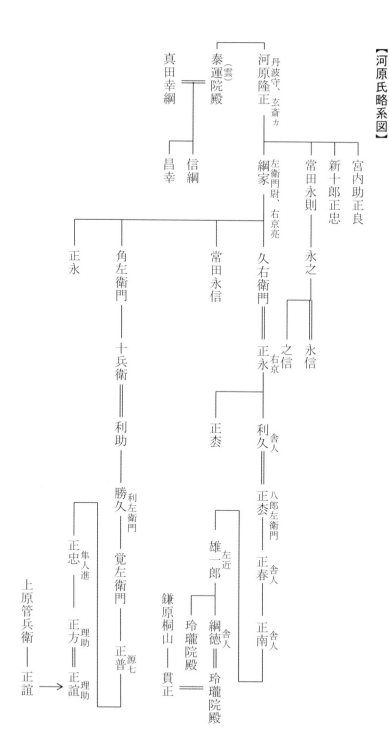

編集後記

本書は解題にもあるように、嘉永二年(一八四九)に、真田家家臣の河原綱徳が編纂したものである。河原綱徳は別に、天保十四年(一八四三)に、真田家の家史として「真田家御事蹟稿」六十二巻をまとめており(『新編信濃史料叢書』十五～十八巻収録)、本書はその事業の終了後に、集めた史料をもとにして、新たに真田家重臣録として作製したものである。

本書との出会いはそう早いものではなく、昨年三月に、真田家四代に関する著書の執筆準備のために、群馬の名胡桃城跡をほぼ二十年ぶりに見学した折り、同地の管理事務所で、本書の一部のコピーを頂戴したことによる。書名と内容が気になったので、帰宅後早速に調べてみたところ、真田の地元ではすでによく知られている記録であり、真田家臣団の研究をされた田中誠三郎氏の『真田一族と家臣団―その系譜をさぐる―』(信濃路、一九七九年)でも、かなり利用されていることなどが判明した。

しかしその全貌は紹介されたものがなく、写本が二種、長野県立歴史館に所蔵されているのみであった。いずれも三冊本であり、それら写本の詳細については、本書の解題に詳しいので省略するが、その全貌が気になったので、改めて二種の写本を見比べるために、一昨年暮れに歴史館へ赴いた。内容的には期待にはずれて、各氏についての記述には、武田家臣時代の記事は少なく、大部分が天正十年(一五八二)三月の武田氏滅亡後での、昌幸・信之の動向に関連した内容のものが中心であった。それでも中には他の文献では確認できない家臣団の活動や、考え方などが豊富に盛り込まれており、近世初頭の大名家臣の史料としては参考になる点が多いと思われた。

一昨年暮れになって、本書を全文紹介しようと思い立ち、まず撮影してきた歴史館所蔵の「飯島家本」三冊を、山中さゆり（真田宝物館）・小川雄氏（日本大学）と小生の三人で一冊ずつ分担して解読を進めることとした。

この飯島家本は、その奥書によると、嘉永五年（一八五二）六月に、真田家家臣の飯島与作勝休が手写したものである。飯島は「真田家御事蹟稿」の続編をまとめた人で、間違いなく原本からの書写であり、原本成立後三年の早い時期のものである。したがって原本との異同も少なく、むしろ原本の読みにくい箇所を読みやすいようにおぎなったり修正した部分もあり、写本としては、後に流布し始めている「丸山文庫本」（『信濃史料』編纂史料）よりは良質のものであることが明らかになった。したがってこの「飯島家本」をまず底本として解読したことは正解であった。

ところがその翻刻作業を進めている過程で、NHK大河ドラマ関連の展示会を準備していた真田宝物館の調査によって、河原綱徳のご子孫である河原家に、綱徳執筆の原本が所在しているとの連絡があった。原本が存在している以上、それを底本にすることとし、昨年三月になって、丸島和洋氏とともに、改めて原本の調査を試みた。その結果、すでに解読済みの「飯島家本」を、原本の体裁に訂正することとなり、その作業も同じく三名で分担した。これによって原本の欠陥も判明したが、あえて「飯島家本」との校異は表記せず、原本どおりの仕様とした。同時にこの段階で、丸島和洋氏に本書の解題と主要事項の注付けの執筆もお願いした。

以後は翻刻のための編集作業に入り、この段階で高志書院の濱久年氏のご協力を仰ぎ、現状のような体裁となった。読みについては、校正段階でも原本との照合を何度かしているので大過ないと思われ、注付けと解題についても丸島氏にかなり詳細なものを用意していただいた。

本書によって真田家家臣団の中核部分の重臣の経歴がかなりはっきりしてきた。もちろん後世の編集であるため、内容的には再検証を必要とする事項も多く目に付くが、それらについては本書を利用されることによって、更なる研究が進展することと期待している。

最後に編者を代表して、まず原本の翻刻をご許可いただいた河原家のご理解に感謝するとともに、写本類の閲覧・撮影をご許可いただいた長野県立歴史館に謝意を表する。さらにこうした地味な史料集の出版をお引き受けいただき、かつ細かい割り付けなどをしていただいた高志書院の濱久年氏に厚く御礼を申しあげる。

二〇一七年正月吉日

柴辻　俊六

【翻刻・校訂】

柴辻 俊六（しばつじ しゅんろく）

1941年生れ、前・日本大学大学院講師。『戦国期武田氏領の形成』（校倉書房）、『戦国期武田氏領の地域支配』（岩田書院）、『真田幸綱・昌幸・信幸・信繁』（岩田書院）

小川 雄（おがわ ゆう）

1979年生れ、日本大学文理学部非常勤講師。『「武田氏海賊衆における向井氏の動向」（『武田氏研究』第43号）、『徳川水軍関係文書』（戦国史研究会）、『徳川権力と海上軍事』（岩田書院）

山中 さゆり（やまなか さゆり）

1972年生れ、真田宝物館研究員。「真田宝物館所蔵恩田文書について－戦国期真田家家臣の一形態―」（『信濃』第50巻7号のち『論集戦国大名と国衆14　真田氏一門と家臣』岩田書院）「真田家印章の使用と伝来」（『近世大名のアーカイブズ資源研究―松代藩・真田家をめぐって－』思文閣出版）

【校注・解題】

丸島 和洋（まるしま かずひろ）

1977年生れ、慶應義塾大学文学部非常勤講師・立教大学文学部兼任講師。『戦国大名武田氏の権力構造』（思文閣出版）、『真田四代と信繁』（平凡社）、『真田一族と家臣団のすべて』（KADOKAWA）

校注本藩名《ほんぱんめい》士小伝《ししょうでん》　真田昌幸・信之の家臣録

2017年10月10日第1刷発行

翻刻・校訂　柴辻俊六・小川　雄・山中さゆり
校注・解題　丸島和洋
発 行 者　濱　久年
発 行 所　高志書院
〒101-0051 東京都千代田区神田神保町2-28-201
TEL03(5275)5591　FAX03(5275)5592
振替口座　00140-5-170436
http://www.koshi-s.jp

印刷・製本／亜細亜印刷株式会社
ISBN978-4-86215-173-5

室町・戦国期関連図書

今川氏年表	大石泰史編	A5・240 頁／2500 円
増補改訂版上杉氏年表	池　享・矢田俊文編	A5・280 頁／2500 円
北条氏年表	黒田基樹編	A5・250 頁／2500 円
武田氏年表	武田氏研究会編	A5・280 頁／2500 円
佐竹一族の中世	高橋　修編	A5・260 頁／3500 円
北関東の戦国時代	江田郁夫・簗瀬大輔編	A5・300 頁／6000 円
中世の権力と列島	黒嶋　敏著	A5・340 頁／7000 円
織豊権力と城郭	加藤理文著	A5・370 頁／7000 円
南出羽の戦国を読む	保角里志著	A5・300 頁／3500 円
北陸の戦国時代と一揆	竹間芳明著	A5・350 頁／7000 円
戦国大名伊達氏の研究	小林清治著	A5・490 頁／10000 円
中世土佐の世界と一条氏	市村高男編	A5・400 頁／8000 円
戦国大名大友氏と豊後府内	鹿毛敏夫編	A5・420 頁／8500 円
戦国大名北条氏	浅野晴樹・齋藤慎一編	A5・320 頁／5000 円
城館と中世史料	齋藤慎一編	A5・390 頁／7500 円

中世史関連図書

鎌倉街道中道・下道	高橋修・宇留野主税編	A5・270 頁／6000 円
遺跡に読む中世史	小野正敏他編	A5・234 頁／3000 円
石塔調べのコツとツボ	藤澤典彦・狭川真一著	A5・200 頁／2500 円
板碑の考古学	千々和到・浅野晴樹編	B5・370 頁／15000 円
中世武士と土器	高橋一樹・八重樫忠郎編	A5・230 頁／3000 円
十四世紀の歴史学	中島圭一編	A5・490 頁／8000 円
歴史家の城歩き【2 刷】	中井均・齋藤慎一著	A5・270 頁／2500 円
中世城館の考古学	萩原三雄・中井　均編	A4・450 頁／15000 円
中世村落と地域社会	荘園・村落史研究会編	A5・380 頁／8500 円
日本の古代山寺	久保智康編	A5・370 頁／7500 円
時衆文献目録	小野澤眞編	A5・410 頁／10000 円
中世的九州の形成	小川弘和著	A5・260 頁／6000 円
関東平野の中世	簗瀬大輔著	A5・390 頁／7500 円
中世熊本の地域権力と社会	工藤敬一編	A5・400 頁／8500 円
関ヶ原合戦の深層	谷口　央編	A5・250 頁／2500 円
戦国法の読み方	桜井英治・清水克行著	四六・300 頁／2500 円
中世人の軌跡を歩く	藤原良章編	A5・400 頁／8000 円
鎌倉考古学の基礎的研究	河野眞知郎著	A5・470 頁／10000 円
中世奥羽の考古学	飯村　均編	A5・250 頁／5000 円
中国陶磁元青花の研究	佐々木達夫編	A5・300 頁／7000 円
霊場の考古学	時枝　務著	四六・260 頁／2500 円

［価格は税別］